Kartenherstellung auf MAC, PC und Workstation

Manuskriptdruck der Referate
gehalten auf dem 20. Arbeitskurs Niederdollendorf 1994
des Arbeitskreises Praktische Kartographie
der
DEUTSCHEN GESELLSCHAFT FÜR KARTOGRAPHIE e.V.

Herausgegeben von
WALTER LEIBBRAND
Leiter der Arbeitskurse Niederdollendorf

KIRSCHBAUM

Die Zusammenstellung der Beiträge besorgten
Dr. Werner Bormann
Dipl.-Ing. Walter Leibbrand.
Für den Inhalt der Artikel sind die Verfasser verantwortlich.

ISBN 3 7812 1362 5
Kirschbaum GmbH, Fachverlag für Verkehr und Technik, 53157 Bonn
Druck: Copydruck GmbH, Schafwäsche 1-3, 71296 Heimsheim

Inhaltsverzeichnis	1
Der 20. Arbeitskurs Niederdollendorf 1994	3
Danksagung	5

Datenerfassung und kartographische Weiterverarbeitung

Von der gescannten zur digitalen Flurkarte — 8
Vermessungsoberrat Dipl.-Ing. Andreas Graf, LVA Bayern

Analog-digitale Herstellung einer Planungskarte — 28
Amtsrat Dipl.-Ing. Wolfgang Kaufmann, Landesamt für Flurneuordnung und Landentwicklung Baden-Württemberg

Kartographische Bearbeitung der ATKIS Daten im Hessischen Landesvermessungsamt - Entwicklungsstufen - — 35
Dipl.-Ing. (FH) Harald Ohmstedte, LVA Hessen

Kartenfortführung

Kartenfortführung mit Dry/Nuages — 40
Dipl.-Ing. (FH) Markus Schorb, MapSys GmbH

Automationsgestützte Fortführung der Kartenserie JOG 250 mit dem RASCON-System — 53
Dr. Jürgen Brennecke, Institut für Angewandte Geodäsie

Rechnergestützte Fortführung topographischer Karten beim Landesvermessungsamt Baden-Württemberg
- Einführung in die Produktion — 64
Kartographenamtmann Dipl.-Ing. (FH) Robert Bucher, LVA Baden-Württemberg

Softwarepakete

Kartenherstellung mit Aldus FreeHand 3.11 — 84
Professor Dipl-Math. Hans Kern

Das Programm Aldus FreeHand 4.0 — 114
Dipl.-Ing. (FH) Ellen Pommerening

Die Bearbeitung von Text, Grafik und Bild am Beispiel des Unterrichtsprojekts „Topkartett" — 121
Studienrat Dipl.-Ing. Reinhard Urbanke

Von Rasterdaten zu Vektordaten mit Streamline — 130
Jörn Schulz

Signaturen- und Schrifterzeugung mit IKARUS M — 142
Kristine Keppler

Photoshop — 149
Bernd Hoppmann

Seitengestaltung mit PageMaker 158
Jörn Schulz

Einführung in PostScript - Page Description Language 166
Dipl.-Ing. (FH) Martin Eisenmann

Digitale Proof-Systeme und Farbmanagementsysteme
Farbmanagementsysteme 176
Professor Dipl.-Math. Hans Kern

Agfa-CristalRaster Technologie 187
Dipl.-Ing. Rainer Kirschke, Agfa-Geveart AG

IRIS-Farbproof zum Einsatz für kartographische Anwendungen 191
Hans Walla, Marketing Manager, Scitex (Deutschland GmbH)

Hardware - Ein- und Ausgabe -
Farbiges Kopieren und Drucken im Netzwerk:
Die Farbkopiersysteme von Canon 198
Frank Tiemann, Firma Canon Deutschland GmbH

Die Bedeutung von Standards und Normen bei der
Beschaffung von integrierten Geo-Systemen 201
Wolfram Richter

Scannen und Plotten mit dem LSP 2012 206
Leonidas Apostolidis, MapSys GmbH

Einführung in heterogene Rechennetze 209
Dipl.-Inf. Wilhelm Fries, Rechenzentrum der Universität Karlsruhe

Elektronische Karten und ihre Herstellung 218
Professor Dipl.-Ing. Fred Christ

Analoge / Digitale Reproduktion
Bedeutung der DIN 16509 - Farbskala für den Offsetdruck -
bei der digitalen Kartenherstellung 226
Reg.Verm.Dir. i.R. Dipl.-Ing. Walter Leibbrand

Zeitvergleich zwischen analoger und digitaler Kartenherstellung 228
Reg.Verm.Dir. i.R. Dipl.-Ing. Walter Leibbrand

Digital Total, von der Seitenmontage zur Druckplattendirektbelichtung und zum digitalen Druck 242
Peter Schwarz, SCS Schwarz Gruppe, Leinfelden-Echterdingen

**20 Niederdollendorfer Arbeitskurse des
Arbeitskreises Praktische Kartographie** 245
Reg.Verm.Dir. i.R. Dipl.-Ing. Walter Leibbrand

Der 20. Arbeitskurs Niederdollendorf 1994

Sehr geehrte Damen, sehr geehrte Herren!
Liebe Kolleginnen, liebe Kollegen!

Ich darf Sie ganz herzlich hier oben auf dem Durlacher Turmberg, in der Sportschule des Badischen Fußballbundes, zum 20. Arbeitskurs Niederdollendorf 1994 begrüßen.
Begrüßen darf ich auch den Präsidenten der Deutschen Gesellschaft für Kartographie, Herrn Professor Dr. Ulrich Freitag. Nachdem die von ihm und von mir vor 2 Jahren, anläßlich des 19. Arbeitskurse Niederdollendorf ´92 angekündigte Übergabe des Arbeitskreises Praktische Kartographie nicht zustande kam, danke ich ihm, daß er auch zu diesem 20. Arbeitskurs auf den Durlacher Turmberg gekommen ist.

Es ist mir ein Anliegen, schon jetzt allen Diskussionsleitern und den Damen und Herren Referenten für ihre Bereitschaft, bei diesem Arbeitskurs mitzuwirken, zu danken. Mein besonderer Dank gilt Professor Hans Kern, der mich bei der Kursprogrammierung und der Suche nach Referenten tatkräftig unterstützt hat, sowie Dr. Werner Bormann, der trotz seiner Krankheit die Arbeit auch bezüglich der Manuskriptveröffentlichung tatkräftig unterstützt und mitgestaltet hat. Wenn ich mich bei Volker Mann, behördlich geprüfter Landkartentechniker, schon jetzt für seine mühevolle Kleinarbeit bezüglich der Qartierangelegenheiten bedanke, so ist mir auch dies ein großes Anliegen. Ohne seine kameralistische Tätigkeit, die er für die Niederdollendorfer Arbeitskurse leistet, ist einfach nicht auszukommen!

Dieser 20. Arbeitskurs widmet sich vom 26. bis 29. September 1994 zum dritten Mal wiederum fast ausschließlich der rechnergestützten Kartenherstellung auf MAC, PC und Workstation. Hierbei werden praxisbezogene Verfahren von Fachkollegen in Kurzreferaten vorgetragen und dazu so weit wie möglich auch an Geräten demonstriert.

Wie alle unsere Niederdollendorfer Arbeitskurse „lebt" auch dieser 20. Kurs von den Diskussionen seiner Teilnehmer, er lebt und profitiert von den kartographischen „Streitgesprächen" seiner interessierten Kursteilnehmer. Das wohlüberlegte „Pro und Kontra" zwingt den Einzelnen zur kritischen Beurteilung auch seines eigenen Tuns. Eigenbrötelei - in der Kartographie eine leider allzuoft anzutreffende Untugend - führt uns nicht weiter. Aufgeschlossenheit und Offenheit, letzteres oft nur unter Preisgabe vermeintlichen Wissens, führen langfristig zu mehr Erkenntnissen, damit zu mehr Wissen und somit auch zum Erfolg! Wer eigenes Wissen nicht preisgibt, sich verschließt, steht am Ende alleine da! Die Niederdollendorfer Arbeitskurse bieten dem praktisch tätigen Kartographen m.E. ideale Diskussionsmöglichkeiten im Kreis seiner vor Ort tätigen Kollegen.

Für diesen Arbeitskurs haben sich über 140 Personen interessiert; indes konnten nur 100 Anmeldungen, bedingt durch die „Kapazität" der

Räumlichkeiten, berücksichtigt werden. Von den Teilnehmern kommen, leider ist aufgrund der Anmeldung die Beschäftigungsstelle nicht immer zweifelsfrei festzustellen,

- 51 Kolleginnen und Kollegen aus der gewerblichen Kartographie und
- 49 Kolleginnen und Kollegen aus dem Bereich der amtlichen Kartographie.

Davon kommen aus dem europäischen Ausland 5 Teilnehmer.
Von den 28 Referenten und Diskussionsleiter sind

- 14 Referenten im Bereich „Private Anwender" und
- 14 Referenten im Öffentlichen Dienst tätig.

Um der Aktualität des Kurses gerecht zu werden und zur bleibenden, nachhaltigen Fixierung der anläßlich des 20. Arbeitskurses gehaltenen Vorträge, erhalten die Lehrgangsteilnehmer Manuskriptdrucke der Referate zu Beginn des Arbeitskurses zusammen mit einem Sammelordner ausgehändigt. Soweit von den Referenten zur Vertiefung ihrer Ausführungen weiteres Darstellungsmaterial ausgegeben wird, kann dieses dann im Tagungsordner entsprechend abgelegt werden. An eine andere, weitere Veröffentlichung der Kursergebnisse, ist schon aus finanziellen Gründen, nicht gedacht.
Soweit weiteres Interesse an den Kursmanuskripten besteht können diese beim Kirschbaum-Verlag, Bonn-Bad Godesberg bezogen werden.

An eine Veröffentlichung der Kursergebnisse des 19. Arbeitskurses Niederdollendorf 1992 ist von seiten des Arbeitskreises Praktische Kartographie nicht mehr gedacht; ist doch dieser 20. Arbeitskurs die Fortschreibung des 19. Kurses und somit eine Veröffentlichung der seinerzeitigen Kursergebnisse nicht mehr relevant.

Karlsruhe-Durlach, den 26. September 1994
Walter Leibbrand

Danksagung

Für die Ausrichtung und Durchführung des 20. Arbeitskurses Niederdollendorf ´94 hat der Arbeitskreis Praktische Kartographie von folgenden Institutionen und Firmen wesentliche Unterstützung erhalten:

Adobe Systems GmbH, Ismaning
Aldus Software GmbH, Hamburg
Apple Computer GmbH, Stuttgart
Bayrisches Landesvermassungsamt, München
Canon Deutschland GmbH, Ettlingen
Hessisches Landesvermessungsamt, Wiesbaden
Institut für Angewandte Geodäsie, Frankfurt am Main
Johannes-Gutenberg-Schule, Stuttgart
Landesamt für Flurneuordnung und Landentwicklung, Kornwestheim
Landesvermessungsamt Baden-Württemberg, Stuttgart
Linotype AG, Kiel
    Geschäftsstelle Südwest, Stuttgart
Mannesmann Scangraphic GmbH, Wedel-Hamburg
    Verkaufsbüro Stuttgart, Leinfelden-Echterdingen
Sportschule des Badischen Fußballbundes e.V., Karlsruhe-Durlach

Datenerfassung und kartographische Weiterverarbeitung

Von der gescannten zur digitalen Flurkarte

Andreas Graf

1. Einleitung
Die Umstellung der ca. 70 000 analogen Flurkarten Bayerns in digitale Form soll in den nächsten 10 - 15 Jahren Schwerpunktaufgabe der 79 Vermessungsämter und des Bayerischen Landesvermessungsamts sein.

Um dieses Ziel zu erreichen, ist unter Beachtung der Wirtschaftlichkeit, modernste Hard- und Software einzusetzten, um eine Verfahrensbeschleunigung in der Datenerfassung zu erzielen.

Die konventionelle Art der Datenerfassung bei der Herstellung digitaler Flurkarten mit Digitalisiertablett und Lupe an Arbeitsstationen hat in den vergangenen Jahren eine Weiterentwicklung erfahren, die den Einsatz neuer Techniken und Arbeitsmethoden ermöglicht. Sie führt zu rascheren und genaueren Ergebnissen, einer verbesserten und beschleunigten Qualitätskontrolle und vermindert den Platzbedarf beim Aufstellen der Arbeitsstationen.

Als neues Verfahren wurde am Bayerischen Landesvermessungsamt das Scannen von Flurkarten und anschließender Raster-Vektor-Konvertierung mit automatischer Mustererkennung und Strukturierung im Laufe des Jahres 1992 getestet. Noch im Herbst 1992 wurde ein erster Arbeitsplatz installiert und mit den notwendigen Entwicklungen und Anpassungen an die bayerischen Verhältnisse begonnen. Die Programmentwicklungen waren zum Jahresbeginn 1993 soweit abgeschlossen, daß mit der Ausbildung und dem ersten praktischen Einsatz begonnen werden konnte. Ein Mitarbeiter war anfänglich bei der Herstellerfirma eine Woche auf Schulung und bildet nun laufend weitere Mitarbeiter für die Bedienung der neuen Hard- und Software aus.

Zum gegenwärtigen Zeitpunkt stehen 11 Arbeitsstationen für die Produktion und 1 Arbeitsplatz für die Entwicklung zur Verfügung.

2. Begriffsbestimmungen
Mit dem Schlagwort „Raster-Vektor-Konvertierung" werden heutzutage unterschiedlichste Entwicklungen und Arbeitsabläufe in einen Topf geworfen, so daß vorab eine eindeutige Klärung und Bedeutungszuweisung der verwendeten Begriffe notwendig erscheint.

Scannen
Ausgangspunkt für die automatisierte Erfassung von Flurkarten ist das Abtasten der Vorlage durch einen Scanner.

Ein Scanner zerlegt die Vorlage in eine genau festgelegte
Anzahl von einzelnen Bildpunkten (Pixel), die ähnlich einer
Matrix angeordnet sind. Da es sich im Fall einer Flurkarte
um eine Schwarz-Weiß-Abbildung handelt, werden die anfallenden
Grauwerte der Pixel in ein Binärrasterbild umgewandelt, d.h.
jedes Pixel enthält nur noch die Information „schwarz" oder
„weiß".
Die Qualität des so erzeugten digitalen Rasterbildes ist abhängig von der Güte der Vorlage und von der Scannauflösung
(Größe der einzelnen Pixel). Am Landesvermessungsamt werden
zur Zeit zwei Scanner zur Erzeugung der Rasterbilder eingesetzt, ein HELL-Scanner CTX 330 und ein Scanner von GraphikScience vom Typ EN 850. Die Auflösung beträgt 800 dpi (Punkte
pro Zoll), also 32 Punkte pro mm (= 0.03 mm).

Filteroperationen
Um die Rasterdaten bestmöglich in Vektordaten umwandeln zu
können, wird die Qualität des vom Scanner erzeugten Rasterbildes durch sogenannte „digitale Filteroperationen" verbessert. So können zum Beispiel Punkte oder Löcher beseitigt
werden, die durch Schmutz auf der Vorlage oder durch Ungenauigkeiten beim Scan-Vorgang („Rauschen") entstehen.

Rastereditor
Anschließend kann das durch automatische Filter verbesserte
Rasterbild mit einem Rastereditor am Arbeitsplatz interaktiv
bearbeitet werden. Es können Inhalte des Rasterbildes entfernt
bzw. neue gesetzt werden. Der Vorteil dieser Methode liegt darin,
daß eine anschließende halbautomatische Linienverfolgung und vor
allem die automatische Strukturierung bestmögliche Ergebnisse
liefern wird.

Umsetzung in strukturierte Vektordaten
Die Verwaltung von raumbezogenen Informationen erfolgt mit Hilfe
von Geographischen Informationssystemen (GIS), die strukturierte
Vektordaten benötigen. Will man also die gescannten Daten für
die Einspeicherung in ein GIS-System verwenden sind noch zwei
Schritte erforderlich:
Die Rasterdaten müssen erstens in Vektordaten umgewandelt werden
und zweitens müssen die Vektordaten strukturiert und mit Attributen
versehen werden. Der Begriff „Raster-Vektor-Konvertierung" deckt
damit nur den ersten Schritt ab.
Um diese Arbeitsschritte durchführen zu können, gibt es im wesentlichen drei Methoden,
- die Bildschirmdigitalisierung (auch Overlaytechnik genannt),
- die halbautomatische Linienverfolgung und
- die automatische Strukturierung.

Bildschirmdigitalisierung (Overlaytechnik)
Dieses Verfahren entspricht im wesentlichen der manuellen Digitalisierung: der Bearbeiter erfaßt jedes Element der Vorlage nach Lage und Eigenschaft. Der einzige Unterschied besteht darin, daß die Erfassung nicht über ein teures und platzraubendes Tablett mit Digitalisierlupe erfolgt, sondern mit Hilfe des am Bildschirm als Hintergrund dargestellten Rasterbildes. Die Erfassung kann somit mit einer einfachen Maus durchgeführt werden, die Vorlage kann beliebig vergrößert werden und man hat zudem eine Kontrolle durch die gleichzeitige Darstellung der digitalisierten Vektoren und der gerasterten Vorlage am Bildschirm.
Durch diese Vorteile ist bereits dieses einfachste Verfahren schneller, genauer und damit billiger gegenüber der klassischen Digitalisierung.

Halbautomatische Linienverfolgung
Die halbautomatische Linienverfolgung läuft folgendermaßen ab: mit dem Rasterbild als Hintergrund gibt der Bearbeiter dem System den Startpunkt für ein linienhaftes Objekt. Gleichzeitig mit dem Startpunkt wird dem System auch mitgeteilt um welche Linienart es sich handelt (Flurstücksgrenze, Nutzungsartengrenze, usw.).
Das System verfolgt nun diese Linien, bis es an einen Punkt kommt, an dem eine Entscheidung zu treffen ist. Entscheidungspunkte sind Verzweigungen oder Kreuzungen, also Punkte von denen mehr als zwei Linien abgehen.
Die Software übernimmt somit für linienhafte Objekte die Umsetzung der Rasterdaten in Vektordaten, dem Bearbeiter obliegt jedoch die Bedeutungszuordnung. Für nichtlinienhafte Objekte, wie Texte, Symbole und Flächen, erfolgt die Erfassung wie bei der Bildschirmdigitalisierung.

Automatische Strukturierung
Bei der automatischen Strukturierung wird versucht, auf Grund des Wissens über den Inhalt der Flurkarte programmtechnisch eine Interpretation der mit Hilfe der Raster-Vektor-Konvertierung gewonnenen Vektoren zu erzielen. Durch die Vektorisierung entsteht ein komplexes Gebilde an Linien und Flächen. Intelligente Algorithmen versuchen nun Zusammenhänge zwischen diesen Vektoren herzustellen und somit eine Strukturierung durchzuführen. In der anschließenden Beschreibung des Verfahrens am Bayerischen Landesvermessungsamt wird näher auf diese Methode eingegangen werden.
Der Erfolg einer solchen automatischen Erkennung hängt stark von der Vorlage ab. Leistungsfähige Editoren ermöglichen dem Bearbeiter Fehler in der Geometrie und der Bedeutungszuweisung rasch zu korrigieren.

3. Automatisiertes Verfahren am Bayer. Landesvermessungsamt
Das am Landesvermessungsamt eingesetzte Verfahren wurde von der Fa. M.O.S.S. in München entwickelt und

stellt eine auf die Anforderungen der Flurkarte optimierte Software dar, die alle Arbeitsschritte, wie sie im vorherigen Kapitel erläutert wurden, ermöglicht. Die Produktionslinie „Flurkarte 1:5000 BLVA" enthält alle Programme, Prozeduren und Systemeinstellungen und steuert die Umsetzung in einem Stapelbetrieb.

Bis zu 16 Filter für Schwarz/Weiß-Bilder können zu einer Filteroperation zusammengefaßt werden. Durch geeignete Auswahl verschiedener Filterkombinationen können neben einfachen Funktionen, wie etwa Entfernen von „Schmutz" und Glätten von Rändern, auch komplexe Verfahren angewendet werden, wie Schließen von Lücken oder Ausgleichen von Linienstärken. Für die Flurkarte wird an dieser Stelle einfacher „Schmutz" entfernt, Ausfransungen werden bereinigt und Lücken geschlossen.

Mit dem hybriden Editor RoSy (Rasterorientiertes System) kann interaktiv am Arbeitsplatz das Rasterbild verbessert werden. Am Landesvermessungsamt wird der Rastereditor teilweise zur Entfernung der Gewässerlinien in Bächen und Flüssen eingesetzt. Ansonsten erfolgt zur Zeit keine interaktive Nacharbeit des Rasterbildes.

Das Raster-Vektor-Konvertierungsprogramm VeRa (Vektorisierung von Rasterbildern) wandelt das Rasterbild in eine Vektorgrafik um. Da es sich bei der Flurkarte um Strichdarstellungen handelt, kommt hier die Mittellinienvektorisierung zum Einsatz.

Das Ergebnis der Raster-Vektor-Konvertierung durch VeRa ist ein komplexes Netzwerk aus Linien und Flächen, das anschließend durch das Softwarepaket STRUVE (Automatische Strukturierung von Katasterkarten) interpretiert wird.

Für die Mustererkennungsaufgabe werden zunächst solche Klassifikationen durchgeführt, die eine sehr hohe Erfolgsquote versprechen. Das damit aufgebaute Wissen kann dann dazu benutzt werden, andere Klassifikationsaufgaben sicherer zu machen. So sind die Kreissymbole der abgemarkten Grenzpunkte relativ einfach und sicher zu erkennende Symbole der Flurkarte. Diese werden zum Schlüssel der weiteren Flurstücksgrenzenerkennung.
Die Interpretation der Flurkarte läuft damit in folgenden Schritten ab:
- Zuerst werden abgemarkte Grenzpunkte klassifiziert. Grenzpunkte sind, auf die besonderen Verhältnisse der bayerischen Flurkarte angepaßt, nicht nur der Kreis, sondern auch der

Feldstein und der Grenzpflock, jeweils mit beliebigem Drehwinkel.
- Geraden werden anschließend als Flurstücksgrenzen interpretiert, wenn mindestens ein Grenzpunkt am Beginn oder Ende der Gerade erkannt worden ist.
- Ebenfalls mit Hilfe der Kreiserkennung werden Katasterfestpunkte zugeordnet.
- Für die Erkennung von Gebäudeflächen wird das Gebäudekennzeichen Gebäuderaster bzw. Gebäudeschraffur verwendet. Zusätzliche Bedingung für die Objektbildung „Gebäude" ist die Geschlossenheit der Fläche. Gemeinsame Begrenzungslinien von Gebäudeteilen und bereits erkannten Flurstücksgrenzen werden akzeptiert. Ein mögliches Gebäudekennzeichen wäre auch die Hausnummer. Nach einer Überarbeitung der Hausnummernerkennung, d.h. die Hausnummern sind vollständig und richtig, kann anschließend die automatische Gebäudeerkennung mit hoher Sicherheit erfolgen.
- Erkennung von Linien mit speziellem Strichmodus:
Im Bereich der Flurkarte 1:5000 wird auf diese Art die Nutzungsartengrenze erkannt, die kurz strichliert dargestellt ist.
- Erkennung von Flurstücksnummern und Hausnummern:
Für die Flurkarte 1:5000 liegt folienmäßig eine Trennung zwischen Grundrißfolie (G-Pause) und Flurstücksnummernfolie (F-Pause) vor. Für die Bearbeitung der F-Pause wird die Texterkennung eingesetzt und mit RoSy nachbearbeitet. Die Nacharbeit gestaltet sich besonders komfortabel: der Bearbeiter geht in eine Editierschleife und das System stellt aus der Liste der erkannten Flurstücksnummern die erste Nummer zentriert am Bildschirm dar. Falls die Erkennung erfolgreich war, akzeptiert der Bearbeiter dies durch Bestätigung mit der RETURN-Taste. Im anderen Fall hat er die Möglichkeit die Nummer nach Textinhalt, Lage und Textrichtung zu korrigieren. In der Liste der Flurstücksnummern kann der Bearbeiter beliebig rückwärts oder vorwärts blättern.

Die Texterkennung einer „Muster-F-Pause" ergab, daß von 392 Flurstücksnummern 300 richtig erkannt wurden, 40 wurden teilweise erkannt, d.h. der Textinhalt war zu korrigieren und 52 Flurstücksnummern wurden nicht als Text erkannt. Das schlechte Abschneiden im Vergleich zur Testkarte 1:1000 (siehe Kapitel 7) ergibt sich aus der schlechteren Qualität der Vorlage.

Die Erkennung und Editierung von Hausnummern für den Maßstab 1:1000 erfolgt analog, wird jedoch am Landesvermessungsamt zur Zeit nicht praktiziert, da sich die Anwendung auf den Maßstab 1:5000 beschränkt und hier keine Hausnummern erfaßt werden.

- Die in älteren Flurkarten 1:5000 häufig vorhandenen flächenhaften Nutzungsartensymbole, z.B. Waldsignaturen, werden auf Grund ihres Netzwerkes, bestehend aus Vektoren und Flächen erkannt, und aus dem Vektorbild gelöscht. Falls diese jedoch Flurstücksgrenzen schneiden, ist eine Löschung nicht möglich.
- Die nicht erkannte Geometrie, z.B. ist es für eine automatische Strukturierung nahezu unmöglich zwischen nicht abgemarkter Flurstücksgrenze und etwa einer Uferlinie zu unterscheiden, wird einheitlich in eine Sammelebene abgelegt und für eine spätere Attributierung bereitgestellt. Hierbei werden grundsätzlich Vektorzüge von einem Knoten der Ordnung 1 (Linienanfang), der Ordnung 3 (Einmündung) oder der Ordnung 4 (Kreuzung) zu wiederum einem 1er-, 3er- oder 4er-Knoten gebildet.

Die interaktive Nacharbeit des Bearbeiters beschränkt sich somit auf einer Hebung des Polygons aus der Sammelebene in die entsprechende gewünschte Ebene. Da die Geometrie des Vektorzuges durch VeRa bereits erzeugt ist, entspricht der Arbeitsablauf für den Bearbeiter dem der halbautomatischen Linienverfolgung: mit der Maus wird der Vektorzug angeklickt und diesem bis zum nächsten Entscheidungspunkt (1er, 3er- oder 4er-Knoten) die vom Bearbeiter vorgegebene Attributierung zugewiesen.

Vorteile gegenüber der herkömmlichen halbautomatischen Linienverfolgung ergeben sich dadurch, daß
- die Linienverfolgung im Stapelbetrieb (auch nachts) erfolgt, d.h. zum Zeitpunkt der Bearbeitung ist diese, einschließlich der Glättungsfunktionen, bereits abgeschlossen und muß nicht erst im Dialogbetrieb Linie für Linie gerechnet werden,
- das Ergebnis der Linienverfolgung als Vektorbild zur Verfügung steht und deshalb interpretierende Programme auf diese Vektorzüge aufsetzen können und
- durch Selektion im Rechteck beliebig viele von dem Rechteck angeschnittene Vektorzüge gleichzeitig attributiert werden können.
- Die Nacharbeit der nicht erkennbaren Vektorzüge und der sonstigen Fehlklassifikationen wird mit dem bereits erwähnten Editor RoSy durchgeführt, der eine Reihe von effizienten Spezialfunktionen zur Verfügung stellt, die eine rasche und präzise Kontrolle der automatischen Prozesse ermöglicht. Es handelt sich hierbei um einen hybriden Editor, der Raster- und Vektordaten gemeinsam darstellen und manipulieren kann. Die grafische Benutzeroberfläche basiert auf den Standards OSF/Motif bzw. X-Windows. Alle Funktionen können über hierarchische und sogenannte „Pop-Up-Menüs" durch An klicken mit der Maus, aber auch durch entsprechenden Tastendruck auf der Tastatur ausgelöst werden. Zum Beispiel kann eine

Verschiebung des Bildausschnittes nach links durch einfaches Drücken der „Cursor-Pfeiltaste nach links, <—" ausgelöst werden. Verschieben nach rechts bewirkt die Taste „Cursor-Pfeiltaste nach rechts, —>", Vergrößern die Taste „+" und Verkleinern die Taste „-".

Für die Bedürfnisse der Bayerischen Flurkarte 1:5000 wurden alle Anforderungen zu einem Menü zusammengefaßt. Falls der Bearbeiter also den Linientyp „Flurstücksgrenze abgemarkt" digitalisieren oder editieren will, muß nur die entsprechende Leiste im Menü angeklickt werden.

Der Arbeitsablauf für den Bearbeiter sieht damit folgendermaßen aus:
- Aufruf des Bildes, das gleichzeitig Raster- und Vektordaten enthält. Dieses Bild ist das Ergebnis der automatischen Prozesse (Rasterfilter, in Einzelfällen mit Rastereditor bearbeitet, Raster-Vektor-Konvertierung, automatische Strukturierung).
- Anschließend wird das Bild rechteckweise nachbearbeitet. Hierzu sind die Fehlklassifikationen zu beheben und aus der Sammelebene Vektorzüge entsprechend zu attributieren. Flurkarteninhalte, wie Schriften oder Nutzungsartensymbole, die ebenfalls vektorisiert wurden und für die eine Attributierung entfällt, werden nicht behandelt. Erst zum Schluß wird die Sammelebene und damit die noch verbliebene „Schmutzgeometrie" mit einem Befehl gelöscht.
- Es wird immer wieder Bereiche geben, für die die automatische Strukturierung nicht erfolgreich ist. Da es in den meisten Fällen effizienter ist, nicht erkannte Objekte nachzutragen, als eine entsprechende Fehlklassifikation rückgängig zu machen, werden großzügig für solche Bereiche alle Vektoren im Rechteck aus dem Bild gelöscht. Der Bearbeiter erfaßt anschließend mit der Methode der Bildschirmdigitalisierung den Ausschnitt neu.
- Transformation der Vektoren in das GK-System über eine affine Umformung mit den vier Blattecken der Flurkarte als Paßpunkte. Die Koordinaten der Blattecken werden dem Bearbeiter programmtechnisch für das zu bearbeitende Blatt aus der Datei der Blattecken zur Verfügung gestellt.
- Abspeichern des Bildes und durch Prozeduraufruf Umsetzung in die Datenschnittstelle der SICAD-GDB (SQD-Format).

Damit ist die Arbeit am interaktiven Arbeitsplatz beendet. Die Weiterverarbeitung der Daten (Homogenisierung, Einspeicherung in Datenbank, Plottung und Gravur) erfolgt wie bisher.

4. Hardwarekonfiguration
Die „M.O.S.S.-Software" wird auf Siemens Nixdorf RISC Workstations RW320 bzw. RW420 eingesetzt. Die RISC Workstation-

Familie RW bietet die hohe Leistung der MIPS-Prozessoren
R3000A (RW320) bzw. R4000 (RW420), hohe Graphikleistungen,
große Arbeitsspeicher, integrierte Massenspeicher, sowie
ein UNIX-Betriebssystem.

„RISC" steht für „Reduced Instruktions Set". Der Befehlssatz
des Prozessors besteht aus einfachen Befehlen, die in schnellen Zyklen ausgeführt werden.

Die stapelmäßige Umsetzung der Rasterdaten in strukturierte
Vektordaten mit STRUVE läuft zentral auf einer starken RW420,
die hierzu mit einer Leistungsfähigkeit von 85 MIPS, einem
Hauptspeicherausbau mit 64 Mbyte, 2.4 Gbyte Festplattenkapa-
zität und einem 2.0 Gbyte DAT-Laufwerk bestens ausgestattet
ist. Je nach Karteninhalt ist mit Zeiten zwischen einer halben und ca. zwei Stunden für die Umsetzung zu rechnen.

Die interaktive Nacharbeit der Bilder erfolgt auf der etwas
schwächeren RW320-Arbeitsstation. Eine CPU-Leistung von 30
MIPS, Hauptspeicherausbau mit 32 Mbyte und eine Festplatten-
kapazität von jeweils 1.2 Gbyte ist für ein zügiges Bearbeiten der Bilder jedoch völlig ausreichend.

Wie bereits erwähnt, sind zur Zeit im Hause zehn RW320
für die interaktive Nacharbeit und eine RW420 für die Umrechnung der Rasterdaten installiert. Auf der RW420 wird
parallel zu STRUVE auch mit RoSy gearbeitet. Eine RW420
steht für die Entwicklung zur Verfügung.

Die Strukturierungssoftware ist somit nur einmal auf dem
zentralen Rechner vorhanden, auf den anderen Arbeitsplätzen,
einschließlich der RW420, ist jeweils der hybride Editor RoSy
installiert. Sämtliche Arbeitsplätze sind über ein lokales
Netz miteinander verbunden.

Anschluß von X-Teminals
Der Anschluß von X-Teminals an die RISC Workstations bietet
die Möglichkeit, aus dem „Einplatzsystem RWxxx" ein „Mehrplatzsystem RWxxx" zu schaffen. Voraussetzung für den Einsatz von
X-Terminals im Bereich hybrider Grafik ist ein großer Arbeitsspeicher und eine hohe CPU-Leistung der Workstation. Für die
interaktive Nacharbeit zur Flurkarte 1:5000 wurde der Anschluß
von einem bzw. zwei X-Terminals an die RW320 bzw. RW420 getestet. Für den Test wurden zwei X-Terminals TX100 der Fa. SNI
verwendet. Das Ziel der Untersuchung war, die Eignung der RISC
Workstation als Mehrplatzsystem zu testen. Die Eignung der verwendeten X-Terminals für den praktischen Einsatz (Tastatur,
Bildschirm) war nicht Gegenstand des Tests.

Um das Zeitverhalten nach dem Anschluß von X-Terminals zu testen, wurden verschiedene, auch besonders zeitintensive Schritte im Zuge der interaktiven Nacharbeit miteinander verglichen. Die einzelnen Schritte wurden zunächst nur auf der Workstation durchgeführt und anschließend gleichzeitig auf der Workstation und den angeschlossenen X-Terminals.

Die interaktiven Arbeiten, wie Bildschirmdigitalisieren, „Schwarzes Loch" oder Selektieren und Löschen von kleinen Bereichen, wurden gleichzeitig auf allen drei Arbeitsplätzen mit der RW320 bzw. mit der RW420 als Workstation durchgeführt. Eine zeitliche Beeinträchtigung durch den Anschluß der X-Terminals war nicht feststellbar. Selbst bei einem gleichzeitigen Laden der Flurkarte in den Arbeitsspeicher auf der Workstation, konnte beim interaktiven Arbeiten an den X-Terminals keine spürbare Verzögerung gemessen werden.

Merkliche Zeitverzögerungen gab es bei den Schritten „Laden Flurkarte", Selektieren und Löschen großer Bereiche, große Bildausschnitte verändern und Bildabspeichern. Diese Arbeiten werden jedoch im Rahmen einer interaktiven Nacharbeit zum einen selten und zum anderen selten gleichzeitig durchgeführt. Größere Wartezeiten können hier akzeptiert werden.

Als Testergebnis konnte festgestellt werden, daß bereits die RISC Workstation RW320 in der Lage ist, zumindest für ein X-Terminal, die „Host"-Funktion zufriedenstellend zu übernehmen. Der Kostenvergleich ergab jedoch, daß erst bei einer hohen Stückzahl und bei einer Anbindung von zwei X-Terminals an eine Workstation eine spürbare Kostensenkung eintritt. Der Grund liegt in einer notwendigen höheren Plattenkapazität der Workstation. Die hohe Plattenkapazität wird jedoch notwendig sein, da die Workstation als „Host"-Rechner dient. X-Terminals werden deshalb bis auf weiteres nicht eingesetzt.

5. Arbeitsablauf am Bayerischen Landesvermessungsamt
Die Herstellung der Digitalen Flurkarte beinhaltet eine Vielzahl von Verfahren und Arbeitsschritten. Ein Arbeitsschritt davon ist die Erzeugung der Rohdigitalisierung, also die Umsetzung der analogen Vorlage in digitale Form. Die hier vorgestellte neue Technik greift nur in diesen Arbeitsschritt ein und ersetzt die bisherige manuelle Digitalisierung mit Tablett und Digitalisierlupe. Als zusätzliche Arbeit ist das Scannen der Flurkarten in eine Produktionsschiene mit aufzunehmen.

Von der gescannten zur digitalen Flurkarte

Auf den neuen Arbeitsstationen werden im wesentlichen die Geometrie und die Flurstücksnummern der Flurkarte erfaßt. Der restliche Inhalt wird am herkömmlichen Arbeitsplatz bearbeitet. Alle sonstigen Arbeitsschritte und Verfahrensabläufe, wie Kontrollplottungen, Homogenisierung, Einspeicherung in die Datenbank oder Gravurausgabe, bleiben von der Einführung der Raster-Vektor-Konvertierung unberührt.

Im einzelnen läuft die Herstellung der digitalen Flurkarte für den Erfassungsmaßstab 1:5000 damit folgendermaßen ab:
- Die Grundrißpause (G-Pause) und Flurstücksnummernpause (F-Pause), die für den Maßstab 1:5000 getrennt vorliegen, werden auf einem HELL-Scanner oder einem SGI-Scanner im Hause mit einer Auflösung von 800 dpi gescannt.
- Falls das Rasterbild bearbeitet werden soll, z.B. für die Beseitigung von Gewässerlinien bei Flüssen und Bächen, wird zunächst auf einer RW320-Station mit den Editiermöglichkeiten von RoSy das Rasterbild verbessert.
- Zur weiteren Verarbeitung werden die Daten, entweder direkt vom Scanner oder nach Editierung von der RW320, an die zentrale RISC Workstation RW420 geschickt.
- Auf der RW420 laufen in einer Stapelverarbeitung, die auch im Nachtbetrieb möglich ist, die automatischen Prozesse Filteroperationen, Raster-Vektor-Konvertierung (VeRa) und Strukturierung (STRUVE) ab. Das Ergebnis dieser Umsetzung ist eine Datei mit der SGD-Datenstruktur (M.O.S.S. Hybride Datenstruktur für Sach- und Geometriedaten). Hierbei handelt es sich um ein internes „M.O.S.S."-Format, das Raster- und Vektordaten gemeinsam verwaltet. Je nach Karteninhalt ist mit Zeiten zwischen einer halben und ca. zwei Stunden pro Umsetzung zu rechnen.
- Anschließend werden die Bilder, die nun Raster- und strukturierte Vektordaten enthalten, zur interaktiven Nacharbeit an die RW320-Stationen verteilt. Wie bereits erwähnt, werden auf den RISC Workstations die Geometrie, also Flurstücksgrenzen, Nutzungsartengrenzen, Uferlinien, topographische Abgrenzungen und Verwaltungsgrenzen mit den entsprechenden Grenzpunktsymbolen (Grenzstein, Feldstein, Grenzpflock und Meißelzeichen) und die Flurstücksnummern bearbeitet. Die interaktive Nacharbeit beinhaltet auch eine affine Transformation in das GaußKrüger-System. Als Paßpunkte dienen die Blattecken. Die Koordinaten werden programmtechnisch aus der Datei der Blattecken zur Verfügung gestellt.
- Anschließend wird das interne SGD-Format in die SICAD-GDB-Datenschnittstelle (SQD-Format) umgesetzt. Entsprechend den amtlichen Richtlinien für die digitale Flurkarte in Bayern wurde die Umsetzung angepaßt.
- Die SQD-Datei, die im Vektorformat das Ergebnis der interaktiven Nacharbeit mit RoSy beinhaltet, wird in ein DIGSY-Bild

umgesetzt und an einem DIGSY-Arbeitsplatz eingespeichert.
- Auf dem DIGSY-Arbeitsplatz wird der Karteninhalt mit Beschriftung, topographischen Symbolen, Nutzungsartensymbolen und Kartenrand ergänzt.

Dieser Arbeitsschritt und alle folgenden unterscheiden sich nicht vom herkömmlchen Verfahren und sind an anderer Stelle bereits ausführlich beschrieben. Die weiteren Verfahrensschritte werden deshalb nur kurz angedeutet:
 - Kontrollplottungen und Revision der Rohdigitalisierung
 - Homogenisierung
 - Einspeicherung in die Datenbank
 - Gravur.

6. Vorteile des automatisierten Verfahrens

Das vorgestellte Verfahren stellt eine Mischung aus automatischer Interpretation des Karteninhalts, halbautomatischer Linienverfolgung im Vektorbild und Bildschirmdigitalisierung dar. Zur bisherigen Digitalisierung mit Tablett und Digitalisierlupe ergeben sich folgende Vorteile:

- Hardwarekosten

  Waren bisher die hohen Kosten für die notwendige leistungsstarke Hardware ein großer Nachteil von automatisierten Verfahren, so hat sich mittlerweile durch die Entwicklung auf dem Rechnermarkt hieraus ein Vorteil gegenüber der klassischen Digitalisiermethode ergeben. Heute werden preisgünstige Standard-Workstations mit hoher Leistung angeboten, die zugleich als Plattformen für das Ziel-System (z.B. DIGSY oder SICAD) dienen können.
  Durch die neue Technik kann auf teure und platzraubende Digitalisiertabletts verzichtet werden, wohingegen eine einmalige Scannerinvestition auf eine Vielzahl von Karten verteilt und abgeschrieben werden kann. Für geringe Stückzahlen kann das Scannen über Dienstleistungsaufträge relativ günstig vergeben werden.

- Erhöhung der Produktivität

  Um die Zeiteinsparung abschätzen zu können, wurden verschiedene Flurkarten mit beiden Verfahren bearbeitet und die Zeiten verglichen. Im Durchschnitt ergab sich eine Produktivitätssteigerung von 30-40%. Die tatsächliche Zeiteinsparung ist von Karte zu Karte sehr unterschiedlich und hängt von der Qualität der Vorlage ab. Problematisch sind Grenzpunktsymbole mit unterschiedlichen Kreisdurchmessern, flächendeckende Nutzungsartensymbole, die Flurstücksgrenzen überdecken, Gewässerlinien bei Flüssen und Bächen, die mit den Uferlinien zusammenfließen, sowie ausgefranste und unterbrochene Linien.

- Hohe bedienerunabhängige Genauigkeit
Die automatische Umsetzung der Rasterdaten in Vektordaten
läuft mit hoher, gleichbleibender Genauigkeit ab. Bei gekrümmten Linien, wie z.B. einer nicht abgemarkten Flurstücksgrenze, ist der Glättungsgrad und damit die Anzahl
der Polygonstützpunkte einstellbar. Für die Flurkarte
1:5000, die ja die Grundbuchkarte darstellt, wurden hohe
Anforderungen an die Deckungsgleichheit der automatisiert
erzeugten Vektoren zur Vorlage gestellt und eingehalten.
Auch bei der reinen Bildschirmdigitalisierung kann, durch
beliebige Vergrößerung des Rasterbildes, eine höhere Genauigkeit erzielt werden.

- Minimierung des Revisionsaufwandes
Bedingt durch Ungenauigkeiten des Digitalisiertabletts
und durch ungenügende Vergrößerungen der Digitalisierlupe
war beim alten Verfahren, im Anschluß an die Digitalisierung, ein relativ hoher Revisionsaufwand notwendig. Dieser
Aufwand wurde vom Revisor für die Prüfung und vom Bearbeiter für die Einarbeitung der Genauigkeitsbeanstandungen
der Grundrißgeometrie erbracht. Im Zuge der interaktiven
Überarbeitung des Kartenblattes, prüft der Bearbeiter mit
dem Rasterbild als Hintergrund auch die Genauigkeit der
Vektorisierung. Falls in Ausnahmefällen Abweichungen von
der Vorlage auftreten, so werden diese vom Bearbeiter sofort berichtigt.

Langjährige Erfahrungen zeigten, daß dieser Revisionsaufwand ca. 15% der Digitalisierzeit am Tablett beträgt. Mit
dem neuen Verfahren fallen diese Zeiten weitgehend weg.
- Ergonomie
Die neue Technik bietet bessere Arbeitsplatzbedingungen
als das alte Verfahren. Dies ist in erster Linie begründet
durch
- das Wegfallen des Digitalisiertisches und dem damit verbundenem ständigem Blickwechsel zwischen Vorlage und
Graphikschirm und der schlechten Sitzposition bezüglich
der Vorlage auf dem Tablett,
- beliebiger Vergrößerungsmöglichkeiten der Digitalisiervorlage am Bildschirm und
- einer Verlagerung der Tätigkeit von der bisherigen Lageerfassung auf Kontrolltätigkeiten und Attributierung von
Vektorzügen.

7. Schlußbetrachtung
Das Verfahren der Raster-Vektor-Konvertierung mit
automatischer Mustererkennung und Strukturierung wird
zur Zeit am Bayerischen Landesvermessungsamt nur für
den Erfassungsmaßstab 1:5000 verwendet. Die Herstellung

der Flurkarten liegt in der Regel bis 150 Jahre und mehr zurück. In der Zwischenzeit wurden die Karten zu unterschiedlichen Zeiten berichtigt. Dies bedeutet, daß ein Kartenblatt noch den alten Zeichenvorschriften entsprechen kann, dies bedeutet aber auch, daß in einem Kartenblatt entsprechend den Berichtigungszeiten und ihren gültigen Zeichenvorschriften unterschiedliche Kartenzeichen für die gleiche Thematik enthalten sein können. Für ein automatisiertes Verfahren ist deshalb die Flurkarte 1:5000 ein denkbar schwieriges Vorhaben und es soll hier nicht der Eindruck entstehen, daß „automatisiert" gleichzusetzen ist mit einem 100%-igen Ersatz der menschlichen Arbeitskraft. Die Euphorie wird sicherlich in extrem schwierigen Gebirgsblättern aus dem vorigen Jahrhundert gedämpft werden, aber selbst hier bringt das neue Verfahren mit Hilfe der Bildschirmdigitalisierung einen spürbaren Vorteil.

Wesentlich günstiger sind die Erfolgsaussichten für Karten, die bereits entsprechend den Vorschriften der Zeichenanweisung 1982 herausgegeben wurden. Man denke hierbei nur an die Vielzahl von Katasterneuvermessungen, Flurkartenneuherstellungen oder Flurbereinigungen, deren Rechenansätze ohne erheblichen Aufwand nicht mehr in die Graphik übertragbar sind und deshalb nur eine Digitalisierung als Herstellungsart für die Digitale Flurkarte sinnvoll ist.

Für das Musterblatt 1:1000 der DatRi-GRUBIS wurde das Verfahren testweise angewandt. Die automatisierte Umsetzung der Rasterdaten ergab, daß
- von 29 Katasterfestpunkten 18 richtig erkannt wurden,
- von 353 Grenzpunkten 333,
- von 395 Flurstücksgrenzen 380,
- von 82 Gebäuden (Umringkontur und Flächenbildung) 81,
- von 80 Flurstücksnummern alle richtig erkannt wurden und
- von 38 Hausnummern 32 richtig, 3 teilweise und 3 Hausnummern nicht als Text erkannt wurden.

Die Hausnummernerkennung läuft deshalb nicht so sicher wie die Flurstücksnummernerkennung, da die Hausnummer in der gerasterten Gebäudefläche steht.

Eine im Jahre 1993 im Hause angefertigte Diplomarbeit stellt für eine Testkarte eine Arbeitsersparnis von 26% im Vergleich zur herkömmlichen Digitalisierung fest. Ich darf zum Abschluß den letzten Satz aus dieser Diplomarbeit zitieren, in dem es heißt: „Aber auch jetzt schon ist das automatisierte System dem manuellen Verfahren weit überlegen und richtungsweisend für die Zukunft".

Dipl.-Ing. A. Graf
Bayerisches Landesvermessungsamt
Alexandrastraße 4
80538 München

Ausschnitt aus Flurkarte 1: 1 000 (Musterblatt)

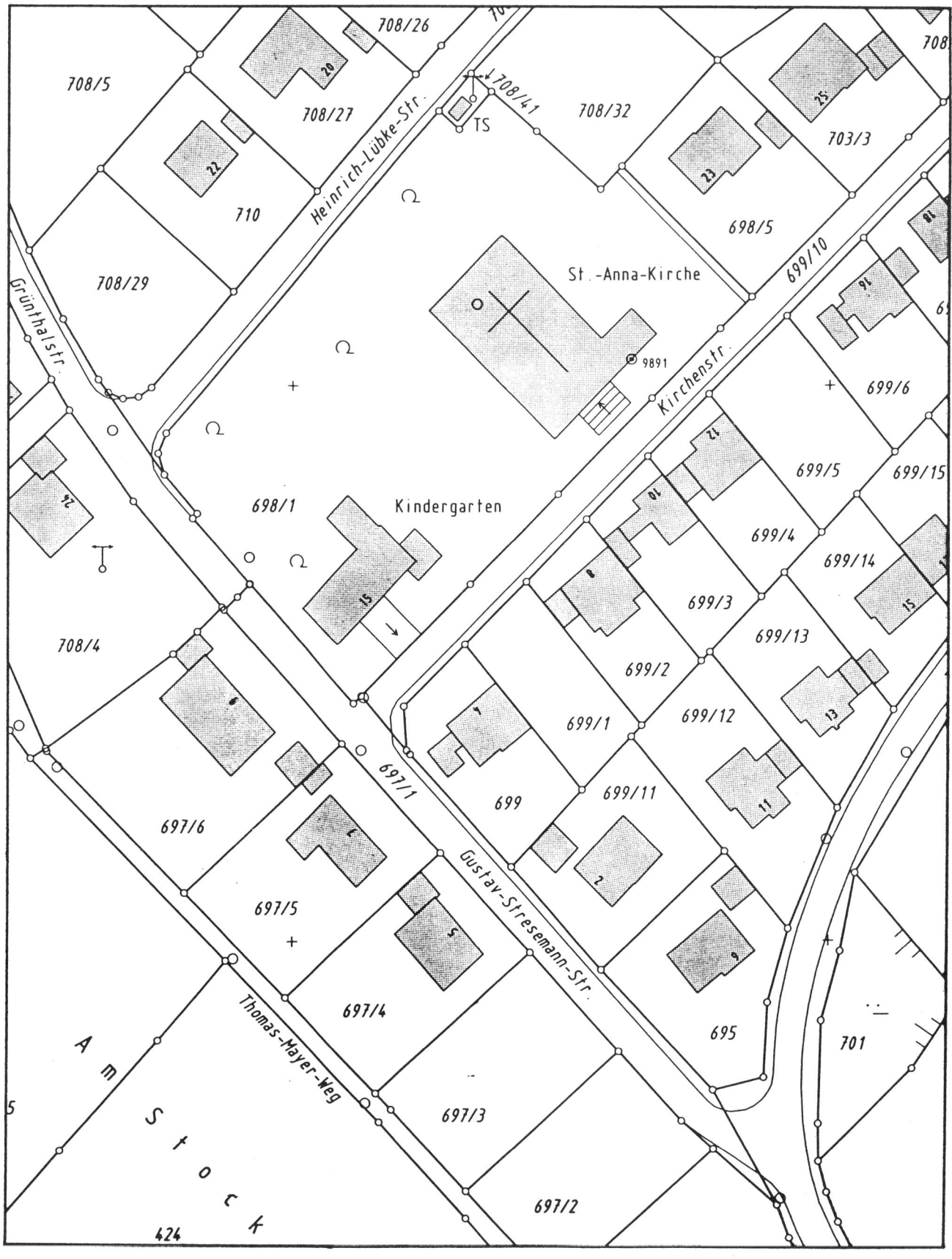

Von der gescannten zur digitalen Flurkarte

Ausschnitt aus Flurkarte 1: 5 000

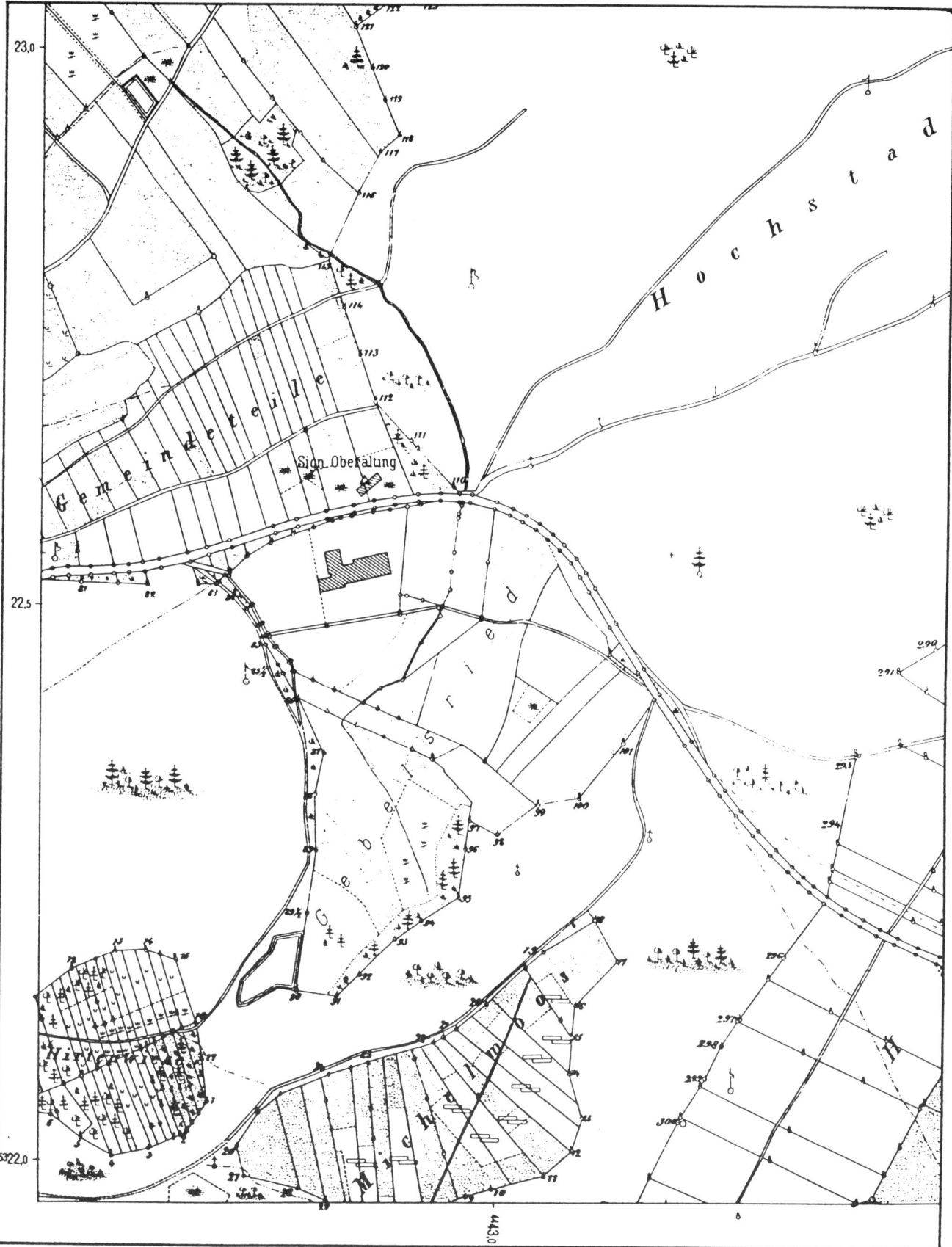

Hardware - Konfiguration

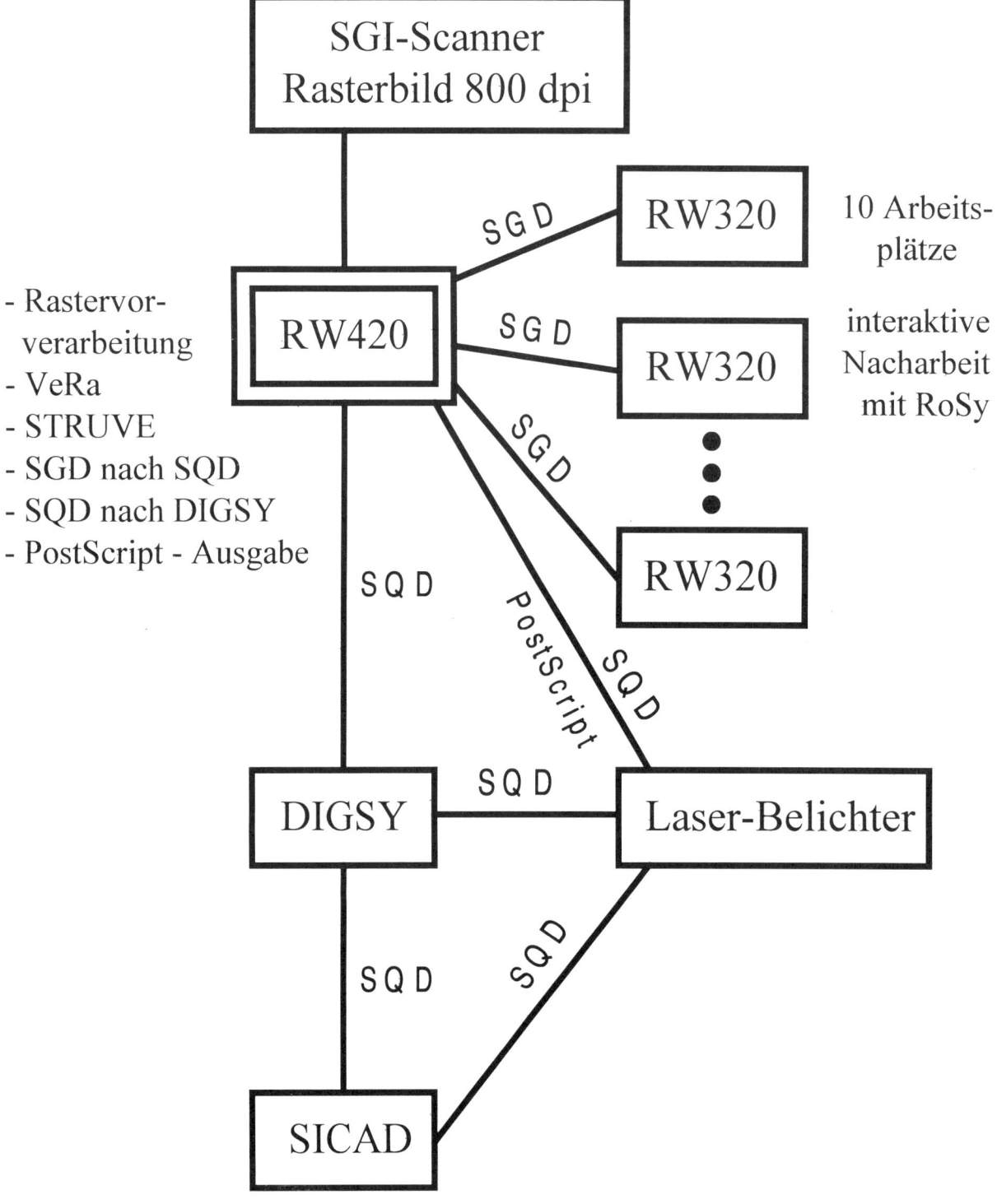

Die RISC Workstation RWxx

```
┌─────────────────────────┐
│ Software                │
│        SICAD            │
│                         │
│ M.O.S.S. ┌──────────┐   │
│ RoSy     │ Hardware │   │
│ Hybrider │  RW320   │   │
│ Editor   └──────────┘   │
│                         │
│        DIGSY            │
└─────────────────────────┘
```

RW320:

Prozessor	MIPS R 3000
MIPS	30
Zentralspeicher	32 Mbyte
Festplatte	1,2 Gbyte
Diskettenlaufwerk	3,5 "

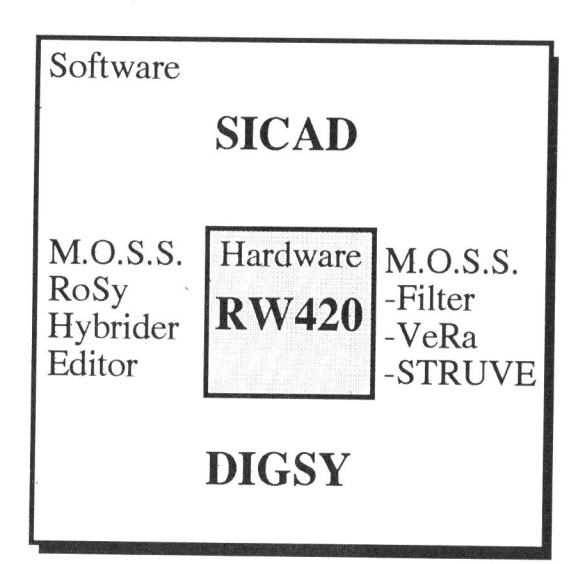

```
┌──────────────────────────────────┐
│ Software                         │
│          SICAD                   │
│                                  │
│ M.O.S.S. ┌──────────┐ M.O.S.S.   │
│ RoSy     │ Hardware │ -Filter    │
│ Hybrider │  RW420   │ -VeRa      │
│ Editor   └──────────┘ -STRUVE    │
│                                  │
│          DIGSY                   │
└──────────────────────────────────┘
```

RW420:

Prozessor	MIPS R 4000
MIPS	85
Zentralspeicher	64 Mbyte
Festplatte	1,2 Gbyte
Festplatte	1,2 Gbyte
DAT-Laufwerk	2,0 Gbyte

Zum Vergleich

DIGSY	9733-1
Prozessor	NS 32016
MIPS	0,8
Zentralspeicher	4 Mbyte
Festplatte	80 Mbyte

Arbeitsablauf

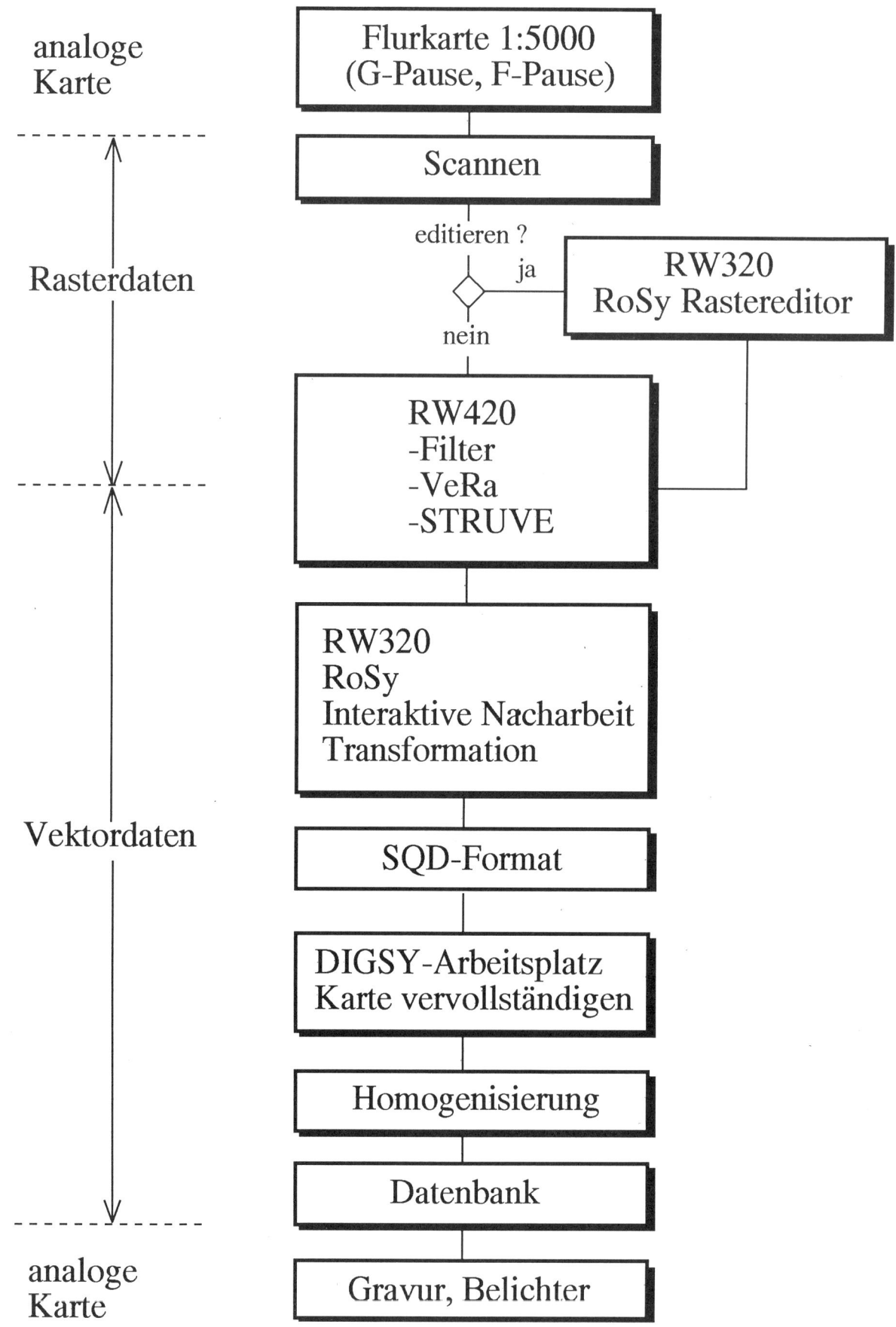

Automatisiertes Verfahren am B.LVA

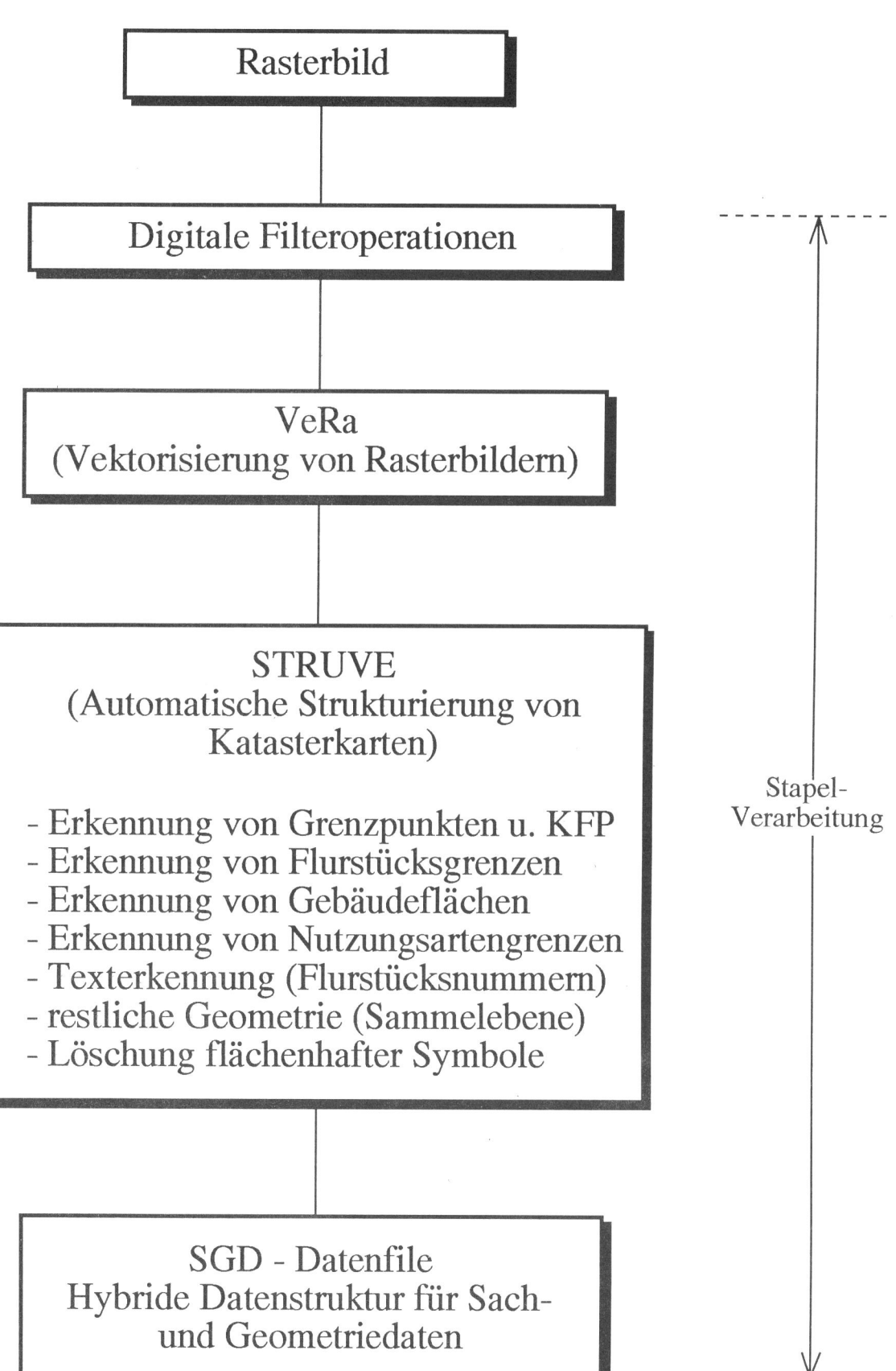

Analog-digitale Herstellung einer Planungskarte

Wolfgang Kaufmann

1. Das digitale Konzept

1.1 Voraussetzungen
Bereits im Jahr 1990 hat das Referat 43 umfangreiche Untersuchungen bezüglich der Einführung eines digitalen kartographischen reproduktionstechnischen Systems (DIKARESY) durchgeführt.
Sie zeigten, daß für die Durchführung der Flurbereinigung auch in Zukunft in großem Umfang auf die vorhandenen analogen Vorlagen zurückgegriffen werden muß, inbesondere auch auf Vorlagen, die von anderen Stellen übernommen werden müssen. Eine generelle Vektorisierung aller vorhandenen bzw. verwendeten Vorlagen ist nicht möglich. Aus diesem Grunde kam der Scanner-Rastertechnik eine besondere Bedeutung zu. Voraussetzung für eine digitale Kartenbearbeitung war deshalb ein hybrides CAD-System. Die Software IMAGE-MAPPER der Firma Graphic Science konnte unsere Anforderungen am ehesten erfüllen. Sie konnte außerdem auf den preiswerten DOS-PC´s installiert werden.

1.2 Die Anforderungen im Einzelnen:
Herstellen von Rasterdaten in variabler Auflösung bis 800 dpi (Hardware):
   von Strichvorlagen (schwarz/weiß)
   von Halbtonvorlagen (schwarz/weiß)

Manipulieren der Rasterdaten
   entzerren
   scalieren
   rotieren
   bearbeiten
   zuordnen der entsprechenden Farbe (RGB)
   integrieren weiterer Rasterdateien

Vektorielle Bearbeitung
   entzerren
   einfügen linien- und flächenhafter Elemente
   einfügen von Schrift und Signaturen

Integrieren von Raster- mit Vektordaten
   nacharbeiten von Vektordaten im Rastermodus
   Vektorfunktionalität im Rastermodus
   ausgeben von Raster- und Vektordaten

Ausgabe
   elektrostatischer Farbrasterplotter (400 dpi)
   (Strich, Fläche, Halbtöne auf Papier und Folie)
   Filmbelichter (über 1000 dpi) auf Film bis ca A0

2. Hard- und Software

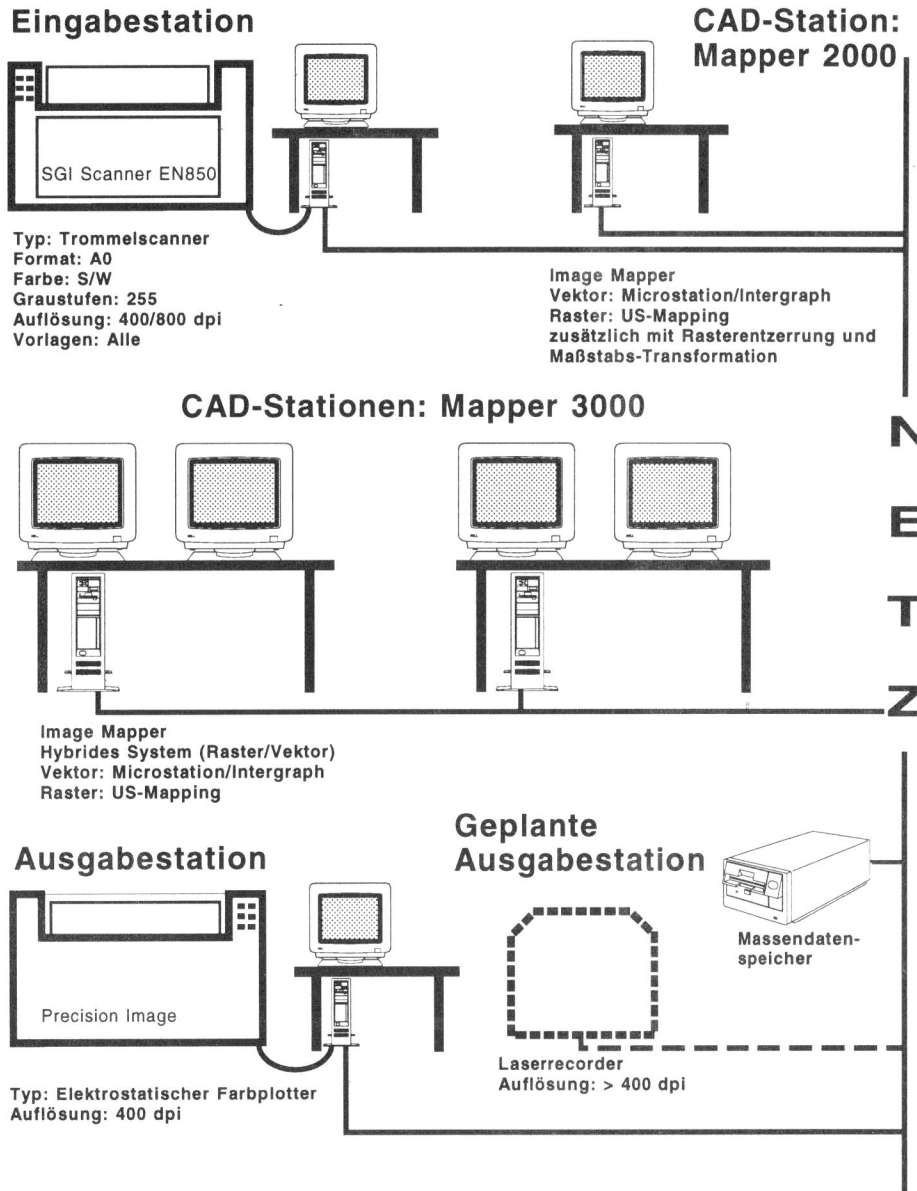

3. Die Wege- und Gewässerkarte

3.1 Zweck
Für jede Flurbereinigung wird eine Planungskarte (Wege- und Gewässerkarte) erarbeitet, die alle Maßnahmen der Flurbereinigung (eventuell auch Fremdmaßnahmen) enthält (s Beilage 1).

3.2 Grundlagen
Grundlage für die Ausarbeitung ist die aktuallisierte Grundrißfolie der Karte des alten Bestandes 1:5000, die wiederum aus den Flurkarten 1:1500 bzw. 1:2500 abgeleitet wurde, sowie den entsprechenden Höhenlinien. Diese werden mit, für die spätere konventionelle/digitale Ausarbeitung notwendigen bearbeitungstech-nischen Parametern, ergänzt.
Die beiden Inhalte werden danach auf bezeichenbaren Film kopiert (Dayrex/Agfa). Dieser Film hat für den ungeübten Bearbeiter den Vorteil, daß mit wässriger Tusche gezeichnet und auf einfache Art Zeichnungsinhalte entfernt bzw. ergänzt werden können.

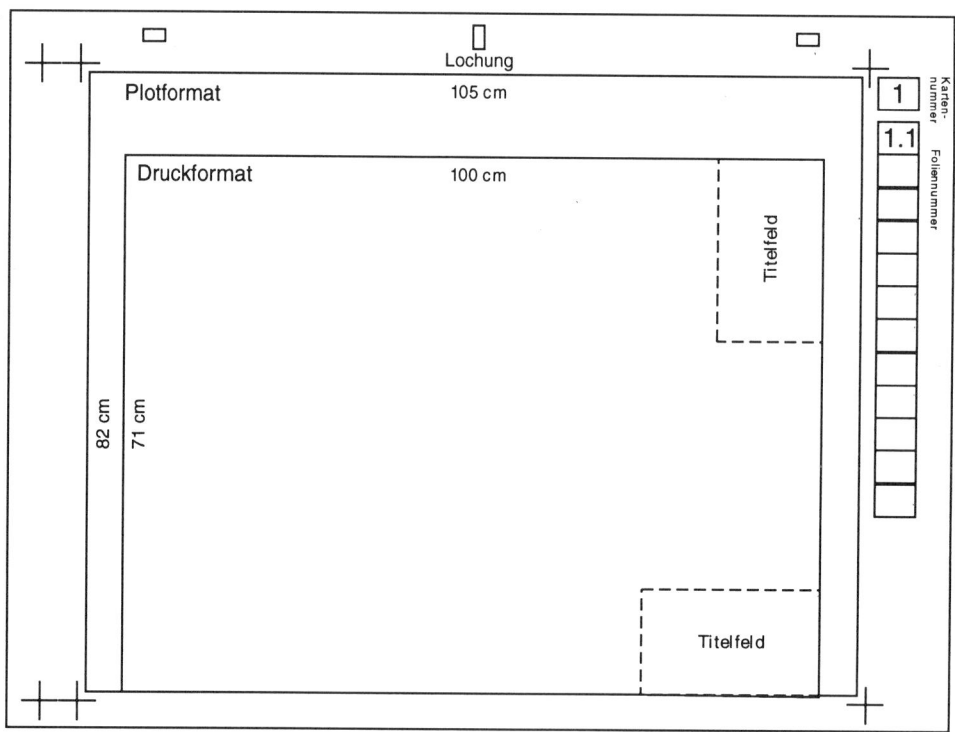

Formatbogen für die Wege- und Gewässerkarte

Analog-digitale Herstellung einer Planungskarte 31

3.3 Inhalte
Die Wege- und Gewässerkarte beinhaltet sämtliche Planungsabsichten im Rahmen des Flurneuordnungsverfahrens. Die einzelnen Inhalte (s. Zeichenerklärung, Beilage 2) sind wie folgt:
- Grenzen
- Verkehrsanlagen
- Gewässer
- Schutzgebiete und schutzwürdige Flächen
- Topographische Gegenstände, Bauwerke und Sonderflächen
- Versorgungs- und Entsorgungsanlagen
- Nutzungsarten
- Plangrenzen
- Landschaftspflegerische Anlagen
- Freizeit- und Erholungsanlagen

Um eine möglichst einfache und übersichtliche Bearbeitung zu ermöglichen, werden die Inhalte aufgetrennt und in einzelne Folien übertragen (Mehrfolientechnik). Daraus können weitere Verfahrenskarten ohne großen Mehraufwand entwickelt werden. Abbildung 1 zeigt eine Tabelle mit den Folien.

Die Auftrennung des Planungsinhalts richtet sich im wesentlichen nach der gewünschtenn Ableitung weiterer Karten, um hier eine schnelle und wirtschaftliche Herstellung, möglichst ohne nennenswerte Mehrarbeit für das jeweilige Flurneuordnungsamt.

3.4 Aufbau
Die Ordnung der Folien richtet sich nach der digitalen Weiterverarbeitung, da durch die Software die folgende Folie die darunterliegende ausdecken.

3.5 Konventionelle Bearbeitung
Da die Flurneuordnungsämter zur Zeit noch nicht mit geeigneter Hard- bzw. Software für die Kartenbearbeitung ausgestattet sind, wird auch die Wege- und Gewässerkarte noch konventionell bearbeitet.
Die Planungsinhalte werden in Klebetechnik ausgearbeitet. Die notwendigen Klebefolien werden im Siebdruckverfahren auf flexible selbstklebende Folie gedruckt. Die Ausarbeitung erfolgt jeweils nach Anleitung auf den Ämtern. Für Prüfzwecke und als Zwischenoriginal für einfache Schwarz-weiß-Ausgabe, werden die einzelnen Folien auf eine M-Folie im Lichtpausverfahren aufaddiert. Die flächenhaften Elemente werden dabei aufgerastert (s. Beilage 3) Danach folgt eine Korrekturausführung.

4. Digitale Bearbeitung

4.1 Scannen
Die Übernahme der Karteninhalte in das System erfolgt durch Einscannen der Folien. Dabei wird der Grundriß bei Bedarf in 800dpi,

Folien-nummer	Art	Farbe	Inhalt	Weitere Verwendung		
				Landent-wicklungs-infokarte	Besitz-stands-karte	Ausbau-karte
1	Grundriß	schwarz	alter Bestand			
2	Grünland	hellgrün	Grünland vorh./ geplant, Grassäume			
3	Wald	dunkelgün	Wald vorh./ geplant, Obstbäume, Landes-,Kreis-,Gemeindegr.			
4	Gewässer	dunkelblau	Gewässer vorh./geplant, Wassergräben, Rohrleitunggen vorh./gepl.			
4 1	Gewässer	dunkelblau	Gewässernummer der vorh. Gewässer mit Rohrleitung			
4 2	Gewässer	dunkelblau	Drainagen vorhanden			
5	Höhenlinien	orange	Höhenlinien			
5 1	Gebietsgrenze	orange	Gebietsgrenze			
5 2	Ackerland	ocker	Ackerland geplant			
6	Gewässerrand-streifen	violett	Randstreifen-, flächen, Brachland			
9	vorh. Wegenetz	schwarz	Schrift der Zeichener-klärung, Straßen mit Bezeichnung, Böschungen			
9 1	vorh. Wegenetz	schwarz	Nummern			
1 0	neue Planung	rot	klassifiz. Straßen mit Bezeichnung, Wege, landschaftspfleg. Anlagen			
1 0 1	neue Planung	rot	Wege, Rekultivierung, Drainagen gepl., landschaftspfleg. Anlagen			
1 0 . 2	neue Planung	rot	wegfallende Anlagen, Bewirtschaftungrichtung, Rodung			

Abbildung 1: Folienanordnung

die übrigen Folien in 400 dpi gescannt. Die Rasterdaten werden danach in ein vom System verbeitungsfähiges Format konvertiert (T30, PCX, TIFF).

4.2 Entzerren
Die so gewonnenen Daten werden anschließend entzerrt. Für die Entzerrung dienen die vier Blattecken als Stützpunkte. In der Regel wird über dem Grundriß entzerrt. Die Blattecken weden ausgemessen, und die Werte automatisch in eine entsprechende Datei eingetragen (Sollwerte). Danach erfolgt die Ausmessung der übrigen Dateien und der Eintrag der Werte in die der Grungrißdatei (Istwerte). Die anschließende rechnerische Entzerrung benötigt ungefähr 10 Minuten pro Datei.

4.3 Farbzuordnung
Den so entzerrten Dateien werden am Monitor im RGB-Farbmodus annähernd die für die spätere Ausgabe vorgesehenen Farben zugeordnet. Die einzelnen Dateien werden anschließend zu einer Datei zusammengerechnet.

4.4 Retusche
Änderungen, die sich nach dem Zusammenrechnen der einzelnen Dateien ergeben, können dabei sowohl im Raster- als auch im Vektomodus inhaltlich eingebracht werden. Das entsprechende Korrekturfenster im Rastermodus ist 1024 x 1024 (ImageMapper) bzw 2048 x 2048 dpi groß (GSMAPPER).

4.5 Ausgabe
Für die Ausgabe, die zur Zeit noch über den farbelektrostatischen Rasterplotter erfolgt, wird eine farbseparierte Plotdatei (CMYK) gerechnet. Geplottet wird vorwiegend auf Papier (90g/qm) in vier Plotdurchgängen. Die Plotzeit beträgt für eine ca 20 MB große Datei ca. 1 Stunde. Die Ausgabe ist auf ca 60 Plots beschränkt.

5. Ableitung weiterer Karten
Landentwicklungs-Informationskarte (s. Beilage 4),
 kurz „Infokarte", wird aus dem digitalen Datenbestand der Wege- und Gewässer-karte abgeleitet. Dabei werden die einzelnen Dateien entsprechend der Vorgabe des Amtes zusammengerechnet. Die Datei wird anschließend als farbseparierte Postscriptdatei ausgegeben und ausbelichtet (z.Z. bei einem Dienstleister). Die Karte wird im Offsetverfahren in einer Auflage bis ca 1000 Exemplare gedruckt.

Ausbaukarte
 Die für Bauausschreibungen maßgeblichen Karteninhalte werden analog zusammengefaßt und je nach Bedarf gepaust.

Besitzstandskarte
 Für die Darstellung der Besitzstände der einzelnen Teilnehmer werden Grundriß, neues Wege- und Gewässernetz, und Wald (zur Orientierung) zusammengerechnet, farbsepariert und als Postscriptdatei ausgegeben, ausbelichtet und im Offsetverfahren gedruckt. Die Auflage richtet sich dabei nach der Anzahl der Teilnehmer. Pro Teilnehmer werden auf einem Druck sowohl die alten, wie auch die neuen Flurstücke handkoloriert dargestellt.

6. Aussichten

Ziel ist es, die Flurneuordnungsämter mit entsprechender hybrider CAD- Software auszustatten um u.a. Planungen in Zukunft im Vektorformat auf der Grundlage des eingescannten Katastergrundrisses vornehmen zu können. Damit reduziert sich die Datenmenge erheblich. Prüfplots und Kleinstauflagen können ohne größeren digitalen Mehraufwand auf dem Farbrasterplotter bzw. Tintenstrahlplotter ausgeplottet werden. Ende diesen Jahres wird dem Referat 43 außerdem ein groß-formatiger Belichter im Bereich A0 zur Verfügung stehen. Damit wird die qualitative hochwertige Ausbelichtung für den Vierfarbendruck bzw. auch einfarbige Aus-gaben für Lichtpauszwecke möglich.

Es ist außerdem angedacht, in Zukunft Orthophotos als zusätzliche Orientierung der Planung zu hinterlegen.

Anschrift des Verfassers:
Amtsrat Dipl.-Ing. Wolfgang Kaufmann
c/o Landesamt für Flurneuordnung und Landentwicklung
Stuttgarter Straße 161
70806 Kornwestheim

Kartographische Bearbeitung der ATKIS-Daten im Hessischen Landesvermessungssamt - Entwicklungsstufen -

Harald Ohmstede

Eine wesentliche Aufgabe mit der die Landesvermessungsämter derzeit betraut sind, ist der Aufbau des Digitalen Landschaftsmodells (DLM) des ATKIS. Bis Ende 1996 soll die erste Ausbaustufe, das DLM 25/1, flächendeckend in Hessen vorliegen.

Der herzustellende Datenbestand, der 65 verschiedene Landschaftsobjektarten mit jeweils bis zu acht Attributwerten umfaßt, bildet die Basis für ein Informationssystem, das Schritt für Schritt erweitert wird.

Die zweite Ausbaustufe, das DLM 25/2 wird neben der Fortführung mit Landschaftsobjektarten angereichert, die sich vom Inhalt her stark an topographischen Karten orientieren. Somit wird die Möglichkeit geschaffen, ein weitestgehend vollständiges Digitales Kartographisches Modell (DKM 25) zu erzeugen und die rechnergestützte Ableitung topographischer Karten voranzutreiben.
Das DKM 25 ist eine Grundlage für Karten verschiedener Maßstabsreihen; angestrebt sind zunächst die Herstellung der TK 25, möglich wäre die TK 10 und die TK 50.

Das Hessische Landesvermessungsamt hat für die Entwicklung des DKM eine eigene Arbeitsgruppe gebildet, deren Zusammenarbeit mit der TH Darmstadt, der Firma INTERGRAPH (Deutschland) GmbH und den Arbeitskreisen der AdV (Arbeitsgemeinschaft der Vermessungsverwaltungen der Länder der Bundesrepublik Deutschland) koordiniert wird.
Alle Aufgaben im Fachbereichsdezernat ATKIS werden auf einer Hardware-Plattform ausgeführt und der modulare Aufbau der Software für die einzelnen Belange genutzt.

Schwerpunkte dieser Arbeiten sind:
- die Beschreibung der Strukturen des DKM, Signaturenkatalog der AdV
- die Abbildung eines DKM aus dem DLM
- die Umsetzung der Gestaltungsgrundsätze der AG Kartengraphik
- die Beschaffung und Auswertung zusätzlicher notwendiger Quellen und zusätzliche Digitalisierung
- die Erprobung vorhandener Software.

Am Anfang stand die Herstellung von Präsentationsgraphiken des DLM 25/1, eine graphische Aufbereitung vorhandener Datenbestände. Mittlerweile konzentrieren sich die Arbeiten auf die vollständige Ableitung einer topographischen Karte im Maßstab 1:25 0000 und die einzelnen Bearbeitungsschritte werden in Hinblick auf Produktionsreife überprüft. Die jetzt vorliegenden Ergebnisse werden nachfolgend vorgestellt:

Im Hessischen Landesvermessungsamt werden die Daten des DLM 25/1 mit der Applikation MGDYNAMO erzeugt. Es basiert auf der Software MGE (Modular GIS Enviroment). Die Architektur der Software erlaubt durch ihren Aufbau die Kombination einzelner Softwarekomponenten, um den Anwendungswünschen zu entsprechen.

Die Erfassungssoftware arbeitet objektorientiert, was für die Bearbeitung wesentliche Vorteile mit sich bringt. Mittels dem Dictionary Builder wird die hierarchische ATKIS-Struktur eingerichtet; das Schema mußte aber für die Entwicklung des DKM erweitert werden.
In die Grundlage der Digitalisierung, der sog. Informationsfolie, wurden nach der Auswertung der Quellen die benötigten Lage- und Sachinformationen eingetragen. Zu einem geringen Teil wurden Elemente fiktiv plaziert, um die Wirkung der Darstellung zu überprüfen.

Anfänglich wurde die Symbologie mehr unter dem Aspekt der klaren Unterscheidbarkeit am Bildschirm festgelegt. Die nun zusätzlichen eingeführten Objektarten, viele von ihnen sind punktförmige Objekttyps, erinnern in ihrer Gestalt schon mehr einem Kartenbild.
Die Signaturen sind sog. Zellen, die einmal in MicroStation (einem CAD-Programm) erzeugt und den punktförmigen Elementen in MGDYNAMO zugewiesen werden. Interessant in diesem Zusammenhang ist, daß die Darstellung bei allen Objekten, gleich welchen Typs, nicht nur von der Objektart, sondern auch vom Attribut abhängen kann.

Für die kartographische Bearbeitung werden die objektorientierten Daten nach MGE-SX überführt. Das bereits erwähnte Basisprodukt besitzt mit der Verbindung zu einer relationalen Datenbank eine duale Datenstruktur: Auf der einen Seite stehen die Zeichnungsdateien, auf der anderen via eines Identifiers die zur Geometrie gehörenden Sachinformationen. Der Bezug zur Datenbank bleibt somit erhalten. Alle Bearbeitungsschritte, ob z. B. das Zeichnen eines Kartenrahmens oder die Glättung einer Linie, verwenden diese Struktur.
Die Umsetzung zum DKM ist Bestandteil einer wissenschaftlichen Arbeit der TH Darmstadt. Hier sollen nur kurz die Grundzüge angesprochen werden.

Nach den Abbildungsregeln entspricht ein Landschaftsobjekt des DLM einem Kartenobjekt im DKM. Beide Objekte bestehen aus n-Teilen. Ihre Bildung ist u. a. abhängig von den dazugehörigen Attributwerten.
Mittels der zu MicroStation gehörenden Programmiersprachen MDL werden die bestehende Zeichnungsdatei und die attributiven Informationen ausgewertet.
Es entsteht ein „ROH"-DKM: eine zweite Zeichnungsdatei und eine damit verbundene Datenbank, die die Geometrie enthält und die Kartenobjektarten in Tabellen ablegt. Wie ein Kartenobjekt definiert ist, wird durch den Signaturenkatalog der AdV festgelegt.
Auf dieser Grundlage wird optional einer Objektart eine Darstellungs-

geometrie, vereinfacht die Symbologie, sowie Schriftzusätze und Namen hinzugefügt.

Für die kartographische Bearbeitung kommen neben MGE-SX zusätzliche Applikationen, etwa der MAP Generalizer oder der MAP Finisher, zum Einsatz. Auch hier werden alternativ programmtechnische Lösungen gesucht.

Die Plazierung von Kartenschrift unter MGE-SX greift auf ein Verfahren namens „Labeling" zurück. Der Attributwert wird aus der Datenbank gelesen und vom Bearbeiter interaktiv plaziert. Die Anordnung von Signaturen und Flächenmustern ist automatisch möglich.
In „ROH-DKM" ist die Geometrie zunächst noch mit der in der Ausgangsdatei identisch. Linien- und flächenhafte Objekte müssen vereinfacht werden. Es gilt Linienzüge (linestrings) in Kurven umzuwandeln. Dazu wird die Punktdichte zunächst erhöht und mit einem Glättungs-Algorithmus bearbeitet. Der MAP Generalizer erlaubt durch die dynamische Anzeige einen visuelle Kontrolle der eingegebenen Parameter. Bereiche, in denen Verdrängung einzelner Kartenobjekte notwendig ist, können in der nächsten Version 2.0 durch Angabe von Toleranzen spezifiziert und nacheinander abgearbeitet werden.
Die Parameter, die einen Generalisierungsvorgang bestimmen, können in einer Datei abgspeichert werden, um sie für Kartenobjekte in anderen Gebieten zu nutzen.

Geplant ist, Teilprozesse batch-orientiert ablaufen zu lassen.
Die Zusammenfassung einzelner Flächen über ein Menu ist ebenso möglich wie durch die Anpassung linienhafter Objekte an Flächen. Die in dem Zusammenhang zu modifizierenden Einträge in der Datenbank werden automatisch auf den neuesten Stand gebracht.
Im MAP Finisher wird die Kartengestaltung und Symbolisierung vervollständigt. Zu der graphischen Ausgestaltung gehören die Zuweisung von Linienstilen und Flächenmustern, aber auch das Anlegen von Legende und Kartenrahmen.

Der MAP Publisher wandelt die MicroStation-Graphikdateien in farbgetrennte Rasterdateien um. Pro Farbe der Kartengraphik (vergl. dazu Gestaltungsgrundsätze der AG Kartengraphik) wird ein INTERGRAPH RLE-File erzeugt.
Die Anordnung (Priorität) der einzelnen Farblayer ist für die Freistellung (Maskierung) von Schrift und Signaturen oder für die Überlagerungen einzelner Farbflächen zu definieren.
Abschließend können vier Rasterfiles („kurze-Skala") für die interaktive Korrektur erzeugt bzw. mit dem MAP Setter die Offsetfilme belichtet werden.

Die Bearbeitung der Geometrie und die weitere Vervollständigung des Kartenbildes (z.B. die Konstruktion von Höhenlinien aus dem Digitalen

Höhenmodell (DHM) gehören zur Zeit zu den aktuellen Aufgaben im Hessischen Landesvermessungsamt.

Anschrift des Verfassers:
Dipl.-Ing. (FH) Harald Ohmstede
c/o Hessisches Landesvermessungsamt
Schaperstarße 16
65195 Wiesbaden

Kartenfortführung

Kartenfortführung mit Dry/Nuages

Markus Schorb

1. Einleitung
In der analogen Kartographie ist es längst ein offenes Geheimnis, daß auch die beste analog gefertigte Karte nach mehreren Fortführungen qualitative Einbußen erleidet.

Bei Mairs Geographischem Verlag in Stuttgart sucht man aufgrund dieser Tatsache nach Möglichkeiten, den Bestand an analog gefertigten Karten mit Mitteln der Elektronischen Datenverarbeitung (EDV) weiterzuführen, um so den Qualitätsstandard der Karten zumindest zu erhalten, vielleicht auch mittelfristig zu verbessern.
Die EDV-gestützte Fortführung der Großblätter der Generalkarte im Maßstab 1:200000 ist bei diesem Vorhaben eine regelrechte Herausforderung:
Zum einen ist das Format mit ca. 96 x 130 cm erst seit kurzem wirtschaftlich mit einem Computersystem zu bearbeiten, zum anderen ist die zu erwartende Datenmenge der Rasterdaten immens groß, was die meisten DeskTop-Computersysteme überfordert.
Mit dem Wunsch, eine Lösung für diese Aufgabenstellung zu finden, trat nun Mairs Geographischer Verlag an die MapSys GmbH heran. Anhand eines Großblattes der Generalkarte, das Blatt Nr. 2, Hamburg-Bremen-Hannover, sollte eine Fortführung durchgeführt werden.

2. Einsatzmöglichkeiten / Geschichte des Systems
Das Programm Dry ist ein neues, speziell für die Kartographie entwickeltes Softwarepaket für die vektorielle Fortführung von analog gefertigten Karten oder Karten, die bereits in Rasterdaten vorliegen.
Seine Funktionen erlauben es dem Programm, gescannte Originalfolien der fortzuführenden Karte mit vektoriell erstellten Fortführungsinhalten zu kombinieren. Um ein schnelles und einfaches Bearbeiten der Vorlagen zu ermöglichen, nutzt das Programm neben der Ebenentechnik moderne Speichertechniken für gescannte Bilddaten (Rasterdaten).
Neben den für die Bearbeitung von Rasterdaten notwendigen Werkzeugen beinhaltet das System die komplette Funktionalität der vektororientierten Software Nuages.

Entwickelt wurde das System in einer engen Zusammenarbeit der französischen Software-Entwicklungsfirma Lorienne und IKEN-Cartography. Seit Anfang dieses Jahres ist auch MapSys GmbH, welche Dry/Nuages im deutschsprachigen Raum exklusiv vertreibt, Entwicklungspartner von Lorienne.
Durch die enge Zusammenarbeit von Software-Entwicklern und Kartographen entstanden so speziell für die kartographischen Belange zugeschnittene Lösungen.
Ausschlaggebend für den Einsatz von Dry im hier besprochenen Arbeitsbeispiel sind folgende Merkmale der Software:

Kartenfortführung mit Dry / Nuages

Arbeitsschritte

Gerät

Trommelscanner (LSP)

Dry-Arbeitsstation

Dry-Arbeitsstation

Proofer

Dry-Arbeitsstation

Belichter

Daten

TIFF

PostScript

PostScript

PostScript

Arbeitsschritt

SCANNEN

eventuell Nachbearbeitung der Rasterdaten

Ergebnis:

14 Rasterbilder der Originalfolien
2 Rasterbilder der Fortführungsoriginale

Vorbereitende Arbeiten für die vektorielle Fortführung

Kachelweises Komprimieren der 16 Rasterbilddokumente
Justieren der Rasterbilddokumente als Layer in einem Dry-Dokument
Anlegen von Graphikattribut- und Einzelzeichenbibliotheken

Ergebnis:

PostScript-Dokument (Nuages-Datenformat)

Interaktive Kartenfortführung

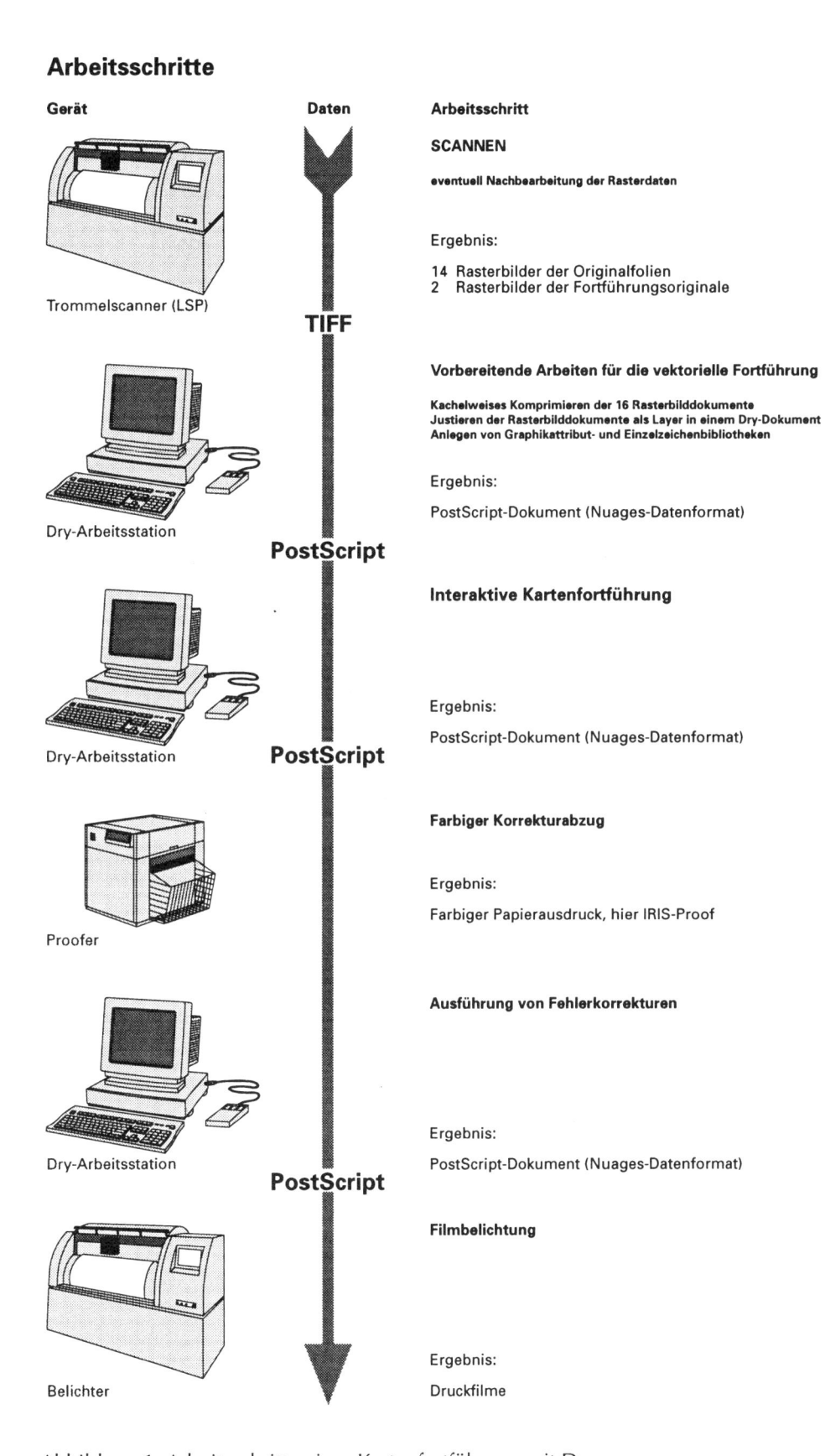

Ergebnis:

PostScript-Dokument (Nuages-Datenformat)

Farbiger Korrekturabzug

Ergebnis:

Farbiger Papierausdruck, hier IRIS-Proof

Ausführung von Fehlerkorrekturen

Ergebnis:

PostScript-Dokument (Nuages-Datenformat)

Filmbelichtung

Ergebnis:

Druckfilme

Abbildung 1: Arbeitsschritte einer Kartenfortführung mit Dry

– schnelle Bearbeitung trotz Verwaltung vieler großer
   Rasterdateien
– keine Formatbegrenzung
– theoretisch unbegrenzte Anzahl von Ebenen möglich
  (praktisch begrenzt durch die Leistungsgrenze der Hard
   ware)
– einfache Definition und Anwendung kartographischer
  Signaturen
– umfangreiche Bearbeitungsmöglichkeiten durch Werkzeuge
– leichte Erlernbarkeit und Bedienerfreundlichkeit.

Abbildung 1

3. Arbeitsablauf
Zur Verdeutlichung des Arbeitsablaufes sind die einzelnen Schritte in Abbildung 1 dargestellt. Diese Arbeitsschritte sind charakteristisch für alle Dry-Anwendungen.

3.1 Sicherung des Analogbestandes
Am Beginn der Arbeit steht das Einscannen der Kartenoriginale. Bei diesem Vorgang werden die einzelnen Folien/Filme der zu bearbeitenden Karte hochauflösend von einem Abtaststrahl digitalisiert, um sie im Computer weiterverarbeiten zu können. Gewöhnlich werden die Originale im 1-Bit-Modus (Linework) abgespeichert. Ausnahmen sind die Geländeschummerung, die im 8-Bit-Modus (als Grayscale) erfaßt wird und die Fortführungsentwürfe, die meist als 8-Bit CLW-Dateien (Color-Linework) mitgeführt werden. Als Scanauflösung wurden 800 dpi als Kompromiß zwischen Abtastgenauigkeit und entstehender Datenmenge festgelegt. Ziel des Scannens muß eine Strichqualität der Rasterdaten sein, die für eine digitale Reproduktion ausreicht.

Eine höhere Auflösung bedeutet zwar eine gewisse Qualitätssteigerung, zu beachten ist jedoch auch, daß mit größer werdender Auflösung sowohl die Scandauer als auch die eventuell notwendige Bearbeitungszeit steigt (dies bezieht sich auf die Bearbeitung der Rasterdaten im Vorfeld der eigentlichen Kartenbearbeitung, z. B. Filter, Retusche, Entzerrung). Auch muß eine kostengünstige Archivierung der Daten auf elektronischen Medien gewährleistet sein.
Die gewählte Datenauflösung von 800 dpi mag gering erscheinen, aber nach Untersuchungen, u. a. der Schweizer Landestopographie in Bern und des IFAG in Frankfurt, ist die bei einer höheren Scanauflösung erreichte Verbesserung der digitalen Kartenoriginale nach dem Druck kaum erkennbar.

Für die Bearbeitung eines Großblattes der Generalkarte werden 14 Originaldecker plus 2 Fortführungsentwürfe an einem großformatigen Trommelscanner (z. B. dem Lüscher ScannerPlotter) gescannt.
Die 14 gescannten Originale sollen den „Hintergrund" für die vektorielle Fortführung bilden und später mit den partiellen (vektoriell durchgeführten) Nachführungen kombiniert ausgegeben werden. Die Fortführungsoriginale liefern außerdem den geometrischen Hintergrund für die auszuführenden Korrekturen und Ergänzungen.

Kartenfortführung mit Dry / Nuages

Wie oben erwähnt, werden je nach Qualität des vorliegenden Folienmaterials zur Qualitätssicherung bzw. -verbesserung eventuell Nachbearbeitungsschritte notwendig. Darunter sind u. a. Entzerrungen, Schmutzretuschen und dergleichen zu verstehen.
Für den Datenaustausch stehen bei der Verwendung des oben erwähnten Lüscher ScannerPlotters mit der Steuer-Software ConnectSys mehrere Datenformate zur Verfügung, u. a. das von Dry bevorzugte Tag Image File Format (TIFF).

3.2 Vorbereitende Arbeiten für die vektorielle Fortführung
3.2.1 Kachelweise Abspeicherung der Rasterbilddokumente
Hochaufgelöste, sehr speicherintensive Rasterdaten sind in der Regel für Computersysteme nur schwer zu verarbeiten. Sollen auf Grundlage von Rasterdaten Karten erstellt bzw. bearbeitet werden, muß dem Rechner normalerweise der komplette Datensatz im Hauptspeicher (random access memory=RAM) zur Verfügung gestellt werden. Das setzt bei großformatigen Karten meist einen sehr kostenintensiven Speicherausbau voraus.

Eine der 14 Rasterdateien der Kartenoriginale der Generalkarte (abgespeichert als Linework-Information) benötigt unkomprimiert ca. 150 MB, die Fortführungsoriginale (abgespeichert als CLW) den achtfachen Wert! Dry löst dieses Problem durch eine spezielle, kachelweise Speichertechnik, die dem Rechner immer nur einen Teil der Rasterdaten zur Verfügung stellt und erreicht dadurch, daß jeder Zoomvorgang bzw. Ausschnittswechsel maximal zwei Sekunden benötigt! Die Anzahl der Rasterebenen kann dabei beliebig groß sein, und das Format ist nicht begrenzt.
Bei der Aufbereitung der Rasterbilder legt Dry mehrere kleine, komprimiert gespeicherte Bilddateien an, die jede für sich eine Bildschirmdar

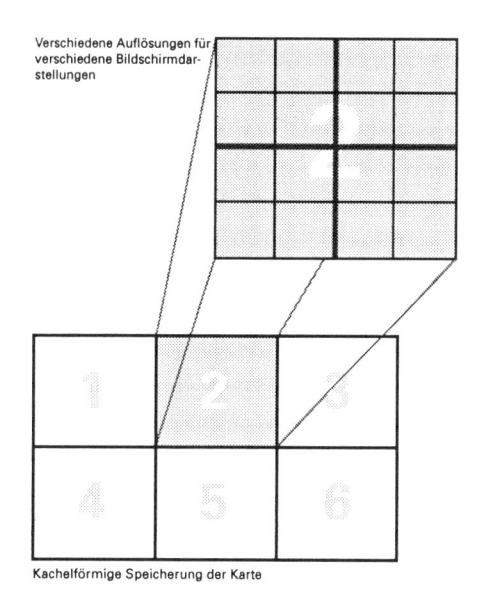

Abbildung 2

stellung der ganzen Karte für einen bestimmten Vergrößerungsbereich beinhaltet. Dry greift während der kartographischen Bearbeitung für die Bildschirmdarstellung auf diese Darstellungen der Karte zurück und minimiert dadurch den Speicherumfang der Rasterdaten im RAM (Abbildung 2).

3.2.2 Einbinden der Rasterbilder als Ebene in ein Dry-Dokument
Nachdem die Arbeitsfläche für die Karte in Dry festgelegt ist, können die Rasterdaten in das Dokument eingebunden werden. (Da die gescannten Kartenoriginale meist nicht exakt dem vorgeschriebenen Format einer Generalkarte (hier 96 X 130 cm) entsprechen, kann in Dry die Arbeitsflächengröße auch automatisch an die Größe der Rasterdateien

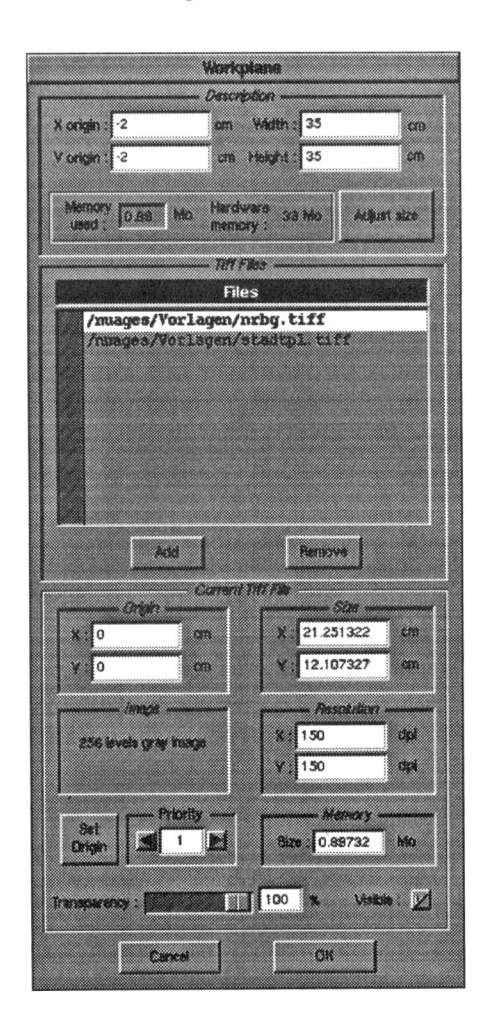

Abbildung 3

angepaßt werden, so daß keine Inhalte der gescannten Kartenoriginale verlorengehen.)
Dabei werden die Rasterbilddaten der einzelnen 14 Kartenoriginale (abgespeichert als Linework) und die Rasterbilddaten der 2 Fortführungs-

entwürfe (abgespeichert als CLW-Dokument) im Dry-Dokument per Definition in Beziehung miteinander gesetzt. Die als Linework-Information vorliegenden Bilddaten werden zudem mit einer Farbe belegt.

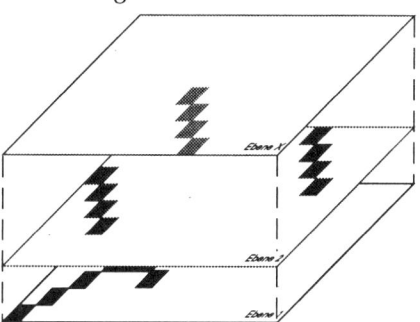

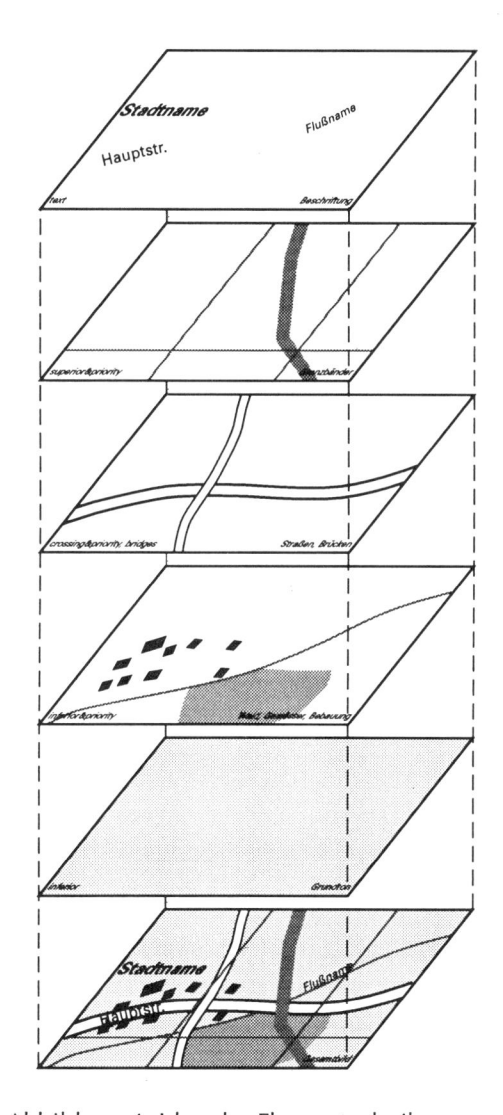

Abbildung 4: Idee der Ebenentechnik

Dadurch entsteht eine Schichtung von Bilddaten (Ebenen) in verschiedenen Farben, denen unterschiedliche Darstellungsprioritäten zugewiesen

sind. Ein solches Beziehungsgefüge von Darstellungsprioritäten legt fest, ob die Zeichnungsinhalte einer Ebene in den anderen Ebenen freigestellt, überdruckt oder von Inhalten anderer Ebenen verdeckt werden. Bei der Generalkarte werden die meisten Inhalte übereinander gedruckt, das heißt, auch die Ebenen müssen überdruckend definiert werden. Abbildung 4 zeigt schematisch die Idee der Ebenentechnik.
Mit dieser Definition wird die komplette Reproduktion der Vorlagen mit Aufrasterung der Einzeldecker bzw. Ausmaskierung einzelner Inhalte in anderen Inhalten am Computer simuliert und in einem farbigen Bild dargestellt.
Die einzelnen Ebenen müssen aufeinander eingepaßt und gegebenenfalls partiell retuschiert werden. Hier verfügt das Programm neben der Einpaßfunktion über Möglichkeiten, die Rasterdaten zu drehen, zu skalieren und eventuell Teilinhalte auszuschneiden und umzuplazieren. Als Ergebnis liegt sozusagen die Generalkarte mit hinterlegten Fortführungsentwürfen am Bildschirm vor.

3.2.3 Berechnen von Arealen aus gescannten Rasterfilmen
Der bisher beschriebene Vorgang bezieht sich auf die digitale Reproduktion von Kartenoriginalen, die im Vollton vorliegen. Im Falle, daß dieser Originalsatz für die Fortführung nicht mehr zur Verfügung steht, sondern nur Druckfilme vorhanden sind, bestand bisher kaum eine Möglichkeit, digitale Techniken zu verwenden. Es sei denn, man bearbeitet einige Teilinhalte, meist die Flächendecker, neu.
Dry hingegen verfügt über ein Werkzeug, das ermöglicht aus gerasterten Druckfilmen die zugrundeliegenden Areale zu berechnen und vektoriell abzuspeichern. Damit werden auch Druckfilme für die digitale Ergänzung nutzbar und können, wie oben beschrieben, als Ebeneninhalt Verwendung finden.

3.2.4 Vektorielle Zeicheninhalte in Dry/Nuages
Für die neu zu erstellenden Fortführungsinhalte verfügt Dry, wie anfangs erläutert, über die vollständige Funktionalität der vektororientierten Software Nuages.

In erster Linie zeichnet Nuages alle Fortführungsinhalte der Generalkarte in eine Darstellungsebene, obwohl auch eine Gliederung der Zeichnung in beliebig viele verschiedene Ebenen/Komponenten möglich ist. Eine Ebenengliederung wird normalerweise nur bei Trennung von Inhalten für verschiedene Verwendungen eingesetzt.
Diese Zeichnungsebenen sind getrennt von den Ebenen der Rasterinformation zu sehen. In keinem Fall wird die Vektorinformation in den gleichen Ebenen wie die Rasterinformation gezeichnet. Erst beim Druckvorgang wird, wie später noch näher beschrieben ist, die Vektorinformation mit den Rasterbildern kombiniert.

Um eine vektoriell erstellte Zeichnung in einer sinnvollen Abfolge darzustellen, kennt das System bestimmte „Darstellungszustände":

– inferior	=	„ganz unten"
– inferior&priority	=	in der Zeichnung „unten", näher bestimmt durch eine zusätzliche Zeichenpriorität
– crossing&priority	=	Kontur und Füllung werden als solche erkannt und gemäß einer Zeichen priorität dargestellt (z. B. Straße)
– superior&priority	=	in der Zeichnung „oben", näher bestimmt durch eine zusätzliche Zeichenpriorität
– superior	=	„ganz oben"
– text	=	Text wird gesondert „über" sämtlichen Inhalten dargestellt.

Zusätzlich zu dieser Vordefinition eines Zeichnungselements gibt es Möglichkeiten, die strenge Abfolge objektbezogen zu durchbrechen (z. B. Brücken).

3.2.5 Anlegen von Graphikattribut- und Einzelzeichenbibliothek(-en)
Unter Graphikattributen versteht man in diesem Zusammenhang sämtliche zu zeichnende Objekte, mit Ausnahme von punkthaften Einzel

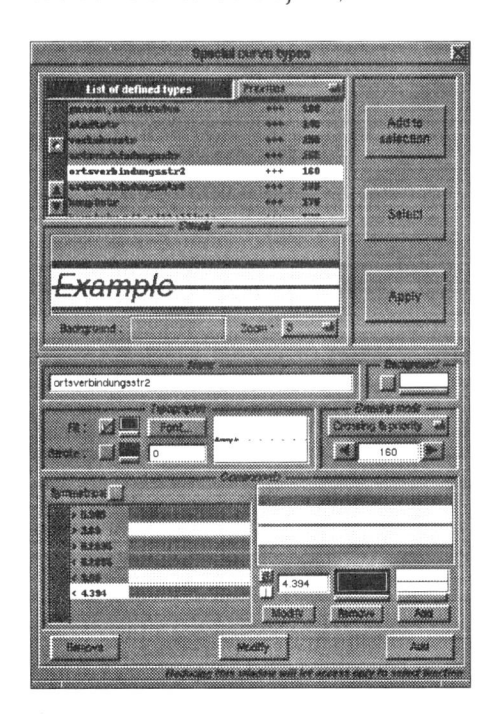

Abbildung 6: Defintion von Graphikattributen

zeichen, die in einer eigenen Bibliothek abgelegt sind.
Objekt kann sein
- eine Kontur
- eine Flächenfüllung
- eine Flächenfüllung mit Kontur
- eine Straßensignatur mit Kontur und Decker.

Die Objekte werden für die Definition in verschiedene Komponenten zerlegt, im Falle einer Straßensignatur sind dies die Kontur und der (farbige) Straßendecker. Das in Graphik 6 zu sehende Beispielfenster zeigt eine solche Definition im unteren Teil der Darstellung. Grundgedanken bei der Erstellung von Liniensignaturen sind u. a.:

a) Die erste Komponente eines Graphikattributs legt den Platzbedarf der Signatur fest (Gesamtbreite = Lichte Weite + Konturen). Die Konturstärke ergibt sich aus der Gesamtbreite der Signatur abzüglich der Breite des Deckers. Es besteht auch die Möglichkeit, unterschiedliche Konturstärken anzulegen bzw. Strichlierungen zu verwenden.

b) Im Darstellungszustand crossing&priority definiert der Rechner die erste (im Falle einer nichtsymmetrischen Liniensignatur auch die letzte) Komponente als Kontur und zeichnet in Kreuzungsbereichen zwischen den Konturen liegende Komponenten, nicht aber die Konturen.

c) Durch den sinnvollen Einsatz von Prioritäten kann die Schichtung der Objekte beeinflußt und eine hierarchische Darstellung der Zeichnungsinhalte erreicht werden.

d) Für jedes Graphikattribut kann eine Schriftart bzw. -größe als Vorgabe definiert werden. Durch Auswahl einer Liniensignatur mit einem speziellen Schriftsatzwerkzeug werden die vordefinierten Einstellungen für Schriftart und -größe wirksam, egal welche Einstellungen gerade aktuell waren.

e) Sämtliche Graphikattribute lassen sich auf dem Kartenblatt durch eine Suchfunktion selektieren und so vollständig verwandeln.

Im Gegensatz dazu sind punkthafte Einzelzeichen Gruppen von beliebigen Zeichenwegen. Jeder Zeicheninhalt kann somit zu einem Einzel

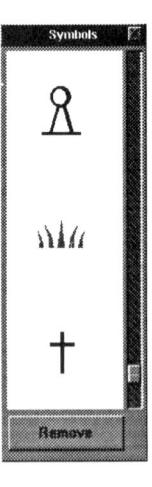

Abbildung 7: Einzelzeichenbibliothek

zeichen werden. Eine in Vektorform vorliegende gezeichnete Darstellung der Signatur ist ausreichend, um sie per Definition in die Einzelzeichenbibliothek zu übertragen. Vektorform kann dabei auch Fremd datenformat heißen, welches mit optional erhältlichen Konvertierprogrammen oder über die Standardkonvertieroptionen in Dry/Nuages verwendet werden kann. Eventuell in anderen Programmen (z. B. Aldus FreeHand) erstellte Bibliotheken werden dadurch auch für Dry/Nuages nutzbar. Abbildung 6 zeigt einen Ausschnitt einer Einzelzeichenbibliothek, in der durch Auswählen ein Zeichen für das zugehörige Zeichenwerkzeug verfügbar wird. Sämtliche Einzelzeichen können auch Basis für Flächenraster sein, die durch Objekt- und Zeilenversatz bestimmt werden. Dem Benutzer stehen in Dry/Nuages verschiedene Farbdefinitionsmöglichkeiten zur Verfügung. Dieses sind CMYK, RGB,

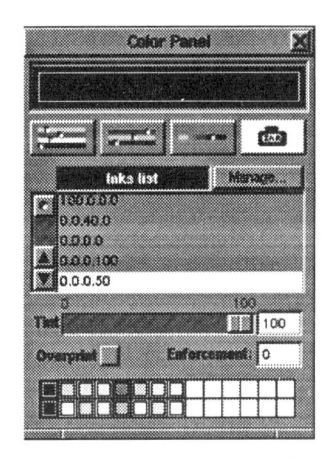

Abbildung 8: Farbdefinition

Graustufen und selbstdefinierte Druckfarben. Während die ersten drei objektbezogen eingesetzt werden und damit die Farben nur für einzelne Objekte veränderbar sind, ist die letztgenannte Definitionsmöglichkeit pauschal änderbar. Solche selbstdefinierten Druckfarben lassen sich bei der Ausgabe sowohl als eigener Farbauszug, als auch in CMYK-Komponenten zerlegt, darstellen und werden deshalb normalerweise für die Farbdefinition bevorzugt eingesetzt. Mairs Geographischer Verlag arbeitet teilweise mit Sonderdruckfarben, die wie beschrieben in Dry/Nuages definiert werden können.
Mit den betrachteten Funktionalitäten werden die Zeichenvorschriften der Generalkarte auf den Computer übertragen. Die Einstellungen und Definitionen der Graphikattribute sind jederzeit veränderbar, nicht nur Linienstärken und Farben betreffend, sondern auch die Einstellung des Darstellungszustandes; somit sind Änderungen und Ergänzungen der Kataloge problemlos durchführbar. Da sowohl die Graphikattributbibliothek als auch die Einzelzeichenbibliothek getrennt vom gerade bearbeiteten Dokument abgespeichert werden kann, können die definierten Signaturen ohne weiteres für Folgeaufträge genutzt werden.

3.3 Interaktive, vektorielle Fortführung
Bei der interaktiven Fortführung werden die in den Fortführungsebenen ersichtlichen Änderungen mit den definierten Signaturen gezeichnet. Zum größten Teil handelt es sich im Fall einer Generalkarte um punktu

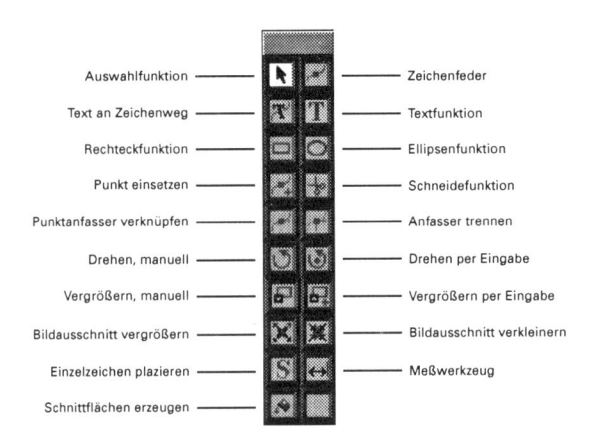

Auswahlfunktion	Zeichenfeder
Text an Zeichenweg	Textfunktion
Rechteckfunktion	Ellipsenfunktion
Punkt einsetzen	Schneidefunktion
Punktanfasser verknüpfen	Anfasser trennen
Drehen, manuell	Drehen per Eingabe
Vergrößern, manuell	Vergrößern per Eingabe
Bildausschnitt vergrößern	Bildausschnitt verkleinern
Einzelzeichen plazieren	Meßwerkzeug
Schnittflächen erzeugen	

Abbildung 9: Werkzeuge

ell zu ändernde Inhalte in der Situation, dem Thema und der Beschriftung. Graphik 9 zeigt die dafür in Dry/Nuages verfügbaren Werkzeuge, die jedoch durch Menüfunktionen ergänzt werden können.
Weitere Möglichkeiten sind u. a.:
- Brückendefinition
- geschlossene Straßenenden
- Verringern der Punktanzahl eines Linienzuges
- automatische Erzeugung eines Gitters (z. Zt. rechtwinklig oder nach Lambert-Projektion), verbunden mit einer automatischen Registeraufnahme
- automatisches Suchen eines Wortes im Kartenfeld
- Anlegen von Einzelzeichen an Linien
- Erzeugung von Flächenrastern.

Die Abarbeitung der Korrekturen wird durch die Möglichkeit eines schnellen Bildschirmwechsels, kontrolliert mit einem Übersichtsfenster (dem sog. Monitor) erleichtert. Die Arbeitsgeschwindigkeit entspricht dabei in etwa einer DIN A4-Aldus FreeHand-Datei auf einem Personalcomputer, wobei beachtet werden muß, daß 14 Ebenen mit jeweils ca. 150 MB und 2 Fortführungsebenen in der Datei eingebunden sind.

3.4 Korrekturabzüge, Korrekturen, Ausbelichtung
Die Ausgabe der Korrekturabzüge ist strenggenommen ein anderer Vorgang als der am Ende der Bearbeitung für die Ausbelichtung der Druckfilme durchgeführte: Die in Dry/Nuages bearbeitete Datei wird entweder direkt auf einem vorhandenen Proofer ausgegeben oder für die Ausgabe auf einem externen Gerät als Zusammenschau im Datenformat PostScript-Textfile abgespeichert. Falls erforderlich werden die Farbseparationen vorher in einem gesonderten Menü definiert oder als PostScript-Textfile abgespeichert. Diese allgemeingültigen PostScript-Dateien werden von jedem beliebigen Laserdrucker, also auch Laserbelichtern, verstanden und gedruckt. Andere in Frage kommende Möglichkeiten des Datentransfers können Adobe Illustrator-Files oder über optional verfügbare Konvertierungsprogramme z. B. DXF-Files und Aldus FreeHand-Files, sein.

Kartenfortführung mit Dry / Nuages 51

Das Format 96 X 130 cm eines Großblattes der Generalkarte kann nur wenige Farbproofsysteme ausgeben. Eines der qualitativ besten Ergebnisse erhält man durch Ausgabe auf einem IRIS-Proofer, der mit 400 dpi im Format A0 das Gesamtformat in zwei Teilen drucken kann.

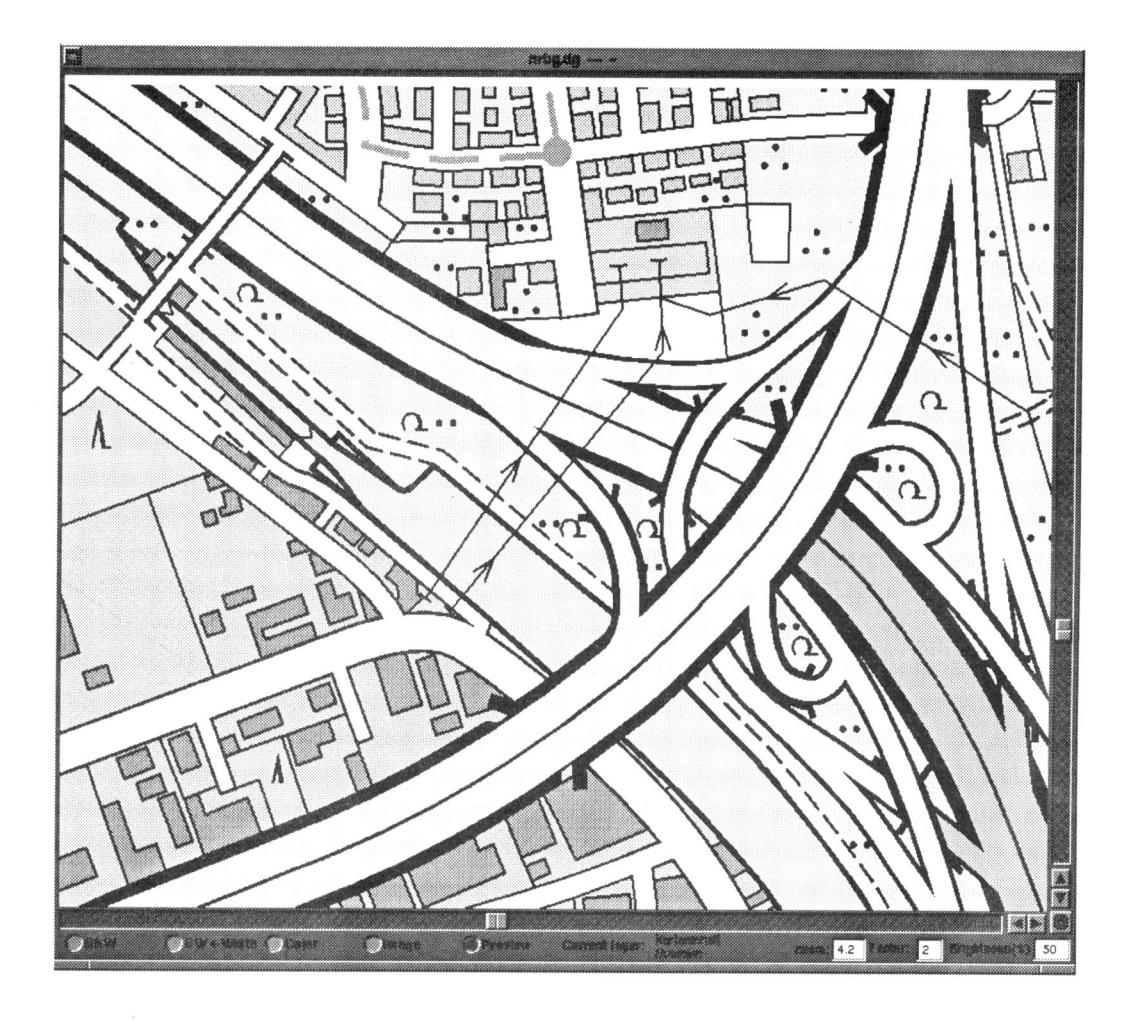

Abbildung 10: Bildschirmdarstellung eines Nuages-Dokuments

Nach der Korrekturlesung und der darauffolgenden Ausführung der Korrekturen ist die Vorbereitung der Filmbelichtung prinzipiell mit den Vorbereitungen zur Ausgabe des Korrekturabzuges identisch.

4. Ergebnis

Mit dem Programmpaket Dry/Nuages ist eine Software kreiert worden, die speziell auf kartographische Belange zugeschnitten ist. An den Möglichkeiten der konventionellen Kartographie ausgerichtete Zeichenschlüssel beliebiger Karten lassen sich im Computer leicht realisieren, da Dry/Nuages eine einfache und intelligente Definition und Abspeicherung von Graphikattributen bzw. Einzelzeichen gewährleistet.
Die Handhabung auch sehr großer Rasterbilder ist in Dry schnell und effektiv. Große Datenmengen, wie sie bei der Bearbeitung großformati-

ger Rasterbilddateien entstehen, lassen sich, wie das Beispiel der Generalkarte zeigt, problemlos verwalten und bearbeiten.
Komfortable Bedienung und leichte Erlernbarkeit bei gleichzeitig höchster Leistungsfähigkeit machen Dry/Nuages zu einem effizienten Werkzeug der modernen Kartenproduktion.
Die ausgezeichnete Entwicklerumgebung des Betriebssystems NeXT-Step läßt auf eine rasche Weiterentwicklung der Software hoffen.

5. Hardware-Voraussetzungen zum Betrieb von Dry/Nuages

Die Software wurde für das Betriebssystem NeXT-Step entwickelt und kann nur auf diesem eingesetzt werden. NeXT-Step läuft zur Zeit auf INTEL- und HP-Workstations. Ab Jahresende 1994 läuft NeXT-Step auch auf Workstation von SUN-Microsystems. Zum Betrieb von Nuages ist die Minimalanforderung ein INTEL-486er-PC mit 32 Mb RAM und 1 Gb Festplatte. Für den effizienten Einsatz von Dry ist eine leistungsfähigere Workstation Voraussetzung. MapSys GmbH empfiehlt als Minimum-1te.

Anschrift des Verfassers:
Dipl.- Ing. (FH) Markus Schorb
c/o Firma MapSys GmbH
Industriestraße 3
76870 Kandel

Automationsgestützte Fortführung der Kartenserie JOG 250 mit dem RASCON-System

Jürgen Brennecke

1. Allgemeines

Bei der Kartenserie Joint Operations Graphics 1:250 000 (JOG 250) handelt es sich um ein topographisches Kartenwerk der NATO mit einheitlicher Spezifikation in allen ihren Mitgliedsländern. In Deutschland wird sie im Auftrag des Amtes für Militärisches Geowesen (AMilGeo) vom Institut fürAngewandte Geodäsie (IfAG) hergestellt und in einem Turnus von fünf Jahren fortgeführt. Der Anteil der Bundesrepublik Deutschland umfaßt 32 Blätter. Die Abb. 10 in der Beilage vermittelt einen Eindruck vom Aussehen der mit 7 Druckfarben hergestellten, für Bodentruppen bestimmten Ausgabe 1501 ('Ground'-Ausgabe) des Kartenwerks, von seiner Informationsdichte und seinem vergleichsweise großen Generalisierungsgrad. Zusätzlich werden weitere Ausgaben hergestellt, die denselben Grunddatebestand verwenden, jedoch teilweise in abgewandelter Signaturierung und ergänzt um spezielle Objektarten aus dem Einsatzbereich, dem sie dienen. Bis zum Jahre 1993 wurde das Kartenwerk nach der photomechanischen Technik des Negativverfahrens hergestellt und manuell fortgeführt. Eine Besonderheit war dabei die starke Foliensplittung, d.h. die Verteilung der auftretenden Inhalte auf ca. 80 verschiedene, durch ein Drei-seiten-Passlochsystem aufeinander bezogene Folien. Der Entschluß zur Umstellung auf eine rechnergestützte Methode wurde im Benehmen mit dem AMilGeo ausgehend von unseren guten Erfahrungen mit einem hier seit einigen Jahren eingeführten Verfahren zur rechnergestützten Fortführung des amtlichen topographischen Kartenwerks 1 : 200 000 (TÜK 200) [2] gefaßt. Dabei war eine Zeiteinsparung um 50% und eine Kostensenkung um 5% erzielt worden. Die Erwartung, daß sich diese Werte dank der mit jenem Verfahrengesammelten Erfahrungen und angesichts der inzwischen weiterentwickelten Hardware-Technik bei stark verminderten Preisen noch weiter senken lassen würden, hat sich nach unseren Erfahrungen im operationellen Einsatz bestätigt. Vor allem ließ sich die Benutzeroberfläche sehr viel besser gestalten. Weitere Beweggründe für das neue Verfahren waren der steigende Bedarf nach Landkartendaten in digitaler Rasterdaten und die besseren Eigenschaften solcher Daten hinsichtlich ihrer Archivierung und der Wahrung ihrer graphischen Qualität bei wiederholter Fortführung. Mit Ausnahme der Folienscanprozeduren und der Erzeugung der Ausgabefilme wurde das gesamte Verfahren auf dem kartographischen Automationssystem RASCON der Firma pce implementiert. Dieses System eignet sich gerade für ein solches Verfahren u.a softwareseitig wegen der integrierten Raster/Vektordarstellung, den hervoragenden interaktiven Editiermöglichkeiten, der sehr flexiblen Symbolisierungssoftware und hardwareseitig wegen den kurzen Bildaufbauzeiten und den relativ geringen Kosten.

2. Verfahrensübersicht

Die Abb. 1 (s. Beilage) gibt einen Gesamtüberblick über das neue Verfahren:Bei der Ersterfassung eines Kartenblattes wird zuerst eine Berechnung und Auszeichnung des geographischen Kartennetzes, des UTM-Gitters, der Kartenbildmaske, der Schriftmontagelinien und der Überlappungsflächen (Kasten 1) ausgeführt. Die bei dieser Berechnung anfallenden Blatteckenkoordinaten bilden die Grundlage für die digitale Entzerrung der anschließend gescannten Originalfolien (Kasten 2). Im dritten Erfassungsschritt werden demnächst auch Überlappungsstreifen aus Nachbarblättern digital einkopiert, die einen aktuellen Fortführungsstand haben (Kasten 3). Nur dieser dritte Schritt muß bei späteren Fortführungsdurchgängen desselben Kartenblattes wiederholt werden. Auf Plots dieser Ergebnisse werden Fortführungsentwürfe mit der zu ergänzenden bzw. zu löschenden Information gezeichnet (Kasten 4). Die Scans dieser Fortführungsentwürfe und jene der alten Originalfolien erscheinen überlagert auf einem Farb-Bildschirm, wo der Fortführungsentwurf interaktiv im Vektormodus nachdigitalisiert wird (Kasten 5). Aus den so fortgeführten digitalen Originalfolien entstehen durch die Druckaufbereitung (Kasten 6) die digitalen Druckfolien (= Druckpattern). Diese werden zunächst als Prüfplots auf einem hochauflösenden Farbrasterplotter ausgeben (Kasten 7). Damit wird das bisher angewandte zeitaufwendige und teure Cromalinverfahren überflüssig. Die im Prüfplot entdeckten Fehler werden zusammen mit den Ergänzungen und Korrekturen des AMilGeo in einem zweiten Durchgang des Verfahrens (über Zweig A) behoben und zwar wie in einer weiteren Fortführung, deren neue Fortführungsentwürfe auf der genannten Prüfkopie als Vorlage gezeichnet werden (wieder Kasten 4). Parallel dazu werden auf Grundlage der Druckpattern (über Zweig B) die Schriftfolien manuell erzeugt, gescannt (Kasten 8) und mit in die Druckaufbereitung (wieder Kasten 6) einbezogen. So entstehen schließlich die endgültigen digitalen Druckfolien (= Plotpattern, Kasten 9). Diese Plotpattern werden dann photomechanisch auf Offsetplatten für den Auflagendruck umkopiert (Kasten 10). Einige der soeben überblickartig dargestellten Teilprozesse werden in den Abschnitten 4 bis 7 näher erläutert.

3. Verwendete Hardware und Grundsoftware

Für die zu Kästen 2, 8 und 9 von Abb. 1 (s. Beilage) gehörigen Schwarzweiß-Scans und -Plots wird der großformatige und hochgenaue Raster-Scanner-Plotter ELP II von Scitex benutzt und für die Farbscans zu Kasten 4 der Superscanner derselben Firma. Für die Prüfplots steht ein Tintenstrahl- Farbrasterplotter Design-Jet 650C von HP zur Verfügung. Die interaktiven Arbeiten zu Kasten 5 und die Batchprozesse zur Aufbereitung der Scandaten nach deren Entzerrung (Kasten 3) und zu ihrer Druckaufbereitung (Kasten 6) finden auf einem Rascon-System der Fa. pce mit einem Hochleistungs-PC (mit Intel80486/33 Mhz-Prozessor und EISA-Bus) und DOS-Betriebssystem statt. Es enthält u.a. einen hochauflösenden graphischen Farbraster-Bildschirm, eine 3-Tasten-Maus, programmierbare Bildtasten in Flüssigkristall-Technik der Fa. Hohe-

Electronics, ein alphanumerisches Display und einen Drucker, der auch zur Ausgabe von Hardcopies des graphischen Bildschirms bis zum Format DIN A4 geeignet ist. Die Berechnungen zu Kasten 1 erfolgen auf einem VAX-Rechner. Zum Datentransfer zwischen den Systemen von Scitex und Rascon im Runlength-Rasterdatenformat von Scitex werden Magnetbänder benutzt. Zwischen dem Rascon-System und dem VAX-Rechner können die Daten hingegen direkt über ein Computer-Netzwerk transferiert werden.

4. Erfassung der alten Folien

Insgesamt 50 der alten Originalfolien werden mit wenigen Ausnahmen in einer Auflösung von 32 P/mm gescannt. Im Hinblick auf die kleinste vorkommende Liniendicke von 0,08 mm ist dieser Aufwand zwar etwas übertrieben (hierfür hätte eine Auflösung von ca. 20 P/mm ausgereicht), er dient aber der Verbesserung des graphischen Eindrucks. Die Offset-Halbtonfolie der Schummerung bedarf z.Z. noch einer Sonderbehandlung [1], die aber nicht mehr notwendig sein wird, wenn der neue Plotter/Scanner der Fa. Lüscher einsatzbereit ist. Dieser ermöglicht nämlich auch das Scannen von Halbtönen. Ein interessantes Verfahren, bei dem in all den möglichen Fällen vor dem Scannen je 2 Originalfolien photographisch zusammen kopiert werden, um den Scan-, Entzerrungs- und Anpassungsaufwand für die vielen Originalfolien zu verringern, ist in [1] beschrieben. In der Praxis hat es sich aber nicht durchsetzen können. Die nachfolgende Weiterverarbeitung der Scans wurde als eine Folge von Batchprozessen auf SCITEX (bis einschließlich Entzerrung) und RASCON programmiert. Nach dem Scan werden zunächst automatisch kleine Schmutzflächen wegretuschiert, Linien und Füllerbreiten auf ihre Sollstärken gebracht und dann die digitalen Folien über die Blattecken affin auf Sollmaße entzerrt. Dabei wird der Aufwand für die digitale Entzerrung durch genaues manuelles Ausrichten auf der Scanner-Trommmel (Aufwand: 5 min, Genauigkeit <0,1mm) insofern erheblich reduziert, als rechenaufwendige Verdrehungen der verschiedenen Folien gegeneinander praktisch wegfallen. Die entzerrten Folien werden ins RASCON-System übertragen und dort in 26 digitale 'Original-Patterns' ('Pattern'= digitale Rasterkarte) teils auslichtend, teils maskierend und teils mischend zusammenkopiert. Doch damit ist die recht zeitaufwendige Erfassungsarbeit noch nicht zuende: Durch Verdickungs- und Verdünnungsoperationen sowie Skalierungen wird eine notwendige Anpassung von Daten unterschiedlicher Folienherkunft (z.B Füller und Kontur) erreicht. Wie auch bei der Erzeugung der Freistellflächen wird ein besonderes, Rechenaufwand sparendes Verfahren der hierarchischen Rasterverarbeitung in unterschiedlichen Auflösungen hierbei angewandt [1]. In einzelnen Fällen müssen bestimmte Objektarten vom restlichen Inhalt einer gescannten Folie automatisch unterschieden werden, weil sie in bestimmten Ausgaben des Kartenwerks anders zu behandeln sind als in der 'Ground'-Ausgabe. Dabei werden einfache aber wirkungsvolle Verfahren der kartographischen Mustererkennung angewandt [1].

(zu Abb. 1, Kasten 2, in der Beilage)

5. Erstellung und Erfassung der Fortführungsentwürfe

(zu Abb. 1, Kasten 4, in der Beilage)

Die bei der Fortführung zu berücksichtigenden Änderungen werden gesammelt und dann zunächst zeichnerisch in vier verschiedenen Fortführungsentwürfen dargestellt, deren Ausführung auf die Besonderheiten der anschließenden graphischen Datenverarbeitung genau abgestimmt wurde. Die Änderungen der Objektgruppen Situation, Staatsgrenze, Einzelzeichen, Wohnplatzflächen, Wald und Gewässer werden im farbigen Fortführungsentwurf 'Grundriß 1' (s. Abb. 3 der Beilage), die der Objektgruppen Felsen und Höhenlinien bei Bedarf im farbigen Fortführungsentwurf 'Grundriß 2' und die der Luftfahrtinformation in den schwarz/weißen Fortführungsentwürfen 'Aero 1' (s. Abb. 4 der Beilage) und 'Aero 2' eingetragen. Wir haben also das traditionelle Prinzip der rein zeichnerischen Entwurfserstellung beibehalten und auf eine unmittelbare Darstellung der unbearbeiteten Entwurfsquellen im Bildschirmhintergrund verzichtet, weil deren Bewertung, vor allem aber deren Generalisierung für den vorliegenden kleinen Maßtab dort zu unübersichtlich und zeitaufwendig wäre. Allerdings können die Entwürfe jetzt graphisch weniger anspruchsvoll gestaltet werden als beim alten Fortführungsverfahren, weil bei ihrer Umsetzung ins Kartenbild durch den Computer bessere Korrekturmöglichkeiten bestehen. Um am Bildschirm später die verschiedenen Fortführungsgruppen unterscheiden zu können, müssen maximal zwei der Fortführungsentwürfe mehrfarbig gehalten werden. Die Aufteilung der Fortführungsinformation auf vier verschiedene Entwürfe hat teils arbeitsorganisatorische Gründe, (die Änderungen der Situation werden nämlich beim IfAG, jene der Luftfahrtinformation beim AMilGeo erhoben), ist aber auch durch ihre Erfassungsmethode mitbestimmt: Die Entwürfe werden nämlich auf einem Diskretfarbenscanner (s. o. Abschnitt 3) in einer Auflösung von 32 P/mm erfaßt. Unsere systematischen Versuche dazu ergaben, daß dabei nur maximal 6 Farben (schwarz, rot, grün, blau, violett, gelb - mit Tuschefüller 'Isograph' von Rotring) auf einer beidseitig glatten transparenten Trägerfolie zuverlässig zu unterscheiden sind.

6. Interaktive Fortführung am Bildschirm

(zu Abb. 1, Kasten 5 in der Beilage)

Die interaktive Fortführung am Bildschirm geschieht nacheinander für folgende Objektgruppen: Gewässer, Situation, Einzelzeichen, Wohnplatzflächen, Felsen, Höhenlinien, Höhenschichten, Wälder, Staatsgrenzen und Grenzbänder, Isogonen und Luftfahrtinformation. Diese Reihenfolge berücksichtigt die gegenseitige Lageabhängigkeit mancher Objektgruppen voneinander und die dabei geltenden Prioritäten. Für jede der genannten Objektgruppen wird zunächst durch digitale Zusammenkopie der entsprechenden Original-Patterns des alten Zustands und der zugehörigen Farben des Fortführungsentwurfs ein Ausgangspattern erzeugt (ca. 1/2 Std. Batchlaufzeit) und am Bildschirm dargestellt (s. Abb. 5 für die Objektgruppe 'Situation'). In ihm sind die Objekte der fortzuführenden Objektgruppe in ihrem alten Zustand, der zugehörige Fortführungsentwurf (in Violett) und der notwendige Anhalt (in Blautönen) gemeinsam enthalten, aber farblich unterschieden.

Während der interaktiven Fortführung arbeitet der Kartograph im Ausgangspattern. Er digitalisiert mit dem Cursor am Bildschirm den Fortführungsentwurf ausschnittsweise nach, indem er über dem dort als Rasterhintergrund sichtbaren Ausgangspattern im Vektormodus zu löschende Information mit einer Löschgebietsgrenze umgibt, auf neuen Punktobjekten einen Punkt, sowie auf neuen Linien und der Umringslinie neuer Flächen eine Stützpunktfolge mit entsprechendem Objektschlüssel setzt (s. Abb. 6 der Beilage). Diese Stützpunkte können erforderlichenfalls mittels zahlreicher Vektor-Editierfunktionen noch geändert werden. Die so gewonnene abstrakte Vektordarstellung des Fortführungsergebnisses kann jederzeit entweder vorläufig in abgekürzter oder endgültig in ausführlicher Signaturierung in die entsprechende Rasterdarstellung automatisch umgewandelt werden (s. Abb. 7). Darin erscheinen die gelöschten Objekte nun in einer gelben 'Löschfarbe', und die neuen Objekte sind weitgehend korrekt symbolisiert. Auch die sonst heiklen Straßenkreuzungen und -unterführungen machen hierbei auch dann keine Ausnahme, wenn eine neues als Vektorzug gegebenes Straßenstück mit einer im Rasterformat gegebenen Straße zu verknüpfen ist. Die wenigen noch erforderlichen Retuschen an den automatisch erzeugten Signaturen sind mit den zahlreichen Rastereditierfunktionen des Systems leicht durchzuführen. Dabei können Fehler jederzeit sofort ungeschehen gemacht werden, solange der bearbeitete Kartenausschnitt noch nicht vom Bildspeicher in das zugehörige Ausgangspattern auf der Magnetplatte übernommen wurde. Um einen Ausschnitt optisch als bearbeitet zu kennzeichnen, kann der Kartenhintergrund dort nach Definition einer entsprechenden Kartierungsfläche ('Kachel') leicht umgefärbt werden. Zur Eingabe der erforderlichen Kommandos, der verschiedenen Objektschlüssel einer Objektgruppe und der Unter/Überführungs-Prioritäten werden nicht nur Bildschirmmenüs benutzt (s. Abb. 6), sondern auch eine Tastatur mit programmierbaren Bildtasten (s. Abschnitt 8). Auf diesen Tasten werden sinnfällige, frei gestaltbare einfache Symbole ('Ikons') angezeigt, die dem Operateur die richtige Tastenwahl erleichtern (s. Abb. 8). Die Kontrolle der Arbeit wird durch den zweiten, alphanumerischen Bildschirms unterstützt. Neben Hinweisen, die den aktuellen Bearbeitungsstand und die folgenden Bearbeitungsschritte betreffen, werden dort alle Vektor- und Rasteroperationen zusammen mit einer Beschreibung der abgesetzten Kommandos aufgelistet. Auf eine hervorragende Ausgestaltung der Benutzeroberfläche wurde sehr großer Wert gelegt, wobei die guten Möglichkeiten des Systems optimal genutzt wurden (s. a. Abschnitt 8). Dabei konnte den Vorschlägen und Wünschen der kartographischen Bearbeiter in hohen Maße Rechnung getragen werden. Der Zeitaufwand für die Fortführung der verschiedenen Objektgruppen ist abhängig von der Inhaltsdichte und der Menge der fortzuführenden Informationen sehr unterschiedlich: von weniger als 2 Std. (z.B. Isogonen) bis zu mehreren Wochen (Situation). Bei regelmäßigen Zwischensicherungen wird das Ausgangspattern überschrieben und auf Streamer-Tapes übertragen. Ist eine Objektgruppe abgeschlossen, so wird das Ausgangspattern durch einfaches Ersetzen und Zusammenfassen von Kanälen in ein neues

Originalpattern umgewandelt (ca. 5' Batchlaufzeit). Die automatische Verfahrenssteuerung bietet dann die nächste anstehende Objektgruppe zur Bearbeitung an. Bei der Erstellung des entsprechenden Ausgangspatterns werden als Anhalt natürlich die bisher fortgeführten neuen Originalpattern berücksichtigt. Prinzipiell wäre auch die Fortführung aller Objektgruppen in einem Arbeitsgang möglich. Praktische Gründe (größere Klarheit und Überschaubarkeit für den Bearbeiter, schnellere Bildaufbauzeiten etc.) sprechen aber deutlich für eine getrennte Bearbeitung der Objektgruppen.

7. Druckaufbereitung

(zu Abb.1, Kasten 6 in der Beilage)

Als Ergebnis der soeben beschriebenen interaktiven Fortführung am Bildschirm sind also nacheinander neue Originalpatterns (d.h. fortgeführte digitale Originalfolien) des Kartenblatts in Rasterform entstanden. Sie werden durch eine Reihe von Maßnahmen vollautomatisch in insgesamt 58 digitale Druckfolien ('Plotpatterns') für die verschiedenen Ausgaben der JOG 250 verwandelt. Im einzelnen handelt es sich dabei um die Kumulation der Objekte jeweils einer Ausgabefarbe aus mehreren Originalpatterns in einem Plotpattern, um die Bildung von Flächenkonturen, um die Anstärkung von Füllern, um die Breitenänderung einzelner Liniensignaturen für spezielle JOG-Ausgaben, um die Schraffur von maskenförmig vorgegebenen Höhenschichten - und vor allem natürlich um die Freistellung. Letztere wird zwischen Objekten derselben Druckfarbe durch sog. Freistellflächen realisiert, die die freizustellenden Objekte als Halo in einem besonderen Kanal umgeben. Zwischen Objekten verschiedener Druckfarbe geschieht dies durch nachträgliches digitales Aufkopieren dreier kombinierter, entsprechend angestärkter Freistellmasken der in verschiedenen Kanälen gespeicherten freizustellenden Objekte auf jedes Druckpattern. Welcher Pixelwert bei solchen digitalen Überlagerungen zweier Rasterkarten jeweils in Abhängigkeit von den beiden Werten der aufeinanderfallenden Pixel entstehen soll, wird in einer sog. Farbkombinationstabelle vorgegeben. Bei der Plotaufbereitung wird zunächst das fortgeführte Kartenbild mit der rechnerisch hergeleiteten Kartenbildmaske digital ausgelichtet. Die manuell fortgeführten Schriften (Abb. 1, Kasten 8 in der Beilage) werden erst nach der Fortführung des übrigen Karteninhalts und dessen Korrektur in die Druckpatterns digital übernommen, d.h. sie sind in den für die Herstellung des Farbprüfplots verwendeten Druckpatterns noch nicht enthalten. Schließlich werden durch Hinzufügen der Legende, der Umschriftung des Blattrandes und die sonstigen Elemente des Standbogens aus fast 850 verschiedenen permanenten Rasterbild-Dateien die sogenannten Plotpatterns erzeugt. Druckraster, wie sie z.B. zur Aufhellung von Gewässerflächen und für die verschiedenen Graustufen der Schummerung vorgesehen sind, werden erst bei der Ausgabe der Plotpatterns auf dem Rasterplotter (Abb. 1, Kasten 7) in Echtzeit aus den digital vorgegebenen Masken mit vorgegebener Rasterweite, Winklung und Deckung erzeugt. Diese Rasterplots haben eine Auflösung von 32 P/mm und keinerlei Passerdifferenzen zwischen ihren unterschiedlich gerasterten Anteilen derselben Farbe, da diese alle im gleichen Plotterlauf simultan erzeugt werden. Ihre graphische Qualität nach photomechanischer Umkopie auf Druckplatten und Offsetdruck läßt sich anhand des Kartenausschnitts der JOG 250 in Abb. 9 ermessen. Ihm wurde zum Vergleich in Abb. 10 derselbe Ausschnitt in konventioneller Fortführung und Reproduktion gegenüber gestellt. Die digitalen Original- und Druckpatterns werden selbstverständlich für den nächsten Fortführungsdurchgang archiviert - bisher noch auf 700 MB Streamer-Tape-Cartridges, neuerdings auch schon auf laseroptischen Platten, die in Zukunft das alleinige Archivierungsmedium sein werden. Pro Blatt fallen dabei ca. 650 MB an Daten an. Die gesamte Druck- und Plotaufbereitung geschieht vollautomatisch in Batch-Nachtläufen.

8. Funktionalität des RASCON-Systems und Programmiertechnik
RASCON ist ein leistungsmächtiges hybrides Raster- und Vektordatenverarbeitungssystem für kartographische Arbeitsstationen auf PC-Basis. Die Grundfunktionen speziell der Raster-, aber auch viele der Vektordatenverarbeitung inklusive Raster/Vektor- Konvertierung sind als Kommandos mit wenigen Parametern realisiert (s. eine Auswahl in Tab.1). Die Software bietet zahlreiche interaktive (auch Batch-) Editiermöglichkeiten sowohl im Raster- als auch Vektormodus. Eine integrierte Darstellung von Raster- und Vektordaten ist möglich. Eine Rasterkarte kann bis zu 256 verschiedene Kanäle enthalten, sodaß verschiedene Grauwerte gleichzeitig bearbeitet werden können. Die Symbolisierungsmöglichkeiten sind sehr flexibel. Es stehen Tools zum Erstellen von beliebigen vom Anwender definierten Signaturen und zur Verwaltung in einer Symbolbibliothek zur Verfügung. Symbolisierungen können bereits bei der interaktiven Arbeit im Vektormodus sichtbar gemacht werden. Im Rastermodus gibt es weitere über die Grundfunktionen hinausgehende nützliche Funktionen, die z. B. das Editieren von Scanergebnissen, die Raster/Vektorkonvertierung, das Erkennen von Fehlern und die automatische Bildschirmführung unterstützen (s. Tab. 1). Primär interaktive Funktionen lassen sich durch Umlenken des Inputs aus einer Datei leicht automatisieren. Eine basicähnliche Prozedursprache, die in ihrem Umfang aufs Notwendige beschränkt, aber doch flexibel ist, ermöglicht die Programmierung von anwendungsspezifischen Makros aus den vorgegebenen Standardfunktionen des Systems. Dabei kann der Programmierer auch die systemeigene Sprache in die Sprachwelt des Kartographen übersetzen. Die vorhandenen Werkzeuge zum Aufbau von eigenen Menüs unterstützen ebenfalls die Gestaltung einer projektbezogenen Oberfläche. Weiter wird die Funktionalität erhöht durch das Vorhandensein von programmierbaren Bildtasten in Flüssigkristall-Technik für vom Anwender selbst gestaltete Pictogramme (Ikons). Maximal kann die Tastatur vier Gruppen zu je 24 Ikons speichern, von denen wahlweise jeweils eine Gruppe auf den 24 vorhandenen Bildtasten gleichzeitig darstellbar ist (Abb. 8). Eine solche Tastatur kann somit als eine sehr flexible, mit dynamisch gestalteten Tastenbildern ausgestattete Funktionsbox, die mit der linken freien Hand bedient wird, genutzt werden. Anders als bei der Verwendung von Menüs muß der Kartograph mit der Maus nicht die Zeichenfläche

verlassen, um ein Kommando abzusetzen. Die interaktiven Arbeiten am Bildschirm werden auch durch die sehr schnellen Bildaufbauzeiten günstig beeinflußt. Die für das vorgestellte Fortführunsverfahren angewandte Programmiertechnik nutzt die erwähnten Möglichkeiten des RASCON-Systems voll aus. Die beschriebenen Funktionen wurden als Prozeduren in der jeweiligen BATCH-Prozedursprache der Rascon- bzw. Scitex-Systeme realisiert unter Verwendung der Grundfunktionen der Raster- und Vektorverarbeitung in deren Systemsoftware. Über diese Prozeduren konnte auch die Benutzeroberfläche ergonomisch und hinsichtlich der Begriffswelt kartographiegerecht gestaltet werden. Insbesondere im interaktiven Fortführungsteil wurden die oben schon erwähnten Möglichkeiten der Rascon-Software zur eigenen Menuegestaltung und zur Belegung von Tasten mit Funktionen und Ikons genutzt (s. Abb. 6 und Abb. 8). Die einzelnen Prozeduren werden im Rahmen einer übergeordneten Verfahrenssteuerung aufgerufen und koordiniert. Sie sorgt automatisch für die Konsistenz des Verfahrensablaufs, dokumentiert Zwischenzustände und ermöglicht das Wiederaufsetzen nach Unterbrechungen. Ihr Kern ist eine 'Verwaltungsdatei', die die vom Arbeitsvorbereiter gesetzten Verfahrensparameter und die von den einzelnen Prozeduren automatisch fortgeschriebene Zustandsbeschreibung des Fortführungsprozesses eines Kartenblatts enthält. Die automatische Prozeßsteuerung nimmt dem Operator die Sorge für die korrekte Einordnung seiner Teilarbeiten in den Gesamtprozeß ab und fördert dabei die Konzentration auf die eigentlichen Produktionsschritte. Das Programmsystem ist nicht unmittelbar auf die Fortführung anderer Kartenwerke übertragbar, weil deren Inhalt, Musterblatt und Folienverteilung vom vorliegenden Fall abweicht. Allerdings war nur eine Entwicklungsarbeit von 3 Mannmonaten notwendig um das JOG-Fortführungsverfahren auf die TÜK 200 zu übertragen. Es zeigte sich, daß bei einer Umstellung auf ein anderes vergleichbares Kartenwerk die umfangreichsten Programmierarbeiten sich auf die Änderung des Zeichenschlüssels und das Umschreiben von entsprechenden Farbkombinationstabellen u. ä. konzentrieren. Ein allgemeingültiges Programm für die automationsgestützte Kartenfortführung zu schreiben, wäre weit aufwendiger und nur sinnvoll gewesen, wenn eine formale Beschreibungsmöglichkeit des Inputs und Outputs des Verfahrens in Form einer universellen 'Kartenbeschreibungssprache' (etwa in Analogie zur schon vorhandenen 'Seitenbeschreibungssprache' Postscript) existiert hätte. Eine solche Kartenbeschreibungssprache, an der z.Z. verschiedene Forschungsgruppen arbeiten, wird sich übrigens auch zur Kartendefinition beim Abfassen von allgemeinen Programmen für die Datenerfassung und die Kartenherstellung und zur Beschreibung von digitalen kartographischen Modellen in zentralen Katalogen sicher als nützlich für die Öffentlichkeit erweisen. Daß wir das Ausgangsmaterial und das Endprodukt unseres oben beschriebenen Verfahrens (aber auch seine Zwischenprodukte und den internen Datenfluß) vor Beginn der eigentlichen Programmierung weitgehend schematisiert in Tabellenform spezifiziert haben, stellt einen ersten Schritt in Richtung auf eine solche formale Kartenbeschreibungssprache dar.

9. Ausblick

Das in enger Zusammenarbeit der kartographischen Forschungs- und Produktionsabteilungen des IfAG entwickelte neue Verfahren hat die bisherige Technologie völlig ersetzt. Die Kartographen haben sich recht schnell in die neue Technik einarbeiten können und die Akzeptanz des neuen Verfahrens ist groß, nicht zuletzt weil ihnen die Möglichkeit gegeben wurde, an der Gestaltung der Benutzeroberfläche mitzuwirken. Mit den drei eingesetzten Rascon-Stationen wird der erforderliche Ausstoß von sechs bis sieben Kartenblättern pro Jahr im Einschichtbetrieb gut erreicht. Parallel dazu ist ein Raster-Scanner/Plotter mit der Erfassung der alten Originalfolien und der Herstellung der fortgeführten Druckfolien weitgehend augelastet. Wie wird sich das Verfahren weiterentwickeln? Die bisher noch manuelle Schriftfortführung soll schrittweise automatisiert werden. Zur Zeit wird auf eine interaktive Schriftfortführung umgestellt. Die interaktive Plazierung von vorhandenen Schriften im Rasterformat wird bereits angewandt. Die Plazierung neuer Schriften wird in Kürze möglich sein, wenn die Kerning-Tabelle der für die JOG geeigneten TrueType- Schrift in das RASCON-System übernommen ist. Eine weitergehende Automatisierung und Umstellung des Verfahrens wird es erst geben, wenn eine entsprechende Namensdatenbank eingerichtet ist oder im Rahmen einer digitalen Neuerstellung der Schrift eingerichtet wird. Eine kleine Gruppe von Photogrammetern entwickelt derzeit beim IfAG ein Verfahren zur interaktiven Extraktion von digitaler Fortführungsinformation u.a. für die JOG 250 aus SPOT- Aufnahmen, denen die nach Abschn. 4 gewonnenen Rasterdaten des Altzustands am Bildschirm unmittelbar gegenübergestellt werden. Der im Abschn. 5 beschriebene Fortführungsentwurf wird dann anteilig auch aus diesem Verfahren gespeist werden, was sicherlich der Aktualität des Kartenwerks zugute kommen wird. In fernerer Zukunft ist geplant, die JOG 250 aus einem Digitalen Landschaftsmodell ähnlichen Maßstabs weitgehend automatisch, evtl. durch leichte Generalisierung herzustellen. Damit würde auch das hier beschriebene Fortführungsverfahren überflüssig, weil dann nur noch die Vektorinformation des Digitalen Landschaftsmodells fortgeführt wird. In diesem Sinne muß man das beschriebene Verfahren zwar als eine nur vorläufige und vorübergehende Lösung einstufen, dessen Entwicklungsaufwand und Einsatz jedoch durch die Einsparungsmöglichkeiten in mindestens zwei Fortführungsdurchgängen und die unmittelbare Verfügbarkeit von aktuellen digitalen Rasterdaten gerechtfertigt ist. RASCON-Arbeitsstationen werden im IfAG auch für andere kartographische Aufgaben eingesetzt. So für das ähnliche Verfahren der TÜK- Fortführung, für die Erfassung topographischer Basisdaten für die ATKIS-DLMe 200 u. 1000 aus gescannten Originalfolien der TÜK, für die kartographische Aufbereitung von Fluglärmschutzzonen und bei verschiedenen Forschungs- und Entwicklungsarbeiten im Rahmen des ATKIS- Projekts (Fortführung des DLM, Ableiten des kartografischen Modells DKM und die Datenausgabe). RASCON wird in naher Zukunft auch als WINDOWS- Applikation zur Verfügung stehen.

Beilage zum Aufsatz "Automationsgestützte Fortführung der JOG 250 mit dem RASCON-System"
von J. Brennecke, M. Giebels und R. Mau.

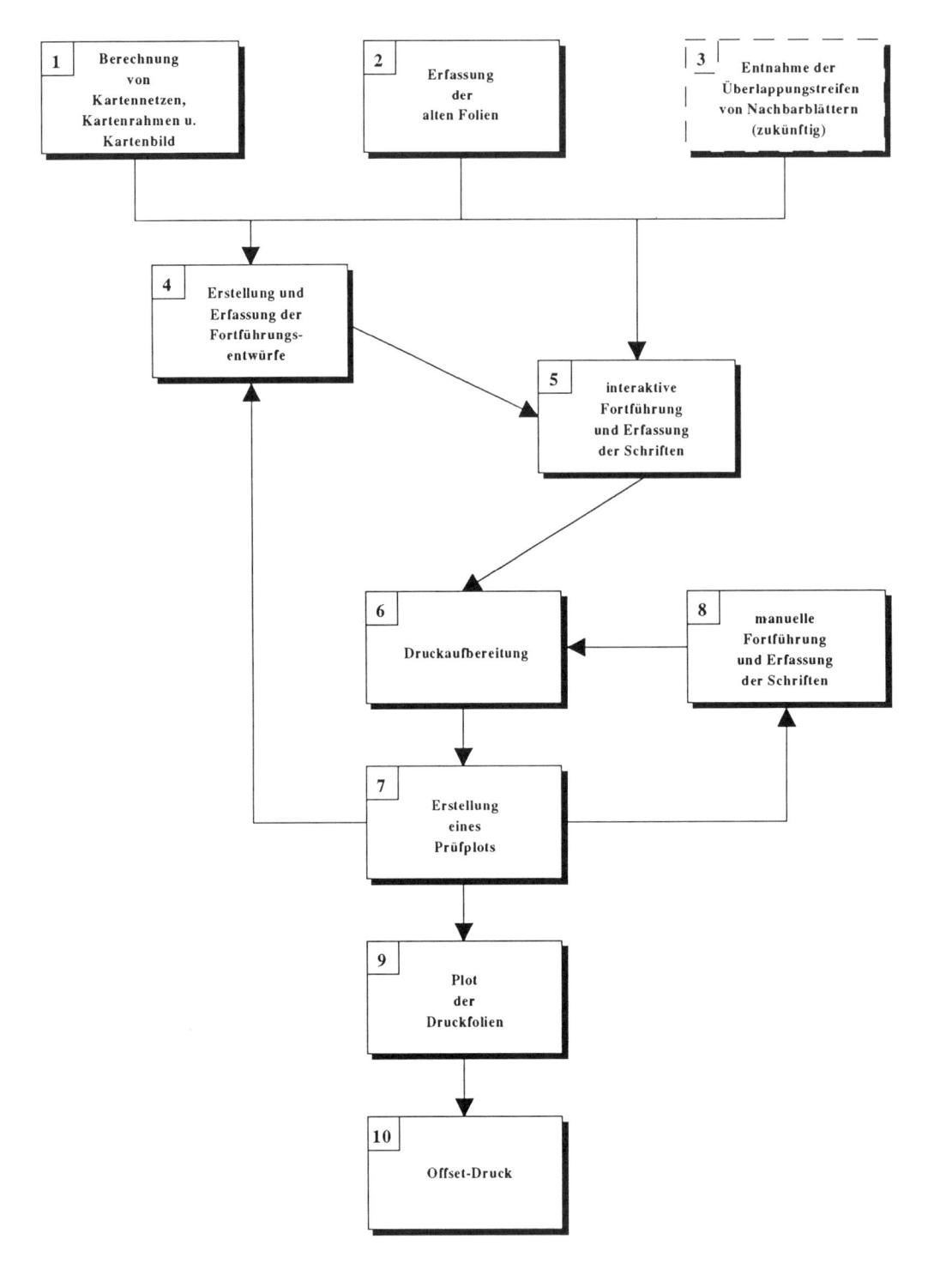

1	Berechnung von Kartennetzen, Kartenrahmen u. Kartenbild
2	Erfassung der alten Folien
3	Entnahme der Überlappungstreifen von Nachbarblättern (zukünftig)
4	Erstellung und Erfassung der Fortführungsentwürfe
5	interaktive Fortführung und Erfassung der Schriften
6	Druckaufbereitung
7	Erstellung eines Prüfplots
8	manuelle Fortführung und Erfassung der Schriften
9	Plot der Druckfolien
10	Offset-Druck

Abb. 1   Verfahrensübersicht

Literatur
Giebels, M. und H. Meurisch: Ein neues automationsgestütztes Verfahren zur Fortführung der Kartenserie JOG 250.- Kartographische Nachrichten, Heft 2, 1993, S. 53 -58.
Weber, W.: Ein digitales Rasterverfahren zur Fortführung einer topographischen Karte.-Internationales Jahrbuch für Kartographie, Band XXVI, 1986, S. 189 - 210.

Adresse des Verfassers:
Dr.-Ing. Jürgen Brennecke
c/o Institut für Angewandte Geodäsie
Richard-Strauss-Allee 11
60598 Frankfurt

Rechnergestützte Fortführung topographischer Karten beim Landesvermessungsamt Baden-Württemberg - Einführung in die Produktion

Robert Bucher

Die topographischen Kartenwerke des Landesvermessungsamtes (LV) wurden bisher fast ausschließlich konventionell fortgeführt. Lediglich der Kartenrahmen (automatische Gravur), der Schriftsatz und die Kartentitelseite (Bearbeitung mit DTP-Programmen) wurden mit Hilfe von Computern hergestellt.

Die heutigen Möglichkeiten der rechnergestützten Kartenbearbeitung an graphisch-interaktiven Arbeitsplätzen erlauben jedoch eine vollständige digitale Kartenfortführung von der Datenerfassung bis zur Ausgabe der Offset-Folien.

Allerdings muß sich auch ein digitales Fortführungsverfahren in erster Linie am Endprodukt orientieren. Nicht die Topographische Karte muß so geändert werden, daß die EDV-Mittel für die Bearbeitung ausreichen, sondern das „Werkzeug" EDV muß soweit verfeinert werden, daß der analoge Qualitätsstandard gehalten oder sogar erhöht werden kann. Darüberhinaus muß die Kartenbearbeitung effektiver, also schneller und wirtschaftlicher, erfolgen können. Somit ist die Einführung der Automation bei der Fortführung topographischer Karten auch unter den Aspekten Rationalisierungs- und Einsparmöglichkeiten sowie Perspektiven für zukünftige Entwicklungen zu sehen.

Unter diesen Leitlinien wurde ab 1989 zunächst eine umfassende theoretische Untersuchung erstellt. Diese beschreibt ausgehend von einer Darstellung des Ist-Zustands die Rahmenbedingungen und Zielvorgaben für die Umstellung von konventioneller auf digitale Kartenbearbeitung beim Landesvermessungsamt.

Der praktische Einstieg erfolgte 1991 im Rahmen einer Kooperation mit der Fa. Siemens-Nixdorf Informationssysteme AG (SNI). Sie diente dazu, die Software-Produkte SICAD-HYGRIS und SICAD-MAP-REVISOR zu testen und Vorgaben für ihre Weiterent- wicklung zu formulieren.

Auf der Basis der dabei gewonnenen Erfahrungen wurde systematisch an der Erweiterung der Systemausstattung und der Entwicklung von Verfahren für die Erzeugung, Verwaltung, Fortführung und Abgabe von Rasterdaten der topographischen Karten gearbeitet.

Die Beschreibung des gegenwärtigen Entwicklungsstands auf dem Gebiet der rechnergestützten Kartenfortführung sowie der weiteren Ziele ist Gegenstand dieses Berichts.

1. Personal

Für die Automation in der Abteilung Kartographie des Landesvermessungsamtes, insbesondere die Entwicklung und Einführung digitaler Techniken, aber auch die Produktion und Abgabe von Rasterdaten ist das Referat Topographische Kartographie zuständig. Die dafür eingesetzte Arbeitsgruppe besteht derzeit aus dem Referenten (Dipl.-Ing. für Geodäsie), drei Ingenieuren für Kartographie (FH) und einem Kartographen. Die Bedienung der Ein-/Ausgabegeräte erfolgt durch Personal aus dem Referat Kartenreproduktion. Mit zunehmendem Anteil der digitalen Bearbeitung werden weitere Mitarbeiter mit der EDV Umgang erhalten, z.B. im Bereich Prüfung.

2. Systemausstattung
Die Systemausstattung in der Abteilung Kartographie umfaßt Komponenten für die Erfassung, Verarbeitung, Archivierung und Ausgabe digitaler Daten (Abb. 1).

Abbildung 1

2.1 Datenerfassung
Für die Erfassung der analogen Kartenoriginale in Form von Rasterdaten wird im Referat Kartenreproduktion der ImageScannerPlotter 2012 der Firma Lüscher eingesetzt. Mit ihm können Strich-, Halbton- und Farbvorlagen gescannt werden. Vierfarbseparation und Erkennung von Einzelfarben sind möglich. Mit einem Abtastformat von 1,20 x 2,18 m, einer maximalen Auflösung von 1600 dpi (630 L/cm) und einer Genauigkeit von +/- 0,02 mm erfüllt er die an ihn gestellten formalen Anforderungen.
Die Steuerung erfolgt mit MapSys-Software auf einer SUN-Sparc Workstation 10-40.

2.2 Datenverarbeitung
Für die Verarbeitung der Daten stehen insgesamt drei RISC-Workstations (zwei RW320, eine RW410), eine Workstation WS2000 und zwei PCs zur Verfügung.
Die RISC-Workstations sind leistungsfähige graphische Arbeitsplätze der Fa. SNI mit 48 bzw. 96 MB Hauptspeicher, 1,6 bis 2 GB Festplattenspeicher, Betriebssystem IRIX, gaphischer Oberfläche OSF/Motif, Netzwerksoftware NFS. Als Anwendungssoftware sind SICAD, ace (Software zur Plotaufbereitung und Ansteuerung des Laserrasterplotters) und Image Alchemy (Datenkonvertierung) installiert.

RW320_1 und WS2000 dienen hauptsächlich zur Vorverarbeitung der Rasterdaten für die rechnergestützte Fortführung sowie für die Datenabgabe an Nutzer.
RW320_2 ist der Archivserver, kann aber auch zur Verarbeitung von Rasterdaten eingesetzt werden.
PC1 ist Teil des Archivierungssystems. Auf ihm erfolgen aber auch die Datenabgabe unter MS-DOS sowie DTP-Anwendungen und Textverarbeitung.
RW410_1 und PC2 wurden von SNI im Rahmen der weitergeführten Kooperation für die Weiterentwicklung der rechnergestützten Fortführung mit SICAD/open zur Verfügung gestellt.
Die Beschaffung einer weiteren RW410 für die Fortführung und Prüfung sowie eines weiteren Bildschirmarbeitsplatzes für Systemarbeiten und Anwendungen ist vorgesehen.

2.3 Datenarchivierung und -abgabe
Das Datenarchivierungssystem ist ein CD-ROM-Archiv der Fa. SIETEC, bestehend aus den Teilen Archiv-Schreibestation (PC1, CD-Writer, MO-Laufwerk) und Archiv-Lesestation (RW320_2, CD-ROM-Jukebox).
Die Jukebox kann insgesamt 100 CDs mit je 650 MB Speicherkapazität aufnehmen. Damit ist der geschätzte Gesamtspeicherbedarf von 20 GB für die Speicherung der digitalen Kartenoriginale der drei Maßstäbe TK 25, TK 50 und TK 100 in der Auflösung 500 L/cm gewährleistet. Der Zugriff auf diese Daten ist von jedem vernetzten Arbeitsplatz aus möglich.

Rasterdaten, die im Zuge einer Fortführung anfallen, werden bis zum Abschluß der Arbeiten auf magneto-optischen Platten (MOD) zwischengespeichert. Die endgültige Archivierung der Einzelebenen erfolgt auf CD-ROM. Die CDs werden mit KODAK-Software beschrieben. Für die Verwaltung des Archivs und den gezielten Zugriff auf bestimmte Dateien wurde von der Fa. SIETEC eine spezielle Software entwickelt.
Für den Datenaustausch mit Kunden und Werkvertragsfirmen stehen neben CD-Writer/-Laufwerk und MOD-Laufwerk auch Disketten-, DAT-Exabyte- und Magnetbandkassettenlaufwerke sowie eine Magnetbandstation zur Verfügung.

2.4 Datenausgabe
Die Ausgabe der Daten auf Film erfolgt auf dem BARCO Plotter BG 3900 (Format 120 cm x 160 cm, Genauigkeit +/- 0,15 mm, Auflösung bis 2000 L/cm). Der Plotter wird derzeit von der RW320_1 mit der Software ace (BARCO Graphics) angesteuert.
Er wird außerdem von der Photogrammetrie (Referat Topographie) als Ausgabekomponente des digitalen Bildverarbeitungssystems für die Orthophoto-Herstellung genutzt.
Wie der Scanner ist der Plotter dem Referat Kartenreproduktion zugeordnet. Die Beschaffung einer RISC-Workstation als Steuerrechner sowie eines Arbeitsplatzes für Elektronische Bildverarbeitung (EBV) ist geplant.
Papierplots für die Prüfung von Fortführungsergebnissen und zu Dokumentationszwecken werden auf einem Verifikationsrasterplotter HP Designjet 650c (Tintenstrahldrucker) ausgegeben. Dieser Plotter wird von der Zeichenautomation des Referats EDV-Organisation bedient.

2.5 Netzwerk
Alle vorgestellten Hardware-Komponenten sind in einem Local Area Network (LAN) miteinander verbunden (Abb. 2).

Abbildung 2

Das LAN ist ein Ethernet LAN Standard 802.3. Die Anschlußleitungen der einzelnen Arbeitsplätze sind vom Typ Ethernet 10 Base T (Twisted Pair) und führen auf einen sogenannten HUB (Knoten). Hier werden die Systeme untereinander und über ein optisches LAN (Lichtwellenleiter) und weiterführende Koax-Kabel (Ethernet 10 Base 2) mit den Ein-/Ausgabeeinheiten im Erdgeschoß verschaltet. Die Übertragungsrate beträgt netto 10 Megabit/sec (75 MByte/min).

3. Rechnergestützte Fortführung der Topographischen Karte 1:25000

3.1 Rahmenbedingungen
Bei der Einführung digitaler Verfahren sind folgende Rahmenbedingungen zu beachten:
- Fortführungsumfang
  Im Fünfjahresturnus werden jährlich 57 Blätter der TK 25, 15 Blätter der TK 50 und 4 Blätter der TK 100 bearbeitet, zum größten Teil konventionell. Die schrittweise Umstellung auf digitale Bearbeitungstechniken soll innerhalb von ein bis zwei Fortführungsperioden vollzogen werden.
- Organisation und Verteilung der Arbeitsschritte
  Die Entwurfsherstellung, die Prüfung der fortgeführten Karte und die anschließende Herstellung der Druckvorlagen erfolgen beim Landesvermessungsamt, während die kartographische Originalbearbeitung

in der Regel im Werkvertrag an kartographische Ingenieurbüros
vergeben wird. An dieser Arbeitsteilung soll auch bei digitaler Bearbeitung weitgehend festgehalten werden.
- Qualität der Originale
  Die meisten Blätter der Topographischen Karte 1:25000 liegen
  bedingt durch die konsequente Erneuerung über Neuherstellung auf
  der Grundlage der DGK 5 im badischen Landesteil, bzw. durch
  Umstellung der württembergischen Blätter auf das aktuelle Zeichenmuster in guter bis sehr guter graphischer und geometrischer Qualität
  vor. Sehr hohen Aufwand erforderte dabei die Generalisierung.
  Die Qualität soll durch die Erfassung in digitaler Form erhalten und
  möglichst noch gesteigert werden, z.B. Entzerrung auf Sollmaß.
- Beschleunigung der Fortführung
  Mit der digitalen Technik sollen die Bearbeitungszeiten verkürzt
  werden. Dies kann mit komfortablen interaktiven Werkzeugen, z.B.
  Signaturplazierung, sowie durch den Wegfall von reproduktionstechnischen Arbeitsgängen erreicht werden. Außerdem soll
  die Erhebung und Bereitstellung der Fortführungsinformation durch
  die Nutzung digitaler Basisdatenbestände rationalisiert werden.
- Kosten
  Die digitale Fortführung darf sich anfangs im finanziellen Rahmen der
  analogen Fortführung bewegen, muß jedoch mittel-fristig zu einer
  Kostenreduzierung führen, z.B. durch Wegfall von Ersterfassung und
  Qualitätssicherungsmaßnahmen.

3.2 Erzeugung der digitalen Basisdaten
Für die Erzeugung des digitalen Basisdatenbestandes bieten sich folgende Alternativen an:
a) Scannen der Einzelfolien (Rasterdaten)
b) Digitalisieren der Einzelfolien (Vektordaten)
c) Automatische Vektorisierung der Rasterdaten (Vektordaten)
d) Kombinationen aus a) bis c)
e) Einrichtung digitaler kartographischer Modelle, z.B. DKM 25,
   durch Ableitung aus dem Digitalen Landschaftsmodell DLM 25
Die genannten Möglichkeiten haben jeweils spezifische Vor- und
Nachteile, die hinreichend bekannt sind und hier nicht vollständig
aufgezählt werden müssen.
Für die Wahl des Verfahrens auf der Basis von Rasterdaten waren u.a.
folgende Gründe besonders bedeutsam:
- Die Erfassung von Rasterdaten durch Scannen ist im Vergleich zu
  manueller Digitalisierung schneller und kostengünstiger.
- Bei ausreichend feiner Auflösung kann die hohe inhaltliche und
  graphische Qualität der Kartenoriginale gewahrt werden.
- Die über Jahrzehnte geleistete kartographische Generalisierungsarbeit
  bleibt erhalten.
- Die Fortführung soll zunächst auf der Basis des bisher verwendeten
  Fortführungsentwurfs erfolgen. Besonders Verfahren auf der Basis von
  Rasterdaten können dabei relativ problemlos in die Produktion
  integriert werden.
- Eine Weiterenticklung mit dem Ziel, das ATKIS-DLM als Informationsquelle für die Fortführung zu nutzen, ist möglich.
- Durch vereinfachte Arbeitsmethoden und Einsparung von Reproarbeiten ist eine Beschleunigung der Fortführung erreichbar.

- Der große Bedarf an Rasterdaten für vielseitige Anwendungsmöglichkeiten bei externen Nutzern, z.B. als Hintergrundinformation in geographischen Informationssystemen, kann gleichzeitig befriedigt werden.
- Eine spätere sukzessive Überführung in Vektordaten durch automatische Vektorisierung ist möglich.
- Gegen die sofortige Realisierung des DKM 25 stehen vor allem zwei Gründe:

Das DLM 25 wird derzeit in einer ersten Stufe, dem DLM 25/1 erfaßt. Mit der Fertigstellung ist erst 1996 oder 97 zu rechnen. Der Inhalt dieser ersten Stufe deckt sich bei weitem nicht mit dem der TK 25. Auch bei der im Anschluß vorgesehenen Erweiterung zum DLM 25, in anderen Bundesländern DLM 25/2 genannt, werden die Gebäude, viele Einzelzeichen und Namen fehlen.

Das aus dem DLM 25 abzuleitende DKM 25 wird also auf längere Sicht nicht ausreichen, eine TK 25 mit dem heute geforderten Inhalt zu erzeugen. Will man dieses erreichen, so müssen die fehlenden Informationen aus anderen Quellen, z.B. Orthophotos erhoben und als zusätzliche Datenbestände erfaßt und gepflegt werden.

Der zweite wichtige Aspekt ist, daß die Ableitung eines DKM 25 einer Neuherstellung der TK 25 gleichkommt. Dies eröffnet zwar die Möglichkeit, dabei eine neue, modernere Kartengraphik einzuführen, erfordert andererseits aber sehr hohen Aufwand für die Generalisierung, die auch beim heutigen Entwicklungsstand der Technik zu großen Teilen interaktiv erfolgen müßte. In Baden-Württemberg fiel die Entscheidung für die Einführung von digitalen Verfahren auf der Basis von Rasterdaten. Dies bietet die Möglichkeit der Nutzung von DLM-Fortführungsinformationen und läßt für die weitere Entwicklung die sukzessive Schaffung von Vektordaten durch automatische Vektorisierung offen. Langfristig können dann auch die jetzt noch hinzunehmenden Nachteile der Rasterdaten (fehlende Selektionsmöglichkeiten, keine flexible Signaturierung, keine Verknüpfung mit Sachdaten) überwunden werden.

3.3 Verfahren für die digitale Fortführung

Für die Fortführung des digitalen Basisdatenbestandes bieten sich zwei Alternativen:

a) Fortführung auf der Basis eines manuellen, gescannten Fortführungsentwurfs (3.4)

b) Fortführung auf der Basis von DLM-Fortführungsinformationen (4.1)

Das Verfahren zur Fortführung auf der Basis des Fortführungsentwurfs ist als Übergangslösung zu sehen. Es wurde beim LV bereits realisiert und in die Praxis eingeführt.

Die Erhebung der Fortführungsinformation, die Zeichnung des Entwurfs, und die interaktive Umsetzung in die korrekte kartographische Darstellung sind sehr zeitaufwendig und nur bedingt rationalisierbar.

Ziel ist es, die Fortführungsinformation aus dem Basisdatenbestand DLM 25 zu selektieren, aufzubereiten und in die Rasterdaten zu integrieren. Die beiden Verfahren werden im folgenden vorgestellt.

3.4 Fortführung auf der Basis des manuellen Fortführungsentwurfs

Abb. 3 zeigt eine schematische Übersicht dieses Verfahrens. Der Fortführungsgang einer TK 25 gliedert sich in die im weiteren beschriebenen Abschnitte.

3.4.1 Bereitstellung der Fortführungsgrundlagen

Die Fortführungsinformation für die TK 25 wird in analoger Form als Fortführungsentwurf erstellt. Dieser entsteht durch Hochzeichnen der topographischen Veränderungen aus dem Orthophoto in eine transparente Blaukopie des alten Zustands im Maßstab 1:10000. Diese Orthophotos werden im Zuge der DLM-Erfassung beim Referat Topographie auf Unterschiede gegenüber der Karte durchgemustert. Die festgestellten Veränderungen werden direkt im Orthophoto gekennzeichnet.
Der Fortführungsentwurf wird fotografisch in den Endmaßstab 1:25000 verkleinert und dabei in Fortführungsteile und Tilgungsdecker getrennt. Weiter umfaßt der Arbeitsabschnitt die Erstellung des Schriftmanuskripts und des Schriftsatzes sowie eine Überprüfung der Originalqualität.

Abbildung 3

3.4.2 Ausschreibung der Fortführung und Vergabe

Wie bei der analogen Fortführung wird die Originalherstellung an Werkvertragsfirmen im Rahmen einer beschränkten Ausschreibung vergeben. Die in Frage kommenden Firmen erhalten eine Einladung zur Abgabe eines Angebots und die zur Ermittlung der Kosten erforderlichen Unterlagen (Fortführungsentwurf, Kartendruck, Schriftmanuskript).
Die Wahl der Hard- und Software ist den Firmen grundsätzlich freigestellt. Entscheidend ist die kartographische Qualität des Ergebnisses: die am Ende zu liefernden Rasterdaten müssen mindestens die Qualität der Ausgangsdaten erreichen und natürlich kartographisch einwandfrei sein.

3.4.3 Datenerfassung

Die Fortführungsgrundlagen (seitenrichtige Originalfolien Schrift, Grundriß, Gewässerkontur, Gewässerfläche, Vegetation, Höhenlinien und Wald sowie Fortführungsentwurf, Tilgungsdecker und bei Bedarf Schriftsatz) werden beim LV jeweils mit der Auflösung 500 L/cm (1270 dpi) gescannt.
Mit dieser Auflösung ist ein sehr gute Qualität erreichbar. Die noch vor kurzem gefürchteten großen Datenmengen und langen Rechenzeiten sind heute schon kein entscheidender Faktor mehr für die Wahl der Auflösung und werden in wenigen Jahren hierfür wohl überhaupt keine Bedeutung mehr haben (s.a. Tab. 1 Datenmengen).
Das Scannen erfolgt anlagegleich und gitterparallel (nicht parallel zum Kartenrand). Dies ist eine Vorgabe, für die nachfolgende Entzerrung im Rahmen der Vorverarbeitung.
Einen besonderen Einfluß auf die Scan-Qualität hat beim LÜSCHER-Scanner die Umdrehungsgeschwindigkeit. Bei hoher Umdrehung, z.B. 700 U/min, werden Elemente senkrecht zur Scan-Richtung schlechter wiedergegeben als Elemente in Scan-Richtung. Optimale Ergebnisse werden mit 200 U/min erreicht, jedoch kann der dadurch bedingte erhöhte Zeitaufwand für das Scannen nur für die Folien Grundriß, Schrift, Gewässerkontur, Vegetation, Höhenlinien sowie den Schriftsatz in Kauf genommen werden. Die übrigen Folien werden mit der hohen Umdrehungsgeschwindigkeit gescannt.
Der Zeitaufwand für das Scannen der 9 Einzelfolien, incl. Rüstzeiten und Glätten, beträgt ca. 20 Stunden.

3.4.4 Vorverarbeitung und Datenabgabe

Die Vorverarbeitung umfaßt folgende Schritte:

- Linienglättung:
  Diese erfolgt direkt nach dem Scannen mit MapSys-Software. Danach werden die Daten in das Format TIFF4 konvertiert und über das Netz zu den Verarbeitungsstationen geschickt. Alle weiteren Schritte werden dort mit der Software SICAD-RBS durchgeführt.
- Clippen:
  Nicht benötigte Teile, z.B. Legende, werden gelöscht.
- Filterung:
  Löschen von Schmutzpartikeln und Füllung von Lücken.
- Messen von Paßpunkten für die Entzerrung:
  Als Passpunkte dienen die vier Blattecken der jeweiligen Folie, deren Bildkoordinaten vom Bearbeiter am Bildschirm durch exakte Positionierung des Cursor-Fadenkreuzes ermittelt und in einer Paßpunktdatei gespeichert werden.
  Bei der späteren Entzerrung werden die zugehörigen Gauß-Krüger-Sollkoordinaten über eine Prozedur aus der TK25-Blatteckendatei gelesen und für die Berechnung der Transformationskoeffizienten verwendet.
- Entzerrung:
  Hierfür wird ein Entzerrungsprogramm von SNI verwendet, das optimale graphische und sehr gut geometrische Ergebnisse liefert. Dabei wird immer für den linken unteren Eckpunkt einer 128 x 128 Pixel großen Kachel die korrekte Lage berechnet, danach wird die Kachel 1:1 übertragen. Strenggenommen ist die Karte somit nicht pixelweise, sondern nur in den Gitterpunkten eines Gitters mit Maschenweite 128 x 128 Pixel oder ca. 2,5 x 2,5 mm exakt entzerrt.
  Bei den bisher durchgeführten Entzerrungen lag die erreichte geometrische Genauigkeit in den Paßpunkten bei einer maximalen Abweichung von 2 Pixeln, überwiegend jedoch zwischen 0 und 1 Pixel (0,02 mm), also bei weitem über der analog erreichbaren Genauigkeit.
  Allerdings ist besondere Sorgfalt bei der Montage der Folien auf der Scannertrommel und beim Scannen selbst erforderlich.
  Nach den Erfahrungen beim LV führen alle anderen Entzerrungsmethoden mit Berechnung der Pixelwerte durch Resampling zur Verschlechterung der mit dem Scannen erreichten graphischen Ausgangsqualität.
- Errechnen einer farbigen Gesamtdarstellung:
  An Hand dieser erfolgt die Prüfung der graphischen und geometrischen Qualität am Bildschirm.
- Schneiden:
  Die Ebenen werden auf gleiche Lage des Kartenbildes und einheitliche Größe gebracht.
- Konvertierung in das Datenformat TIFF4 zur Zwischenspeicherung und Abgabe an die Werkvertragsfirmen.
- Bei Bedarf Konvertierung in weitere Datenaustauschformate mit der Software Image Alchemy, z.B. PCX.

Mit Hilfe der UNIX-shell-Programmierung wurde ein Prozedurensystem erstellt, das die Vorverarbeitung weitgehend automatisiert. Lediglich das Registrieren der Ist-Koordinaten der Blattecken beim Passpunktmessen sowie die Überprüfung des Verarbeitungsergebnisses sind noch interaktiv zu leisten.

Am Ende der Vorverarbeitung ergeben sich für die Einzellagen folgende
Datenmengen (in MByte):

Folie	TIFF1	PCX	HELL	SGD	TIFF4
Grundriß	82,2	30,2	12,6	7,3	1,8
Schrift	82,2	26,8	7,1	1,5	0,4
Gewässerkontur	82,2	26,1	5,8	0,6	0,2
Vegetation	82,2	27,9	8,4	2,9	0,7
Höhenlinien	82,2	31,4	14,4	10,2	2,9
Gewässerfläche	82,2	25,8	5,4	0,1	0.03
Waldfläche	82,2	25,9	5,9	1,1	0,3
Fortführungsentwurf	82,2	26,0	5,8	0,6	0,3
Tilgungsdecker	82,2	25,8	5,5	0,2	0,1
Summe	739,8	245,9	70,9	24,5	6,63

Tab.1   Auflistung der Datenmengen bei Auflösung 500 L/cm in unterschiedlichen Datenformaten am Beispiel von Blatt 7228 Neresheim-Ost der TK 25 (25500 Zeilen, 27000 Spalten)

Der Zeitaufwand für die Vorverarbeitung auf einer RW 320 mit 48 MB
Hauptspeicherausbau beträgt ca. 17 Stunden Rechenzeit zuzüglich
jeweils einer Stunde für die interaktive Paßpunktbestimmung und
Prüfung.
Für die Abgabe der Daten an die Werkvertragsfirmen stehen eine ganze
Reihe von Datenträgern und -formaten zur Verfügung. Die Abgabe kann
sowohl unter UNIX als auch unter MS-DOS erfolgen.

3.4.5 Interaktive Bearbeitung
Die Originalbearbeitung ist Aufgabe der Werkvertragsfirma. Der
Fortführungsentwurf wird interaktiv in die echte kartographische Darstellung umgesetzt. Dazu digitalisiert der Bearbeiter die Entwurfszeichnung
am Bildschirm ab und weist dem dabei erzeugten Vektor die richtige
Signatur zu.
Je nach eingesetztem System ist eine Unterstützung durch halbautomatische Vektorisierung mit gleichzeitiger Signaturierung denkbar.
Punktsignaturen werden vom Landesvermessungsamt in Vektor- und
Rasterform zur Verfügung gestellt.
Bei der Bearbeitung sollen alle neu entstehenden Teile in Schrift, Grundriß, Gewässerkontur und Vegetation in separate Ebenen, z.B. Grundriß
neu, gespeichert werden. Die so erreichte Separierung wird bei der
farbigen Gestaltung der Prüfplots genutzt und soll möglichst auch in die
Fortführung der TK 50 eingehen.
Die Bearbeitung der Schriftebene erfolgt im Idealfall mit Software, die
die integrierte Bearbeitung der Schrift mit Schriftfonts zuläßt. Übergangsweise ist auch die Verwendung des beim LV erstellten und gescannten Schriftsatzes möglich.
Um in der Anfangsphase auch Firmen, die die Schriftplazierung nur
analog durchführen können, den Einstieg zu ermöglichen, können die
neuen Schriften (Grundriß-, Gewässerschrift, Höhenlinienzahlen) auch
vorab auf einer separaten Folie manuell montiert werden. Diese Folie
wird beim LV gescannt und mit den übrigen Dateien zur Verfügung

gestellt. Die Zuordnung der Gewässerschriften und Höhenlinienzahlen zu den entsprechenden Ebenen muß dann interaktiv erfolgen. Der in diesem Fall entstehende Zusatzaufwand für das LV wird beim Vergleich der Angebote berücksichtigt.

3.4.6 Prüfung
Die Firma liefert im Anschluß an die Bearbeitung die Original- und Neuteildateien an das Landesvermessungsamt.
Aus diesen wird eine farbige Gesamtdatei berechnet, die am HP Designjet auf Papier geplottet wird. Die Gesamtdatei wird so aufbereitet, daß die Neuteile sich in deutlichen Farben vom alten Zustand abheben. Durch zusätzliches Unterlegen von Fortführungsentwurf und Tilgungsdecker sind die bearbeiteten Bereiche leicht zu erkennen.
Da der Plotter mit einer Auflösung von 400 dpi im Maßstab 1:25000 bei weitem nicht die Datenauflösung von 1270 dpi wiedergeben kann, werden vier Viertel mit 1:1-Pixelwiedergabe und dadurch stark vergrößert erzeugt. Auf diese Weise ist die Prüfung von Vollständigkeit und Qualität der Ausführung am besten gewährleistet.
Eine Prüfung der Daten direkt am Bildschirm ist nur sinnvoll, wenn dabei gleichzeitig alle Anstände behoben werden. In diesem Fall würde aber der Auftraggeber die Fehler des Auftragnehmers beheben, was wiederum dem Ziel des Werkvertrags, der Abgabe einer fehlerfreien Arbeit, widerspräche. Außerdem ist erfahrungsgemäß mit einer schleichenden Erhöhung des Korrekturaufwandes zu rechnen, wenn der Auftragnehmer nicht mehr selbst für seine Fehler verantwortlich ist.
Die mit Korrekturanweisungen versehenen Plots gehen wieder an die Firma, die nach Ausführung der Korrekturen die fortgeführten Daten an das LV liefert.
Die Schlußprüfung dieser Daten mit gleichzeitiger Korrektur letzter Anstände soll durch Mitarbeiter aus der analogen Kartographie erfolgen. Der hierfür erforderliche graphischinteraktive Arbeitsplatz wird noch in diesem Jahr beschafft und für die Bearbeitung eingerichtet.

3.4.7 Nachverarbeitung und Ausgabe der Offsetfolien
Die Nachverarbeitung erfolgt mit SICAD-RBS. Sie besteht im wesentlichen aus der Kombination der Einzeldateien durch Binäroperationen (Addition, Subtraktion), z.B. Erzeugung der Schwarzplatte aus den Dateien Grundriß neu, Grundriß alt, Schriftfreisteller, Schrift neu und Schrift alt. Der Schriftfreisteller wird hierfür rechnerisch durch Verdicken der Schriftdateien erzeugt.
Diese Dateien werden mit der Software ace in das BARCO-Format konvertiert und auf maßhaltigem Dickfilm ausgegeben.
Tests haben ergeben, daß die Kombination von Dateien zum Teil auch erst durch die Filmbelichtung erzeugt werden kann. Es ist möglich, Dateien mit sehr hoher Genauigkeit übereinanderzubelichten. Dies wird künftig bei der Ausgabe gerasterter Flächen und gleichzeitiger Kombination mit der Kontur von großer Bedeu- tung sein.
Weiteres Ziel ist es, Titelstreifen und Legende bei der Belichtung so zu integrieren, daß weder manuelle noch interaktive Montage erfolgen muß.
Die Titelstreifen wurden bei einer Werkvertragsfirma mit Hilfe von DTP-Programmen hergestellt und liegen in Postscript vor.
Die digitalen Kartenoriginale werden anschließend im Format TIFF4 auf

CD-ROM archiviert. Bei Schummerungen ist künftig die Speicherung in
den Formaten TIFF LZW oder JPEG vorgesehen.

3.4.8 Umsetzung des Verfahrens in die Produktion
Das Landesvermessungsamt hat in diesem Jahr mit der Umstellung der
Fortführung der TK 25 auf das vorgestellte Verfahren begonnen. Ein- und
Ausgabe sowie die Rasterdatenvorverarbeitung wurden in intensiver
Arbeit optimiert und liefern eine sehr gute Qualität. Die interaktive
Bearbeitung wurde mit der Software SICAD-MAP-REVISOR erprobt.
Als besonders vorteilhaft erwies sich die Möglichkeit, situationsbezogen
in der vollständig am Bildschirm dargestellten Karte zu arbeiten und
nicht folienweise wie bei der Gravur. Kartographische Tätigkeiten
können am Bildschirm einfacher und schneller ausgeführt werden, z.B.
Plazierung von Signaturen oder Löschen wegfallender Teile. Außerdem
ist die Korrektur von Fehlern sehr leicht.
Wichtig ist nun, die rechnergestützte Fortführung auf breiter Front
einzuführen. Dabei ist dem Landesvermessungsamt daran ge- legen,
möglichst die schon seit Jahren mit der Bearbeitung von topographischen Karten vertrauten Werkvertragsfirmen für die neue Technik zu
gewinnen. Aber auch anderen Firmen steht es grundsätzlich offen, sich
um entsprechende Aufträge zu bemühen.
Bisher sind drei Firmen in der Lage, mit ihren Systemen, die Bearbeitung
durchzuführen. Es handelt sich dabei um die Systeme Intergraph,
MapSys und RASCON.
Vier Kartenblätter wurden bisher vergeben, mindestens zwei weitere
sollen in diesem Jahr noch folgen, im nächsten Jahr mindestens weitere
16 Blätter und die ersten TK 50.
Vorsichtig gerechnet könnte die Umstellung der Bearbeitungstechniken
für alle drei Kartenwerke bis zum Jahr 2000 möglich sein.

4. Geplante Weiterentwicklungen

4.1 Fortführung von Rasterdaten auf der Basis von Vektordaten des
    DLM 25
Mit der Verfügbarkeit des Digitalen Landschaftsmodells DLM 25 stellt
sich die Frage nach der Verwendbarkeit dieses Basisdatenbestandes für
die Fortführung der TK 25.
Das Problem der unterschiedlichen Inhalte wurde schon oben angesprochen. Dennoch ist bei einer Nutzung von digitalen Fortführungsinformationen aus der ab 1997 anstehenden DLM-Fortführung eine
weitere Verbesserung und Beschleunigung des Verfahren zu erwarten.
Im folgenden wird eine kurze Beschreibung des möglichen Verfahrens
gegeben (s. a. Abb. 4).

Die analogen Originalfolien der TK werden wie bei 3.4.3 gescannt oder
aus dem Archiv eingelesen. An die Stelle des Fortführungsentwurfs treten
jedoch die Fortführungsinformationen aus dem DLM 25. Diese Informationen können nach kartographischen Gesichtspunkten automatisch
ausgewertet und mit einem Darstellungsschlüssel versehen werden
(Auswertung kartographisch relevanter Attribute, z.B. Straßenbreite,
Vegetationsmerkmal, Zuordnung der einzelnen Vektoren zu digitalen
Kartenfolien, Zuordnung von Signaturnummern, etc.).
Die Vektordaten werden zusammen mit dem entsprechenden

Rasterdatenausschnitt am Bildschirm dargestellt und automatisch signaturiert.

Die sich bedingt durch die Erfassung des DLM 25 auf der Grundlage von Orthophotos ergebenden Lagedifferenzen gegenüber den Rasterdaten müssen im Zuge der anschließenden interaktiven Generalisierung und Retusche überarbeitet werden.

Bei dieser Bearbeitungsweise werden zwei Kategorien von DLM-Daten unterschieden : zum einen die Objektarten der Stufe DLM 25/1, zum anderen die der Stufe DLM 25(/2).

Bei der Fortführung des DLM erhalten Objekte der Stufe DLM 25/1 eine Veränderungskennung, die aussagt, ob sie neu sind, wegfallen oder sich ändern. Mit Hilfe dieser Veränderungskennung lassen sich für die Kartenfortführung benötigte Informationen aus der ATKIS-Datenbank selektieren.

Anders liegt der Fall bei Objektarten, die in der 2. Stufe der DLM-Erfassung erstmals digitalisiert werden. Bei diesen ist als Veränderungskennung nur die Bedeutung ´neu´ speicherbar, sie enthalten also keine auswertbare Information darüber, ob sie in der TK bisher enthalten waren oder aus dem Orthophoto neu oder als geändert ersichtlich sind. Eine Selektion von für die Kartenfortführung relevanten Objekten kann daher nicht automatisch erfolgen. Diese muß der Kartograph interaktiv am Bildschirm unter Zuhilfenahme der TK vornehmen.

Die auch in der 2. DLM-Erfassungsstufe nicht enthaltenen Objektarten (insbes. die Gebäude) müssen aus zusätzlichen Quellen, z.B. ALK oder Orthophotos, entnommen werden, entweder durch Digitalisierung aus einem analogen oder digitalen Orthophoto oder nach Anfertigung eines zusätzlichen analogen Entwurfs, der gescannt und wie bei 3.4 bearbeitet wird (s. a. Abb. 4).

Abbildung 4

4.2 Sonstige Entwicklungsvorhaben

Über die bereits erwähnten Aufgaben hinaus sind u. a. folgende Weiterentwicklungen geplant:
- Entwicklung und Einführung von Verfahren für die Fortführung der TK 50, TK 100, topographischen Sonderkarten und thematischen Karten
- Umstellung der Kartenbeschriftung auf PostScript-Dateien
- Automatische Erstellung des Kartenrandes
- Versuche zur automatischen Vektorisierung von Rasterdaten in Zusammenarbeit mit Firmen, Verwendung bei der rechnergestützten Fortführung
- Ableitung digitaler kartographischer Modelle aus dem DLM 25

4.3 Kooperation mit SNI

Der bisher zur Verfügung stehende Prototyp SICAD-MAP-REVISOR ist eine Einzellösung mit projektspezifischen Hard- und Software-Komponenten (z.B. Raster-Controler, eigene GRAP-Software). Diese setzt nicht auf Standards auf und wird von SNI nicht weiterentwickelt. Statt dessen sollen die Funktionen für rechnergestützte Kartenfortführung und DKM-Ableitung in die vorhandenen SICAD/open-Produkte integriert werden. Dies sind insbesondere:
- SICAD-Base (Grundsystem und -Aufsatzpakete KRT1, KRT2)
- SICAD-GDBX (Geographische Datenbasis)
- SICAD-MM (Menue Maker)
- SICAD-RBS (Rasterbasissystem), incl. Rastereditor

- SICAD-RIM (Rasterimagemodul)
- SICAD-THEA (Thematische Anwendungen)
- SICAD-PS (PostScript-Ausgabe)
- SICAD-ALK/ATKIS (derzeit in Vorbereitung)

Für die Applikation Kartenfortführung/DKM-Ableitung bietet dies folgende Vorteile:
- Aufsetzen auf der SICAD/open-Produktlinie
- X/open-Standard (Betriebssystem: UNIX,
    Windowmanagement/Graphik: X-Window
    Graphische Oberfläche: OSF-Motif)
- Verbesserte Verarbeitungsmöglichkeiten auf leistungsstarken graphischen Arbeitsplätzen (SNI/SGI-RISC-Workstations (MIPS-Prozessoren))
- ALK/ATKIS-Anbindung

Für die rechnergestützte Kartenfortführung ergeben sich durch die Neuentwicklungen folgende Auswirkungen:

- Datenhaltung:
    Die Datenhaltung erfolgt auf Dateibasis in binärkomprimierter Form im SGD-Format (Quadtree-Speicherung, 1 Folie = 1 Datei). Dieses Format erlaubt beschleunigte Bildaufbau- bzw. Verarbeitungszeiten, weil die Rechenoperationen nur die die Bildinformation enthaltenden Pixel umfassen. Dadurch sind die Rechenzeiten vom Bildinhalt abhängig, im Unterschied zu den Formaten mit Lauflängencodierung, bei denen jedes einzelne Pixel, d.h. auch der Hintergrund, in die Berechnungen einbezogen ist.

- Folien/Darstellung:
    Die Verwendung von X-Bitmaps (1 Bit pro Pixel; Datei = Folie = X-Bitmap) erlaubt das Laden beliebig vieler Folien mit beliebigen Auflösungen (auch von Folie zu Folie). X-Bitmaps sind Datenstrukturen auf Seiten des X-Servers und dienen zur Speicherung von Rasterdaten mit einer Pixeltiefe von 1 Bit.
    Das Laden erfolgt mit SICAD-Kommandos, wobei die Darstellungspriorität ebenso wie die Farbe über Parameter eingegeben wird.

- Vektor-Raster-Konvertierung:
    Das „Einbrennen" des durch Bildschirmdigitalisierung entstandenen Vektorbildes in die Rasterdaten erfolgt unter Beachtung der jeder Rasterebene zugeordneten Zeichenvorschrift. Diese legt fest, welche Elemente der Vektorgraphik in der betreffenden Folie zeichnen, löschen oder ohne Wirkung bleiben. Über diese Zeichenvorschriften kann ein Vektor auch in mehrere Ebenen eingefügt werden. Dadurch sind mehrfarbige Signaturen und Freistellungen realisierbar. Die Raster-Vektor-Konvertierung geschieht auf Anforderung durch den Anwender. Diese Technik wird in das Modul SICAD-RIM integriert. Die Vektordaten können auch aus einem externen Datenbestand eingespielt werden (SICAD-GDBX).

- Raster-Editor:
    Der Editor ist eine eigenständige Produktkomponente für das Zeichnen, Löschen, Verschieben und Kopieren von Pixeln und Pixelbereichen. Er wird von SICAD aus aufgerufen und mit seinen eigenen Editor-Kommandos bedient, kann aber auch ohne SICAD benutzt werden. Dies ist z.B. für das interaktive Sichten und Retuschieren von Scan-Ergebnissen sinnvoll.

- Signaturierung:
    Diese erfolgt auf der Basis von SICAD/open unter Nutzung der ATKIS-Objektstruktur. Auf diese weise können Probleme wie Unter- oder Überführung, Kreuzung, Freistellung automatisch gelöst werden. Hierzu werden die im DLM enthaltenen Informationen (z.B. gegenseitige Referenzen, etc.) benötigt. Für die Signaturierung werden sogenannte Feature Codes ausgewertet, denen Angaben über die Graphikausprägung in speziellen Tabellen zugeordnet sind (ALK/ATKIS-Verfahrensdateien).
- Schrift:
    Die Bearbeitung der Schrift wird in der zweiten Entwicklungsstufe zu lösen sein. Die Überlegungen gehen dahin, in Vektorform vorhandene Schriften (z.B. Schriftfonts der Fa. URW) in SICAD-Fonts umzusetzen. Damit ist eine Plazierung am Bildschirm möglich, allerdings nur als Konturenschrift. Für die Ausgabe ist die Umwandlung in PostScript erforderlich. Sollen Rasterdaten erzeugt werden, muß das PostScript-File ins SGD-Format konvertiert werden.

Die Entwicklung der Software-Komponenten für die Kartenbearbeitung erfolgt stufenweise. In der ersten Stufe soll der Funktionsumfang des SICAD-MAP-REVISOR realisiert werden und am Ende die Ableitung und Bearbeitung digitaler kartographischer Modelle möglich sein.
Als Zeitpunkt für die Installation der ersten Entwicklungsstufe beim Landesvermessungsamt ist der September 1994 vorgesehen. Hierzu wurden dem LV durch SNI bereits Hard- und Softwarekomponenten zur Verfügung gestellt (s.a. 2.2).
Hauptaufgaben der nächsten Zeit werden es sein, die Neuentwicklungen intensiv zu testen und für den produktiven Einsatz Prozeduren und die Anwenderoberfläche zu erstellen.

5. Fazit
Die Beschaffung von graphischen Arbeitsplätzen, Scanner, Plotter und Achivierungssystem erfolgte 1992 und 1993 auf der Basis umfangreicher Marktuntersuchungen.
Von wesentlicher Bedeutung war die Ende 1993 erfolgte Vernetzung innerhalb der Kartographie. Die Einbindung in das Hausnetz wird in Kürze erfolgen.
Die Leistungsfähigkeit der Systeme und die Qualität der erreichbaren Ergebnisse kann als sehr gut bezeichnet werden. Positive Erfahrungen bei der Datenvor- und Nachverarbeitung wurden mit den Software-Produkten SICAD-RBS und Image Alchemy gemacht.
Die Umstellung der Fortführung auf rechnergestützte Verfahren hat erfolgreich begonnen und wird nun kontinuierlich ausgebaut werden. Große Hoffnungen werden dabei in die Neuentwicklungen der Fa. SNI gesetzt.

Literatur
Bucher, R. und Witke, T.: Die rechnergestützte Fortführung der topographischen Karten beim Landesvermessungsamt Baden-Württemberg. - Deutscher Verein für Vermessungswesen (DVW) Landesverein Baden-Württemberg e.V. Mitteilungen, Heft 1 , März 1994, s. 79-95.
Reinhardt W. und Schilcher, M.: Entwicklungsstrategie moderner GIS-Produkte am Beispiel von SICAD. - Geoinformationssysteme (GIS) 6/93, s. 2-8.

Yang, H.: Quadtree-Datenstrukturen als Basis für Geoinformationssysteme mit Vektor- und Rasterdaten - Basisdaten, Geometrie und Topologie von integrierten thematischen Datenbanken. - Nachrichten aus dem Karten- und Vermessungswesen, Reihe I, Heft 105, 1990, s. 167-196.

Anschrift des Verfassers:
Kartographenamtmann Dipl.-Ing. (FH) Robert Bucher
Landesvermessungsamt Baden-Württemberg
Büchsenstraße 54
70025 Stuttgart

Abb. 1: <u>Vorhandene</u> und <u>geplante</u> Hardware-Komponenten in der Abteilung Kartographie (Stand 8/94)

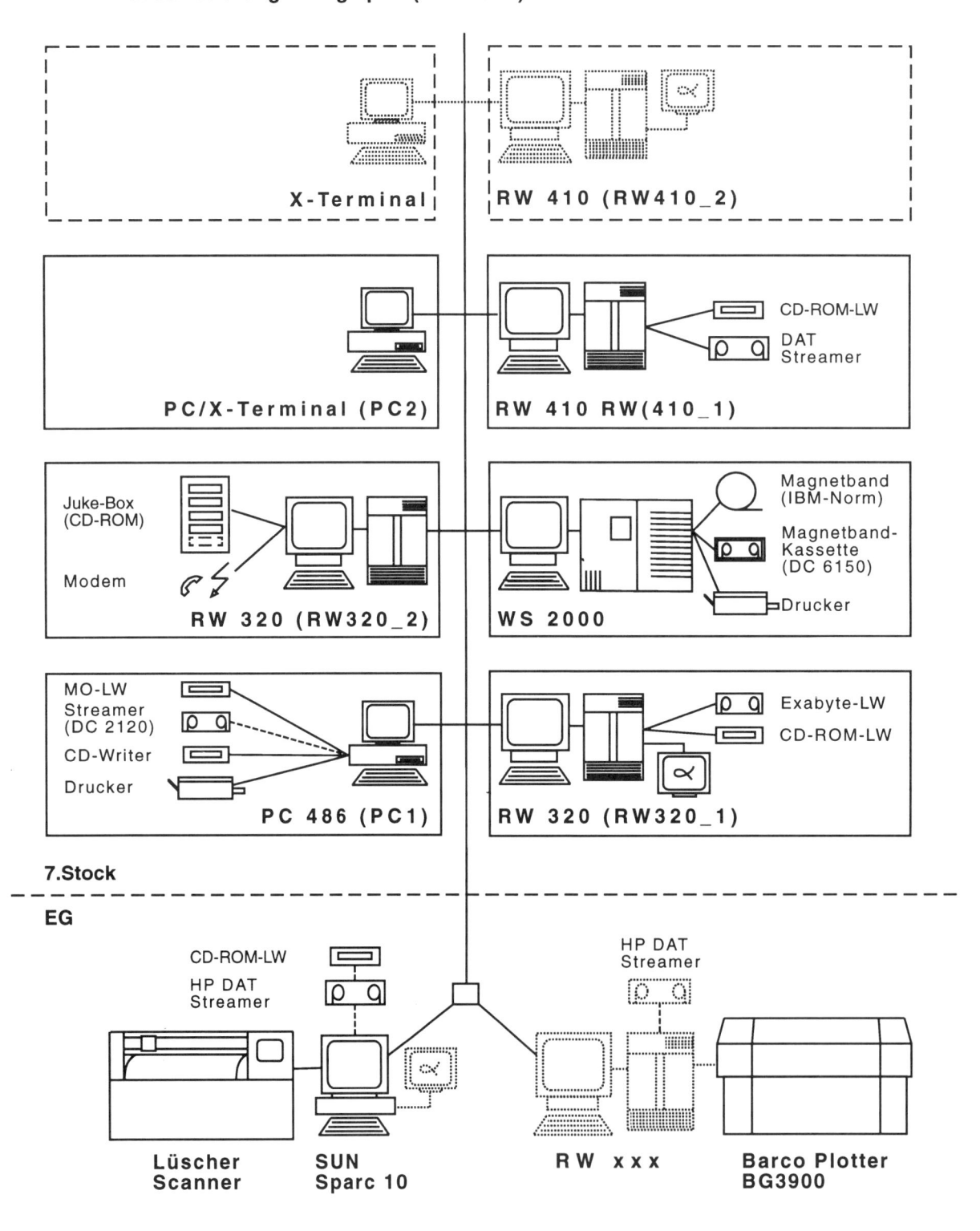

Abb.2: Vernetzung der Systeme in der Abteilung Kartographie

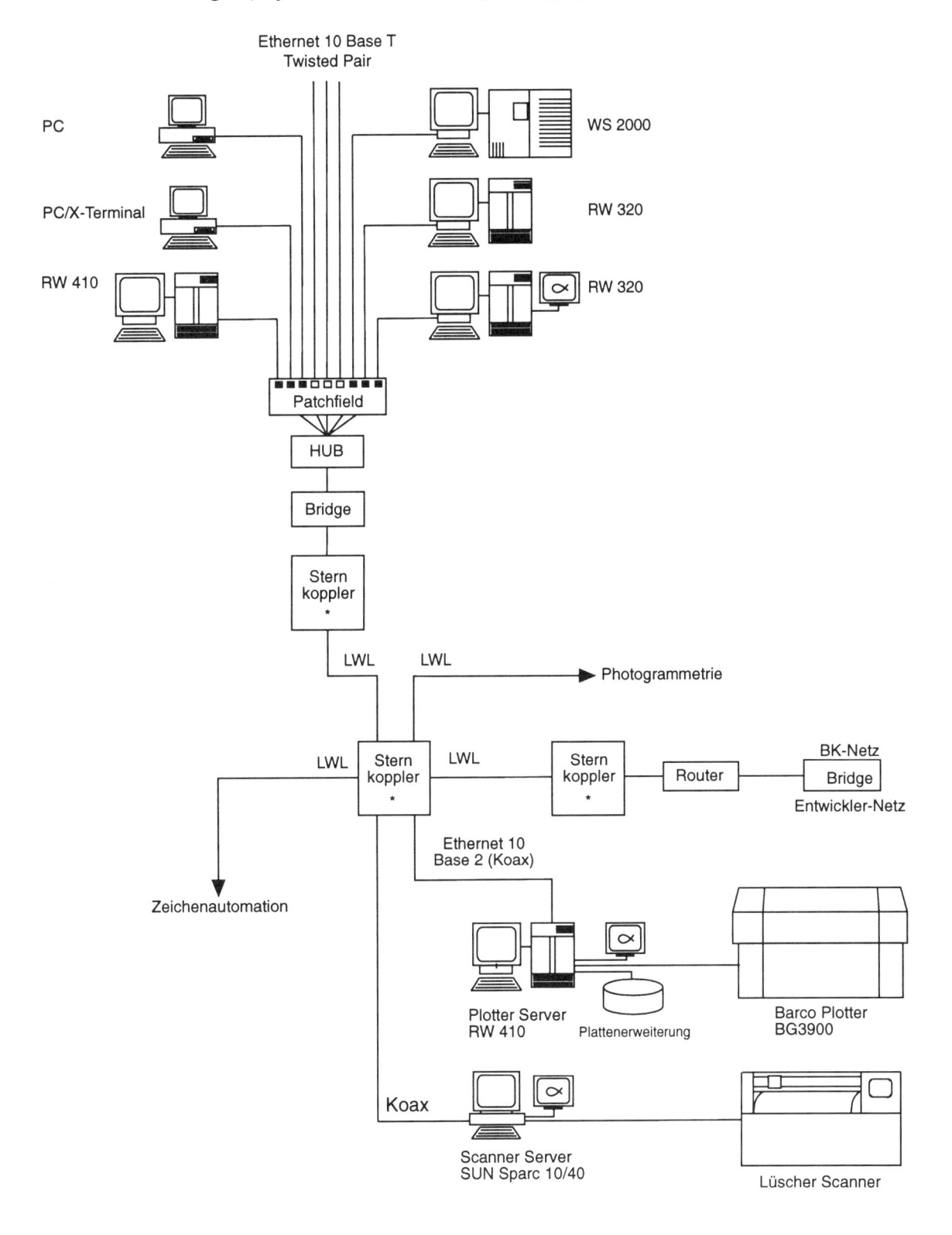

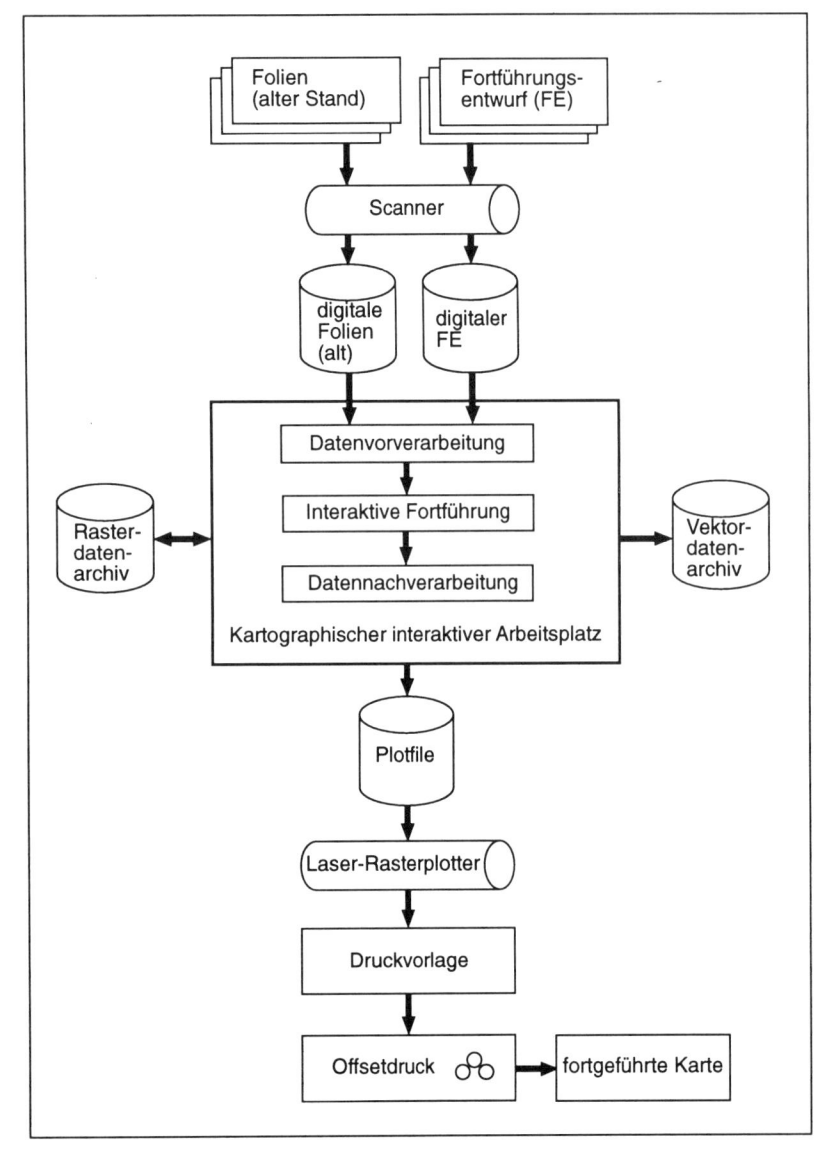

Abb. 3: Rechnergestützte Fortführung von Rasterdaten
auf der Basis eines manuellen Fortführungsentwurfs

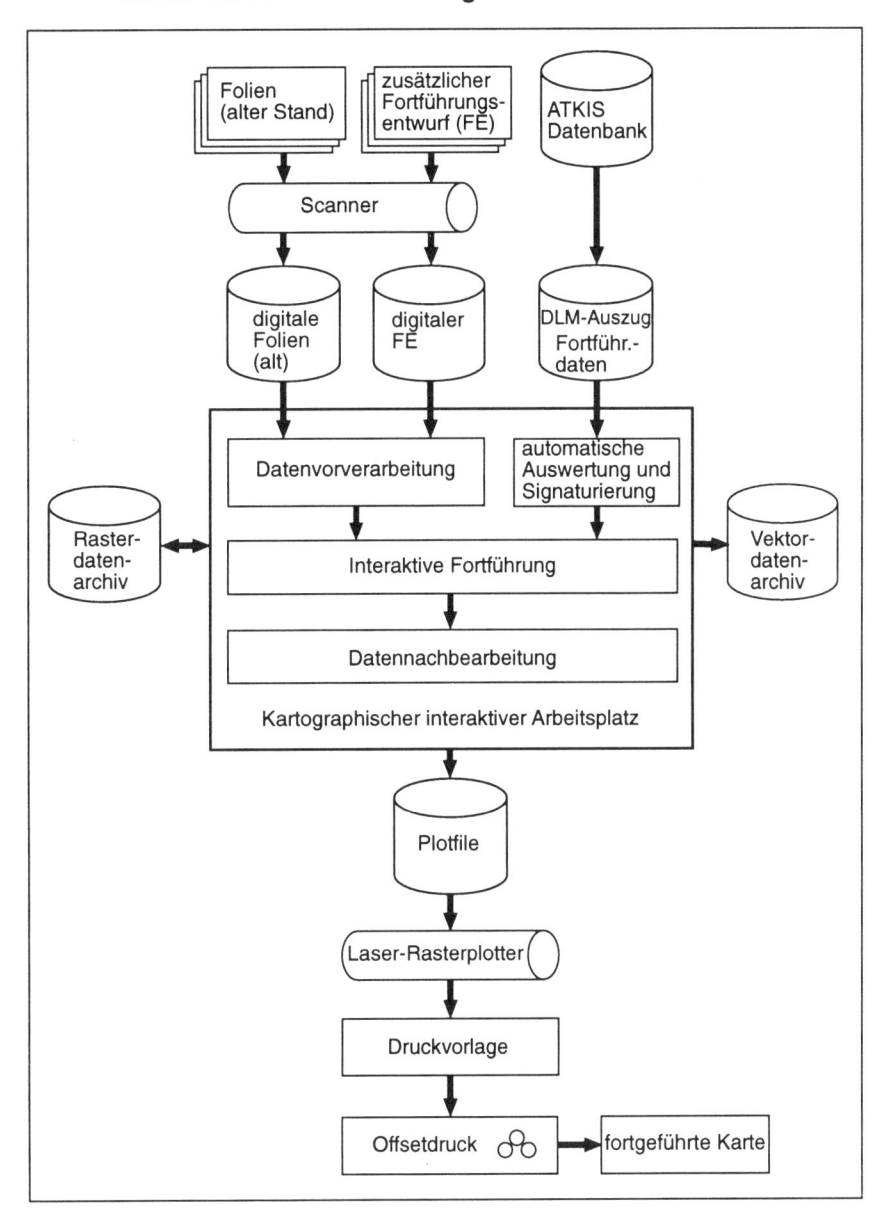

Abb.4: Rechnergestützte Fortführung von Rasterdaten auf der Basis von Fortführungsinformationen des DLM25

Softwarepakete

Kartenherstellung mit Aldus FreeHand 3.11

Hans Kern

0. Einführung

Das FreeHand-Paket hat in den letzten Jahren in der Privatkartographie verstärkt Einzug gehalten und bietet auf etlichen Gebieten effektive und preislich interessante Alternativen zur traditionellen Kartenherstellung. Der reproduktionstechnische Aufwand kann auf die Ausgabe der farbgetrennten Druckoriginale beschränkt werden, einen Andruckersatz erhält man durch Ausgabe der Karten auf einem Farblaserbelichter. Über weite Strecken reicht ein PostScript-fähiger Schwarz-Weiß-Drucker für die Prüfung des Arbeitsfortschritts. Ein leistungsfähiger Arbeitsplatz ist mit einem Rechner (mindestens 20 MB Arbeitsspeicher und 160 MB-Festplatte), Farbbildschirm, Scanner und Drucker ausgestattet. Die Farb- und Druckoriginale können Sie kostengünstig bei einem Dienstleistungsunternehmen ausgeben lassen. Im Unterschied zu einem traditionellen Arbeitsplatz ist der moderne Arbeitsplatz teurer (Investitionskosten ab 20 000 DM) und erfordert eine höhere Qualifikation. Im Studiengang Kartographie der Fachhochschule Karlsruhe wird in den Lehrveranstaltungen FreeHand eingesetzt. Auch zu PostScript gibt es Kurse. Die hier vorgelegten Erfahrungen basieren zu einem großen Teil auf den bisherigen drei Karlsruher Kartographie Kursen zu FreeHand. Für Anregungen danke ich den Kursassistenten, die ihr Referat jeweils selbständig vorbereitet haben und deren Erfahrungen hier mit eingeflossen sind. Danken möchte ich auch Herrn Fuchs von der Firma Linotype, der für die farbgetrennte Ausgabe der Druckoriginale immer einen guten Weg wußte. Die beiden Zeichnungen hat Markus Porkristl angefertigt. Auch ihm gilt mein Dank.

1. PostScript als Grundlage von FreeHand

FreeHand ist ein Programm - wie sehr viele aus dem DTP-Bereich -, das bei der Ausgabe auf PostScript basiert. Nutzt man FreeHand auf MS-Dos- oder Mac-Rechnern, dann erfolgt die Graphikausgabe auf dem Bildschirm über die rechnereigenen Graphikroutinen, während die Ausgabe auf dem Drucker oder Belichter über PostScript als Graphiksprache erfolgt. Das erklärt einerseits gewisse generelle Unterschiede zwischen Bildschirm- und Druckerdarstellung und im übrigen die Unmöglichkeit, die in FreeHand zugelassene PostScript-Programmierung überhaupt auf dem Bildschirm sichtbar zu machen. Abhilfe schaffen hier Rechner oder Betriebssysteme, die - wie der Next-Rechner oder NextStep- für die Bildschirmgraphik ebenfalls PostScript verwenden. Im folgenden sollen wegen der großen Bedeutung von PostScript einige Charakteristika aufgeführt werden.

Üblicherweise wird PostScript unter der Rubrik Seitenbeschreibungssprache geführt. Das verdeckt aber den Aspekt, daß PostScript wie Fortran, Pascal und andere eine universelle Programmiersprache ist. Man kann in PostScript alle technischen, mathematischen oder kommerziellen Aufgaben lösen.

Im Unterschied zu Fortran und Pascal werden PostScript-*Programme* nicht compiliert und dann ausgeführt, sondern direkt interpretiert. Das hat weitreichende Konsequenzen. PostScript-Programme werden in aller Regel von den auf PostScript basierenden Systemen (wie eben FreeHand) *automatisch* erzeugt. Die Ausgabe von FreeHand müssen wir uns also als Programm, nicht als Datensatz vorstellen. („Programm", „Daten" ist eine Frage des Blickwinkels: für den Pascal-Compiler ist das Pascal-Programm ein Datensatz). Typisch für automatisch erzeugte Programme ist, daß ihre Länge und die vorkommenden Variablen und Konstanten nicht begrenzt werden können. Ein Computer dafür müßte also über einen Riesenspeicher verfügen. Daher ist eine Sprache von Vorteil, die interpretierend arbeitet: der Interpreter „konsumiert" das PostScript-Programm in kleinen Häppchen. Nachteilig ist dabei, daß es für interpretierte Programme keine globale, sondern nur eine lokale Syntaxprüfung gibt. Die Fehlerfreiheit ist schlechter zu gewährleisten, als Unterrichtssprache und für gewöhnliche Anwendungen ist eine solche Sprache weniger zu empfehlen.

PostScript kennt nur sehr wenige feste Schlüsselworte (in Fortran und Pascal zum Beispiel: if, then, else) und feste Operatoren (in Fortran und Pascal: +, *). In PostScript heißen Prozeduren, Schleifen-, Verzweigungskonstrukte und „normale" Operatoren (z. B. Addition) insgesamt Operatoren und werden durch eine Zeichenfolge benannt. Viele sind zwar vordefiniert, können aber jederzeit umdefiniert werden. So kann man den vordefinierten Operator für die Addition von Zahlen (add) so umdefinieren, daß er zusätzlich für die Addition von Feldern zu gebrauchen ist.

Die Operatoren werden in PostScript nachgestellt; das ist die in der großen Zeit der HP-Taschenrechner im Vermessungswesen bekannte „umgekehrte polnische Notation (RPN)".

$$(3 + 4) : (9 - 2)$$

schreibt man:

$$3\ 4\ add\ 9\ 2\ sub\ div$$

Daher auch der Name *Post*Script.

Neben diesen die Sprache mehr unter Informatik-Blickwinkel kennzeichnenden Punkten ist für die Kartographie, wie für den graphischen Bereich insgesamt, bedeutsam, daß PostScript den im Vergleich mit anderen Graphiksystemen reichhaltigsten Bestand an graphischen Operatoren enthält. So unterstützt PostScript die vielfältigen, in Reproduktions- und Drucktechnik notwendigen Eichungen (zum Beispiel Punktzuwachs). Es lassen sich die einzelbetrieblichen Produktionsprozesse standardisieren.

Für die graphische Technik von gleicher Bedeutung sind die Schrift-Konzeptionen von PostScript. Zeichensätze sind als Outline-Fonts über Stütz-, Tangenten- und Knickpunkte definiert. Die Berechnung, welche Pixel in eine Outline-Kontur fallen und geschwärzt werden müssen, erfolgt *nach* der Skalierung. Die Qualität des Schriftschnitts ist so über einen größeren Bereich maßstabsunabhängig. Für die effektive Ausgabe (Belichtung zum Beispiel mit 2000 dpi) sorgt die „Font-Maschine" von PostScript: Zeichensätze werden in der aktuellen Skalierung im Cache als Pixelmuster zwischengespeichert.

Um den eigentlichen Rechner des interaktiven graphischen Arbeitsplatzes zu entlasten, wird die Interpretation des PostScript-Programmes in das Ausgabegerät verlegt. Jeder PostScript-fähige Drucker und Belichter enthält also einen PostScript-Interpreter und wird so selbst zum Rechner (man kann ein Terminal an den Drucker anschließen!). Für den Zeitbedarf bei der Graphikausgabe ist neben der Leistungsfähigkeit des Interpreters die in der Regel zu geringe Übertragungsgeschwindigkeit zwischen Rechner und Ausgabegerät wichtig.

2. Graphische Elemente

Die in FreeHand manipulierbaren Objekte sind vektororientierte Elemente. Ihnen kommen geometrische und graphische Qualitäten zu. Da auch Schrift in Form von Outline-Fonts dargestellt wird, können alle graphischen Elemente nach im wesentlichen gleichen Methoden bearbeitet werden: die Outline eines Buchstabens kann wie jede andere Fläche zum Beispiel zum Maskieren verwendet werden oder mit einem beliebig komplexen Füllmuster gefüllt werden. Ein graphisches Element ist geometrisch ein Pfad (auch Zeichenweg, englisch path), dem graphische Attribute (Linien- und Füllungsattribute und Farben) zugeordnet sind. Ein Pfad kann aus Teilpfaden aufgebaut sein und enthält nur die geometrische Information. Graphische Attribute wie Strichstärke, Farbe, Füllmuster sind nicht Teil der Pfadbeschreibung. Ein Pfad ist „stückchenweise" aus Bezierkurven aufgebaut; das heißt: es können beliebig viele Bezierkurven zu einem Pfad aneinandergefügt werden. Interessant ist, daß Bezierkurven einerseits rechnerisch einfach zu handhaben sind - es sind kubische Polynome in Parameterdarstellung - und daß andererseits die Koeffizienten ihrer Polynomdarstellung bequem und augenfällig auf dem Bildschirm dargestellt werden können - eine Bezierkurve ist geometrisch durch Anfangs- und Endpunkt sowie zwei „Kontrollpunkte" gegeben. Geraden sind Spezialfälle von Bezierkurven und Kreisbögen können im Rahmen der Zeichengenauigkeit durch Bezierkurven angenähert werden. Das Aussehen einer Bezierkurve zwischen Anfangs- und Endpunkt läßt sich durch interaktives Verschieben der Kontrollpunkte, also optisch kontrolliert, leicht variieren. Damit eignen sich Bezierkurven zum Bildschirmdigitalisieren von eingescannten Kartenvorlagen.

Pfade können offen oder geschlossen sein. Ein PostScript-Pfad muß explizit geschlossen werden, um eine Fläche zu ergeben. Es reicht nicht, daß Anfangs- und Endpunkt gleich sind. FreeHand dagegen schließt den Pfad, wenn Anfangs- und Endpunkt per Fangquadrat identisch sind. Offenen Pfaden können Sie Linienattribute, geschlossenen Pfaden zusätzlich Füllungsattribute zuweisen. Die Farben gehören zu den Linien- und Füllungsattributen. Die Linien- und Füllungsattribute (und die Farben) können Pfaden individuell zugeordnet sein. Sie können aber auch als Formate vereinbart sein und kommen dann jeweils Mengen von Pfaden zu. Die Vereinbarung von Formaten hat den Vorteil, daß Sie zum Beispiel mit einem Schlag die Strichstärke aller Waldwege ändern können, ohne jeden einzelnen Waldweg bearbeiten zu müssen. Daher sollten Sie alle graphischen Attribute nur über Formate vergeben. Die Einrichtung der Formate gehört zu den wichtigsten Schritten der Arbeitsvorbereitung.

3. Konstruktion von Pfaden
Jede FreeHand-Zeichnung inklusive Schrift basiert auf offenen und geschlossenen Zeichenwegen. Damit Sie die Fülle unterschiedlicher Zeichenwege (natürlich geschwungener Fluß, technischer Verlauf bei Eisenbahnen und Autobahnkreuzen, glatte wie auch spitze Übergänge bei Zeichensätzen und Signaturen) erzeugen können, stellt FreeHand eine Anzahl von Zeichenfunktionen zur Verfügung. Im einzelnen sind im Funktionenfenster (siehe Abbildung „Funktionenfenster") vorhanden:

    Rechteck,
    Rechteck mit abgerundeten Ecken,
    Ellipsen und
    Linie.

Diese Grundformen können wahlweise mit Aufhängepunkt im Zentrum bzw. in einer Ecke positioniert werden (mit Umschalttaste bzw. ohne Umschalttaste). Die Spezialfälle (Quadrat, Kreis, Linie im 45°- oder 90°-Winkel) erhalten Sie durch Drücken der Wahltaste.
Die übrigen Funktionen sind:

    Freihandfunktion,
    Zeichenfederfunktion,
    Kurvenfunktion,
    Eckenfunktion und Verbindungsfunktion.

Zeigen			Text		Abbildung 1
Rechteck			*Abrunden*		
Ellipse			*Linien*		
Freihand			*Zeichenfeder*		
Schneiden			Kurven		
Ecken			*Verbinden*		
Drehung			Spiegelung		
Skalierung			*Verzerrung*		
Nachziehen			Lupe		

Abbildung 1: Funktionenfenster

Ihre speziellen Eigenschaften sind in der Abbildung „Konstruktion von Pfaden" dargestellt.

Abbildung 2

Zum Digitalisieren von Vorlagen am Bildschirm benutzen Sie bei Kurvenverläufen die Freihand- oder die Kurvenfunktion. Bei der Freihandfunktion müssen Sie sehr sicher einem Kurvenverlauf folgen können, mit der Kurvenfunktion setzen Sie einzelne Punkte auf der Kurve. Vorteilhaft bei der ersten Methode ist die geringe Zahl von Stützpunkten (geringe Zahl von Bezierkurven). Geradlinige Vorlagen (Polygone) zeichnen Sie mit der Eckenfunktion nach. Bei der Freihandfunktion Sie - wie der Name sagt - freihändig einem Kurvenverlauf. Das Programm ermittelt selbst die notwendigen Bezierkurven und damit die Zahl der Stützpunkte (siehe Abbildung „Konstruktion von Pfaden"). Bei den übrigen Zeichenfunktionen - Zeichenfeder-, Ecken-, Kurven-, Verbindungsfunktion - setzen Sie selbst die Stützpunkte und bestimmenso das Aussehen des Kurvenverlaufs.

Rechtecke

gerundet

Ellipsen

Linien

Freihandfunktion mit 9 Stützpunkten

Zeichenfeder mit 6 Stützpunkten

Ecken-, Kurven- und Verbindungsfunktion mit 6 Stützpunkten

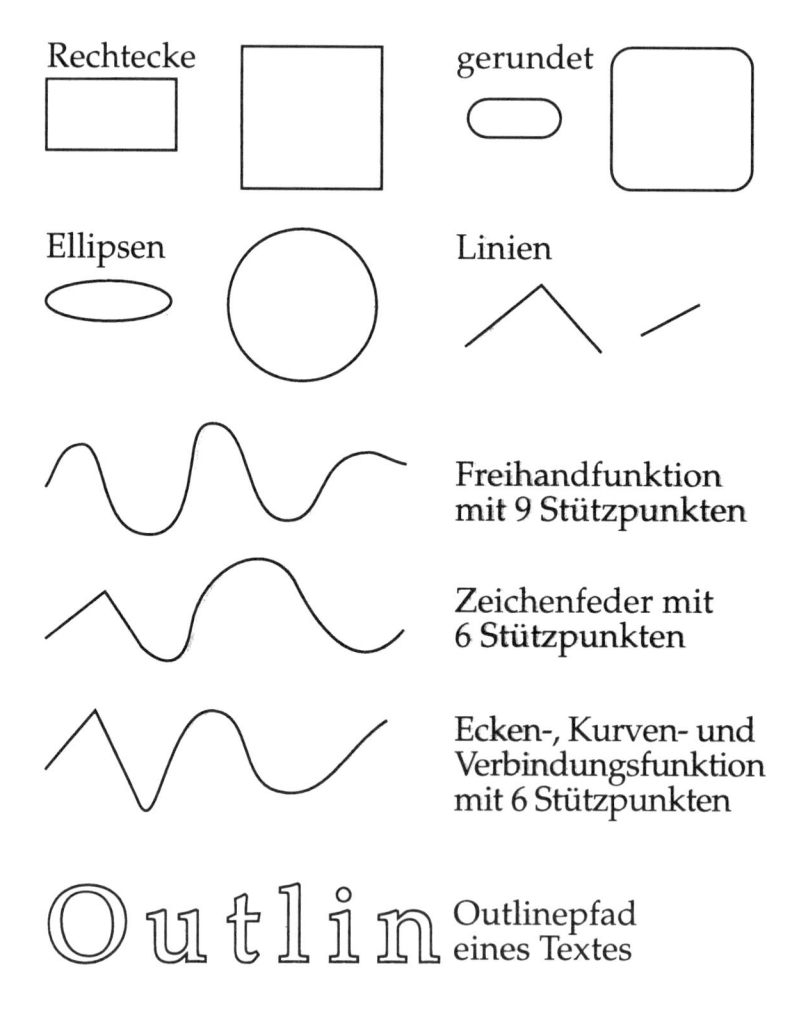

Outlinepfad eines Textes

Abbildung 2: Konstruktion von Pfaden

Unter konzeptionellen Gesichtspunkten und, um die Wirkungsweise dieser Zeichenfunktion besser zu verstehen, ist wichtig: Ein Zeichenweg ist, darauf wurde im letzten Abschnitt bereits hingewiesen, aus Bezierkurven aufgebaut. Dabei ist der Endpunkt jeder Bezierkurve (mit Ausnahme der letzten) zugleich Anfangspunkt einer weiteren. Es gibt also bei einem offenen Zeichenweg einen Anfangs-, einen Endpunkt (beide meist als Endpunkte bezeichnet) und eine Reihe von Zwischenpunkten (Stützpunkte). Zu Anfangs- und Endpunkt gehören je ein Kontrollpunkt (Anfasser), zu den Zwischenpunkten jeweils zwei. Die Lage der Kontrollpunkte relativ zum Stützpunkt bestimmt das Aussehen der Kurve in charakteristischer Weise:

Stimmen die beiden Kontrollpunkte mit dem Zwischenpunkt überein („zurückgezogene" Kontrollpunkte), dann sehen wir eine deutliche Ecke, in die von beiden Seiten *geradlinig* der Zeichenweg hineingeht. Auch wenn die Kontrollpunkte nicht zurückgezogen sind, aber *nicht* auf einer Linie durch den Zwischenpunkt liegen, sehen wir eine deutliche Ecke; der Zwischenpunkt hat die Eigenschaft Eckpunkt. Liegen die beiden Kontrollpunkte auf einer Geraden durch den Zwischenpunkt, so sehen wir einen glatten Kurvenverlauf; der Zwischenpunkt hat die Eigenschaft Kurvenpunkt. Ist ein Kontrollpunkt zurückgezogen und liegt der andere auf der Verbindung von Zwischenpunkt und Vorgängerpunkt, so gibt es am Zwischenpunkt einen glatten Übergang von einer Geraden zu einer Kurve; der Zwischenpunkt ist ein Verbindungspunkt.

Den Typ eines Zwischenpunktes können Sie verändern. Sie können zwischen Eckpunkt, Kurvenpunkt und Verbindungspunkt frei hin- und herschalten, mit jeweils dramatischer Änderung des Kurvenverlaufs (siehe Abbildung „Punktarten"). So können Sie zum Beispiel aus einem Quadrat durch Umdefinieren der Eckpunkte zu Kurvenpunkten einen Kreis machen. Interessant bei einem Kreis ist, daß die Verbindungslinie der Kontrollpunkte durch den Zwischenpunkt geht, senkrecht auf der

Abbildung 3

Eckpunkt-Eckpunkt-Eckpunkt   Eckpunkt-Kurvenpunkt-Eckpunkt   Eckpunkt-Verbindungspunkt-Eckpunkt

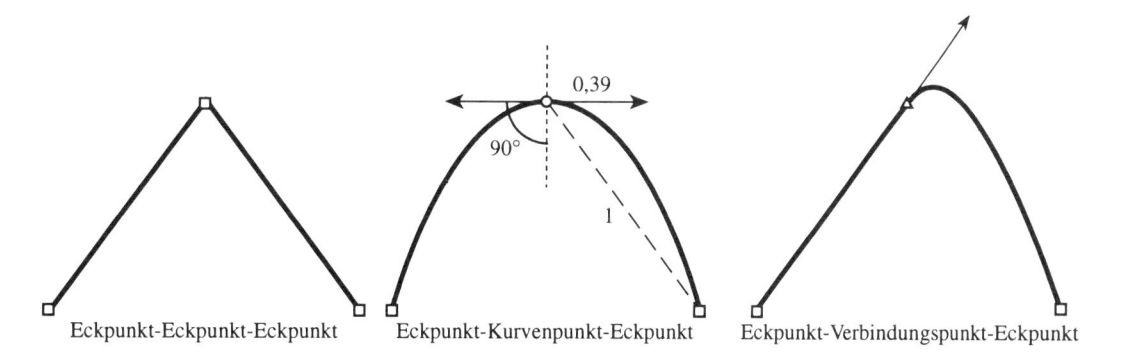

Abbildung 3: Punktarten

Kontrollpunkt 39% der Länge der benachbarten Zwischenpunkte beträgt.

4. Manipulation von Pfaden

Im vorhergehenden Abschnitt haben wir uns mit den Hilfsmitteln zur Konstruktion von Pfaden beschäftigt. Es ging dabei um die Geometrie der graphischen Elemente. Die Zuweisung und Änderung der graphischen Attribute werden wir später besprechen. Im Folgenden werden Sie kennenlernen, wie in FreeHand graphische Elemente manipuliert werden können.

4.1 Markieren

Die Bearbeitung eines oder mehrerer graphischer Elemente setzt voraus, daß die Elemente zur Bearbeitung ausgewählt, das heißt markiert wurden. Dazu bewegt man den Cursor (Pfeil) auf das Element (man „zeigt" auf das Element) und betätigt die Maustaste (man „klickt"). Mehrere Elemente werden markiert, indem Sie auf die Elemente zeigen und beim Klicken die Umschalttaste drücken.

4.2 Arbeiten mit der Zwischenablage

Wie bei allen Mac-Anwendungen können Sie auch bei FreeHand die Zwischenablage, einen speziellen Speicherbereich, nutzen. Über das Menü „Bearbeiten" erreichen Sie die Menüpunkte „Ausschneiden ⌘X", „Kopieren ⌘C" und „Einfügen ⌘V". Mit „Ausschneiden ⌘X" werden die markierten graphischen Elemente in die Zwischenablage gestellt und in der Zeichnung gelöscht. „Kopieren ⌘K" stellt die markierten Elemente ebenfalls in die Zwischenablage, löscht sie in der Zeichnung jedoch nicht. „Einfügen ⌘V" holt den aktuellen Inhalt der Zwischenablage in die Zeichnung, die Zeichnungsmitte, zurück. Jedes Ausschneiden und Kopieren überschreibt die Zwischenablage. Die Zwischenablage nutzt man häufig auch, um Informationen aus einem Anwendungsprogramm in ein anderes zu transportieren; zum Beispiel kann man so FreeHand-Zeichnungen nach MS-Word bringen.

4.3 Löschen

Markierte graphische Elemente können mit dem Menüpunkt „Löschen" im Menü „Bearbeiten" oder einfacher durch die Rück- beziehungsweise Löschtaste gelöscht werden.

4.4 Klonen

Als Klon bezeichnet man in der Biologie einen durch ungeschlechtliche Vermehrung erhaltenen erbgleichen Organismus. Hier ist ein Klon ein graphisches Element, das eine identische Kopie eines anderen ist. Durch Klonen erhalten Sie also identische Kopien. Zwei Beispiele zeigen den Einsatz des Klonens:

> Sie konstruieren eine Parkplatzsignatur, vervielfältigen die Signa tur durch Klonen und bewegen jeden Klon an seine endgültige Position.
> Sie zeichnen die Pfade für alle Autobahnen und weisen ihnen die graphischen Attribute Farbe Rot und Strichbreite 1,5 mm zu. Dann klonen Sie alle Autobahnpfade und weisen den Klones die Attribute Farbe Gelb und Strichbreite 0,5 mm zu. Als Ergebnis

Kartenherstellung mit Aldus FreeHand 3.11

haben Sie die gewünschte Autobahnsignatur mit einer roten, gelb gefüllten Doppellinie.

„Klonen K" finden Sie im Menü „Bearbeiten".

Achtung! Man stellt sehr schnell zu viele, nicht gebrauchte Klones her. Die überflüssigen Klones machen sich zwar in der Zeichnung oft nicht störend bemerkbar, belegen aber den Speicher und verlangsamen die Ausgabe.

4.5 Gruppieren

Markierte graphische Elemente können zu einer Gruppe zusammengefaßt werden. Sie können dann als ein Objekt behandelt werden. Zwei Beispiele zeigen den Nutzen:

> Eine Parkplatzsignatur besteht aus den gruppierten Elementen Quadrat und Buchstabe P.
>
> Eine Nebenkarte können Sie durch Gruppierung all ihrer Elemente beliebig auf der Hauptkarte verschieben.

Sie können bis zu acht Stufen gruppieren, also Gruppen von Gruppen bilden. „Gruppieren G" und „Gruppieren rückgängig U" finden Sie im Menü „Element".

Übrigens: Die Grundformen Rechteck und Kreis sind gruppierte Elemente, deren Gruppierung Sie erst rückgängig machen müssen, wenn Sie sie zum Beispiel aufschneiden wollen.

4.6 Trennen

Mit der Schneidefunktion oder dem Menüpunkt „Element trennen" im Menü „Element" lassen sich Pfade in Teilpfade trennen. Die Pfade dürfen nicht gruppiert sein. Ein Kreis zum Beispiel ist ein gruppierter Zeichenweg, so daß Sie zum Trennen erst die Gruppierung rückgängig machen müssen.

4.7 Verbinden

Mehrere, markierte Zeichenwege, die *offen* und nicht gruppiert sind, können Sie zu einem Zeichenweg verbinden. Dazu wählen Sie „Elemente verbinden J" aus dem Menü „Element". Dabei werden die am nächsten beieinander liegenden Eckpunkte jeweils geradlinig verbunden.

Geschlossene Zeichenwege können Sie zu einem zusammengesetzten Zeichenweg verbinden. Eine Kombination von *offenen* und *geschlossenen* Zeichenwegen kann man nicht verbinden.

Abbildung 4

4.8 Verwandeln

Unter Verwandeln werden in FreeHand die Funktionen Drehung, Spiegelung, Skalierung und Verzerrung aus dem Funktionenfenster verstanden. Diese Funktionen werden auf jeweils gleiche Art eingesetzt. Die Verwandlungen können Sie optisch oder durch Eingabe exakter Werte steuern. Optisch kontrollierte Verwandlungen erfolgen so:

> Sie markieren ein graphisches Element oder mehrere.
>
> Aus dem Funktionenfenster wählen Sie eine der Verwandlungsfunktionen Drehung, Spiegelung, Skalierung oder Verzerrung. Der

Zeiger wird zu einem Stern.
Sie positionieren den Stern und durch Klicken wählen Sie den Festpunkt.
Durch Ziehen verwandeln Sie die markierten Elemente. Die ursprüngliche Situation bleibt zur Kontrolle sichtbar, solange Sie ziehen.

Exakte Werte können Sie eingeben, wenn Sie beim dritten Schritt klicken und gleichzeitig die Wahltaste drücken.

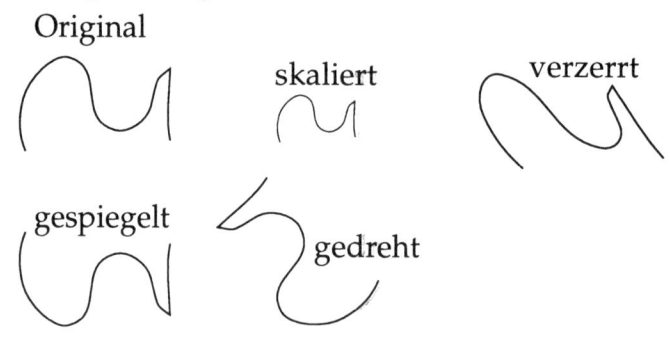

Abbildung 4: Verwandeln von Pfaden

5. Graphische Attribute

Mit den Zeichenfunktionen von FreeHand werden Pfade, Zeichenwege erzeugt. Dabei enthalten die Pfade lediglich die geometrische Information eines graphischen Elements. Pfade haben keine graphischen Attribute. Pfade können offen oder geschlossen sein. Ein Pfad ist dann geschlossen, wenn Anfangs- und Endpunkt im Rahmen des Fangquadrates identisch sind.

Einem offenen Pfad kann man graphische Linienattribute zuordnen, einem geschlossenen Pfad darüber hinaus eine „Füllung". Beide, Linien- und Füllungsattribute, werden über das Dialogfenster „Linie und Füllung" bestimmt. In der Kartographie sollten diese Attribute nicht an graphische Elemente direkt vergeben werden, sondern als Formate vereinbart werden und dann als Format den graphischen Elementen zugewiesen werden.

Das Dialogfenster „Linie und Füllung" erreichen Sie über
> den Menüpunkt „Linie und Füllung" im Menü „Einstellung", wenn Sie die Attribute einzelner graphischer Elemente ändern wollen, oder über die Option „Linie und Füllung" im Dialog fenster „Formate", wenn Sie ein Format als Zusammenstellung von graphischen Attributen für wiederholten Gebrauch einrichten wollen. Das Dialogfenster „Formate" erhalten Sie über den Menüpunkt „Formate" im Menü „Einstellung" oder über das Untermenü „Neu..." der Formatliste.

5.1 Attribute für Linien
Linienattribute werden nach diesen Linienarten zusammengestellt:
> Keine,

Grundversion,
Gemustert,
PostScript und
Vorgabe.

5.1.1 Keine
Der Pfad erhält keine Linienattribute. Das ist sinnvoll, wenn Sie ein flächenhaftes Element ohne Kontur verwenden wollen.

5.1.2 Grundversion
Linien in der Grundversion haben folgende Attribute, die als Optionen aus dem Dialogfenster „Grundversion" gewählt werden können:
Farbe: Sie können eine Farbe aus der Farbpalette zuordnen oder eine Farbe neu definieren.
Stärke: Sie wählen aus den vorgegebenen Linienstärken oder geben einen Wert ein.
Linienende: Linienenden können Sie als flach, rund oder eckig gestalten.
Verbindung: Sie wählen die Knickpunkte eines Linienzuges als spitz, rund oder abgeflacht in Abhängigkeit von einem Gehrungswinkel.
Muster: Sie können ein Linienmuster auswählen oder neu definieren. Sie können Ihr eigenes Linienmuster als Abfolge von ein- und ausgeschalteten Abschnittslängen herstellen, indem Sie ein vorhandenes Linienmuster mit zusätzlich gedrückter Wahltaste klicken und die Vorgaben Ihren Wünschen anpassen.
Pfeilspitzen: Sie wählen die gewünschten Pfeilspitzen und Pfeilenden aus den beiden Popupmenüs.
Überdrucken: Wenn Sie Überdrucken markieren, werden die Elemente gegen unter ihnen liegende Elemente nicht freigestellt, sondern überdrucken sie. Die Wirkung ist erst bei der Ausgabe zu sehen.

Abbildung 5

5.1.3 Gemustert
Gemusterte Linien haben einige Optionen mit der Grundversion (siehe dort) gemein; nämlich Farbe, Stärke, Linienende und Verbindung. Hinzu kommt die Option eines Musters. Das Muster können Sie aus einem Rollbalken mit 64 vordefinierten Mustern auswählen und/oder in einem 8 x 8 Punkte großen Feld selbst zusammenstellen. Die Punkte sind bei der Ausgabe 1/72 Zoll groß.

5.1.4 PostScript
Sie können eigene Linientypen mit Hilfe eines PostScript-Programmes definieren. In der Kartographie ist das zum Beispiel interessant, um Linien zu erhalten, die unsymmetrisch sind. PostScript-Linien werden auf dem Bildschirm als einfache Linien dargestellt, das PostScript-Programm wird erst vom Ausgabegerät ausgewertet.

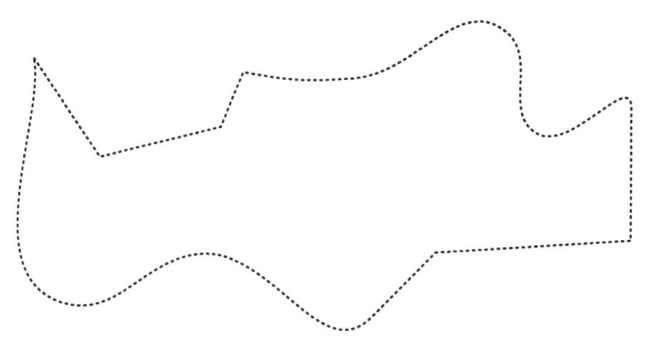

Pfad als geometrische Beschreibung eines Elements

Strichstärken

Strichlierung

Linienenden

Eckengestaltung

Abbildung 5: Attribute für Linien

5.1.5 Vorgabe
Unter Vorgabe finden Sie 23 vordefinierte Linienstrukturen. Sie bestehen jeweils aus einem repetierten Muster, wobei Sie in einem Dialogfenster die Länge, die Breite, den Versatz (das ist der Zwischenraum bei der Repetition) und die Farbe wählen können. Auf dem Bildschirm erscheint eine Vorgabelinie als Linie in der gewählten Breite und Farbe der Vorgabe, aber ohne Wiedergabe des Musters.

5.2 Attribute für Füllungen
Attribute für Füllungen werden nach diesen Füllungsarten zusammengestellt:
   Keine,
   Grundversion,
   Abgestuft,
   Gemustert,
   PostScript,
   Radial,
   Bild und
   Vorgabe.

Füllungen werden nur bei geschlossenen Pfaden wirksam.

5.2.1 Keine
Der Pfad erhält keine Füllungsattribute. Das ist sinnvoll, wenn Sie linienhafte graphische Elemente bearbeiten, oder wenn Ihre flächenhaften Elemente transparent sein sollen, also keine Füllung haben.

5.2.2 Grundversion
In der Grundversion wählen Sie für die Füllung aus dem Popupmenü „Farbe" eine bereits definierte Farbe oder vereinbaren eine Farbe neu (diese wird dann auch in die Farbpalette übernommen). Wenn Sie „Überdrucken" markieren, wird die Flächenfüllung darunter liegende Elemente überdrucken. Der Effekt ist nicht auf dem Bildschirm, sondern erst auf der Ausgabe zu sehen.

5.2.3 Abgestuft
Mit der Füllung „Abgestuft" können Sie verlaufende Farbübergänge schaffen. Für einen solchen Farbübergang, auch als Verjüngung bezeichnet, müssen Sie die Anfangs- und Endfarbe, die Verlaufsrichtung und die Art festlegen. Als Anfangs- und Endfarben können Sie eine der folgenden Kombinationen wählen:
- zwei Vierfarbprozeßfarben,
- Weiß und eine Volltonfarbe,
- Weiß und eine Vierfarbprozeßfarbe,
- eine Volltonfarbe und einen auf ihr basierenden Farbton und
- zwei Farbtöne, die auf der gleichen Volltonfarbe basieren.

Die Art des Farbübergangs kann linear (gleich breite Übergangsstreifen) oder logarithmisch (in der Breite wachsende Übergangsstreifen) sein.

5.2.4 Gemustert
Die Muster für gemusterte Füllungen vereinbaren Sie auf die gleiche Art wie bei gemusterten Linien (siehe dort).

5.2.5 PostScript
Wenn Sie PostScript-Füllungen wählen, können Sie eine eigene Füllung mit Hilfe eines PostScript-Programmes erstellen. Auf dem Bildschirm wird diese Füllung mit einem kleinen „c" symbolisiert.

5.2.6 Radial
Mit „Radial" erhalten Sie kreisförmige Farbverläufe von einer Anfangs- bis zu einer Endfarbe. Für die möglichen Farbkombinationen siehe „Gemustert".

5.2.7 Bild
Mit der Füllung „Bild" können Sie sich eine Zeichnung, aufgebaut aus beliebigen graphischen Elementen, erstellen und diese als Bild zu einer Füllung machen. Dazu erstellen Sie eine Zeichnung, kopieren Sie in die Zwischenablage, gehen in „Linie und Füllung", holen die Zeichnung mit Einfügen aus der Zwischenablage und können dann noch Maßstab,

Winkel und Versetzung Ihren Wünschen anpassen.

5.2.8 Vorgabe
Aus einem Bestand von 19 Füllungen können Sie auswählen. Dabei können Sie noch Parameter für einzelne Füllungen variieren. Die Füllungen werden am Bildschirm mit einem kleinen „c" angedeutet. Sie erscheinen erst bei der Druckausgabe.

6. Farbe

Farben sind in FreeHand durch verschiedene Attribute gekennzeichnet. Sie haben zumindest die Attribute Name und Art. Unter ihrem Namen ist jede Farbe in der Farbpalette aufgeführt. In der Kartographie sollten Sie als Farbnamen den Verwendungszweck, also zum Beispiel Waldgrün, und nicht die technische Realisierung wie C40G40 wählen. Als Arten von Farben gibt es:
 Vierfarbprozeß,
 Vollton und
 Farbton.

Bei einer Vierfarbprozeßfarbe werden die Prozentsätze für Cyan, Magenta, Gelb und Schwarz gewählt.
Bei einer Volltonfarbe müssen Sie sich zunächst für das Farbmodell entscheiden. Es werden angeboten:
  das RGB-Modell mit den Grundfarben Rot, Grün und Blau für die additive Farbmischung,
  das TSD-Modell mit den Variablen Tönung, Sättigung und Dunkelstufe und
  das CMG-Modell mit den Grundfarben Cyan, Magenta und Gelb für die subtraktive Farbmischung.
Nach der Auswahl des Farbmodells bestimmen Sie zum Beispiel die Prozentsätze im CMG-Modell.
Farbtonfarben werden als Prozentsätze von bereits definierten Farben angegeben. Sie wählen dabei aus den bereits definierten Farben aus und bestimmen dann den Prozentsatz.

Wenn Sie mit der kurzen Skala, der Europaskala, arbeiten wollen, wählen Sie Vierfarbprozeßfarben und darauf basierende Farbtonfarben. Wollen Sie mit der langen Skala arbeiten, dann entscheiden Sie sich für Volltonfarben und darauf basierende Farbtonfarben.
Auch Mischformen, zum Beispiel Europaskala mit Sonderfarben, sind leicht zu verwirklichen, wenn ein Teil der Farben als Vierfarbprozeßfarben, ein anderer als Volltonfarben festgesetzt wird.

Achtung! FreeHand ermöglicht die Umrechnung der Farben zwischen den einzelnen Farbarten und Farbmodellen. Die Umrechnungen sind aber nicht immer umkehrbar. Nehmen Sie zum Beispiel ein Vierfarbprozeßgrün mit 100% Cyan, 0% Magenta, 100% Gelb und 0% Schwarz. Diese Farbe wandeln Sie in eine Volltonfarbe im CMG-Modell um und erhalten 100% Cyan, 47% Magenta und 78% Gelb. Wenn Sie jetzt wieder in Vierfarbprozeß zurückwandeln, ist das Ergebnis 100% Cyan, 47% Magenta, 78% Gelb und 0% Schwarz und weicht im Farbeindruck vom Ausgangsgrün erheblich ab.

Farben können Sie neu anlegen oder bearbeiten, indem Sie den Menüpunkt „Farben" aus dem Menü „Einstellung" wählen oder indem Sie aus der Farbpalette in das Popupmenü „Neu..." oder „Bearbeiten..." gehen. In diesem Popupmenü finden Sie die weiteren Optionen „Kopieren..." und „Löschen".
Tip! Zwei Farben können weder bearbeitet noch gelöscht werden: Weiß und Schwarz. In Fällen, in denen nachträgliche Farbänderungen zu erwarten sind, ist es klug, wenn Sie sich ein eigenes White bzw. Black, basierend auf Weiß bzw. Schwarz, anlegen.

7. Schrift
Das Konzept der PostScript-Schriften hat wesentlich zum Erfolg des Desktoppublishing (DTP) beigetragen. Insbesondere im Vergleich zu älteren CAD-Programmen ist in der Kartographie der Fortschritt augenfällig. Mittlerweile ist es so, daß gute kartographiegeeignete Programme über PostScript-Ausgabe verfügen. Mit FreeHand haben Sie Zugang zur Leistungsfähigkeit der PostScript-"Fontmaschine".

7.1 Schriftattribute
Die Möglichkeiten, die Ihnen gegeben sind, zeigt die Abbildung „Schriftsatz". Aus diesen Schriftattributen können Sie eine beliebige Zusammenstellung treffen:

    Schriftart zum Beispiel Courier, Helvetica, Palatino, Symbol und Times,
    Schriftschnitt normal, fett, kursiv und fett kursiv, soweit die Schriftarten dafür ausgelegt sind,
    Schriftgrad in Point,
    Zeilenabstand als kompreß (Zeilenabstand gleich Schriftgrad), als automatisch (Zeilenabstand gleich 120% vom Schriftgrad) oder in freier Wahl,
    Farbe als Auswahl aus den definierten Farben,
    Effekt als 3D-Text, konturierte Schrift, schattierte Schrift, schrägges tellte Schrift (zum Beispiel als Ersatz bei Schriftarten ohne kursi ven Font), schwere Schrift (zum Beispiel als Ersatz bei Schriftarten ohne fetten Font), Texthülle, Umriß und Füllung,
    Zeichenabstand in Point,
    Zeichenbreite in Prozent,
    Wortabstand in Point,
    Grundlinienverschiebung in Point und
    Ausrichtung linksbündig, zentriert, rechtsbündig, im Blocksatz oder senkrecht.

Abbildung 6

In der Regel werden die Attribute für einen Textblock gleich sein, sie können sich aber auch in einem Textblock von Zeichen zu Zeichen ändern.

Schriftart • Schriftschnitt
Courier • Normal
Helvetica • **Fett**
Palatino • *Kursiv*
Σψμβολ • ***Fett kursiv***
Times

Schriftgrad • Zeilenabstand
8 Point • Kompreß
12 Point • Automatisch
18 Point • Anderer: 18 Point
24 Point

Farbe • Effekt
20% Grau • 3D-Text *Schräg*
60% Grau • Konturiert **Schwer**
80% Grau • S c h a t t i e r t

Zeichenabstand • Texthülle
Zeichenbreite • **Umriß und Füllung**
Abstand der Wörter
Grundlinienverschiebung

Ausrichtung

Ausrichtung Ausrichtung Ausrichtung Ausrichtung in
Linksbündig Zentriert Rechtsbündig den Blocksatz

Abbildung 6: Schriftsatz

Um Text in die Zeichnung zu bringen, gehen Sie so vor:
    Wählen Sie die Textfunktion aus dem Funktionenfenster. Der
    Cursor ändert sich und wird eine Einfügemarke.
    Positionieren Sie die Einfügemarke an die Stelle, an der Ihr Text
    block stehen soll, und klicken Sie.
    Es öffnet sich das Textfenster, in dem Sie jetzt Text eingeben
    können.
    Wenn Sie den Textblock eingegeben haben, schließen Sie das
    Textfenster, indem Sie auf OK klicken.
Die Schriftattribute können jederzeit eingestellt werden und gelten bis zur nächsten Änderung. Sie sind über das Menü „Schrift" festzulegen, in dem Sie über den Menüpunkt „Schriftfestlegung... T" alle Attribute wählen oder über die anderen Menüpunkte nur jeweils ein Attribut bestimmen.

Achtung! Im Textfenster sind nur ein Teil der von Ihnen gesetzten Attribute zu sehen.

Ausrichtung

Grundlinie   Oberlänge   Unterlänge

Hamburg   Hamburg
                  Hamburg

Textlage

Um Zeichenweg rotieren

Mittelländisches Meer

Senkrecht

Mittelländisches Meer

Waagerecht verzerren

Mittelländisches Meer

Senkrecht verzerren

Mittelländisches Meer

Abbildung 7: Schrift mit Zeichenweg verbinden

In einem Textblock können Sie, so oft Sie wollen, die Schriftattribute ändern. Wenn Text bereits in der Zeichnung positioniert wurde und geändert werden muß, klicken Sie zweimal auf den Text. Es öffnet sich dann das Textfenster mit dem Text, den Sie nun ändern können. Dabei

Abbildung 7

können Sie, wie bei den üblichen Textverarbeitungsprogrammen auch, Textbereiche markieren, ausschneiden, kopieren und einfügen. Sie können über die Zwischenablage auch Texte aus anderen Programmen nach FreeHand bringen.
Wenn Sie in der Kartographie auch meistens nur einzelne Namen positionieren müssen, so ist das blockweise Arbeiten doch auch für die Legende und gelegentlich sonst von Nutzen.

7.2 Schrift mit Zeichenweg verbinden

In der traditionellen Kartographie ist die Schriftmontage eine recht aufwendige und tückische Arbeit, denn erstens ist die Positionierung schwierig, da man nur selten einen guten Überblick über alle Decker hat und zweitens vagabundieren Texte, die nicht sorgfältig fixiert wurden, in der Karte umher. Mit FreeHand gelingt es sehr einfach, Texte entlang gerader und gebogener Zeichenwege auszurichten und dabei eine optimale Position zu finden. Dazu gehen Sie so vor:

Dort, wo die Schrift stehen soll, zeichnen Sie eine Standlinie, die ein beliebiger Zeichenweg sein kann. Sie benutzen aus dem Funktionenfenster also zum Beispiel die Linienfunktion für eine gerade Linie oder die Freihandfunktion für einen gebogenen Kurvenverlauf.

Dann wählen Sie aus dem Funktionenfenster die Textfunktion und geben Ihren Textblock, zum Beispiel einen Straßennamen in einer Stadtkarte, ein. Sie können sämtliche Schriftattribute, wie oben beschrieben, nutzen.

Auf der Karte befinden sich nun als unabhängige Elemente die Standlinie und der Text, die Sie mit dem Menüpunkt „Elemente verbinden J" aus dem Menü „Element" verbinden.

Die Elemente sind jetzt verbunden und markiert. Mit dem Menüpunkt „Element-Info...I" aus dem Menü „Element" können Sie die Ausrichtung und die Textlage (siehe Abbildung „Text mit Zeichenweg verbinden") auswählen. Das Attribut „Zeichenweg sichtbar" können Sie ein- oder ausschalten.

Die Verbindung eines Textes mit einem Zeichenweg *lösen* Sie mit dem Menüpunkt „Element trennen" aus dem Menü „Element". Für *Korrekturen* am Text oder an der Standlinie gibt es ein einfaches Vorgehen: Zunächst markieren Sie das Element. Achtung! Sie müssen auf die *Standlinie* klicken.

Wenn Sie den Zeichenweg ändern wollen, können Sie das jetzt tun. Wenn der Text geändert werden muß, wählen Sie den Menüpunkt „Element-Info...I" aus dem Menü „Element" und darin die Schaltfläche „Text bearbeiten". Es öffnet sich das Textfenster mit dem bisherigen Text.

7.3 Schriftfreistellung

Abbildung 8

Für die Schriftfreistellung können Sie in FreeHand spezielle Effekte nutzen (siehe Abbildung „Schriftfreistellung"). Mit dem Effekt „Umriß und Füllung" können Sie den eigentlichen Text zum Beispiel als Füllung in Schwarz drucken und die Freistellung als Umriß in Weiß. Sie müssen aber beachten, daß der Umriß auf Kosten der Füllung geht; das heißt,

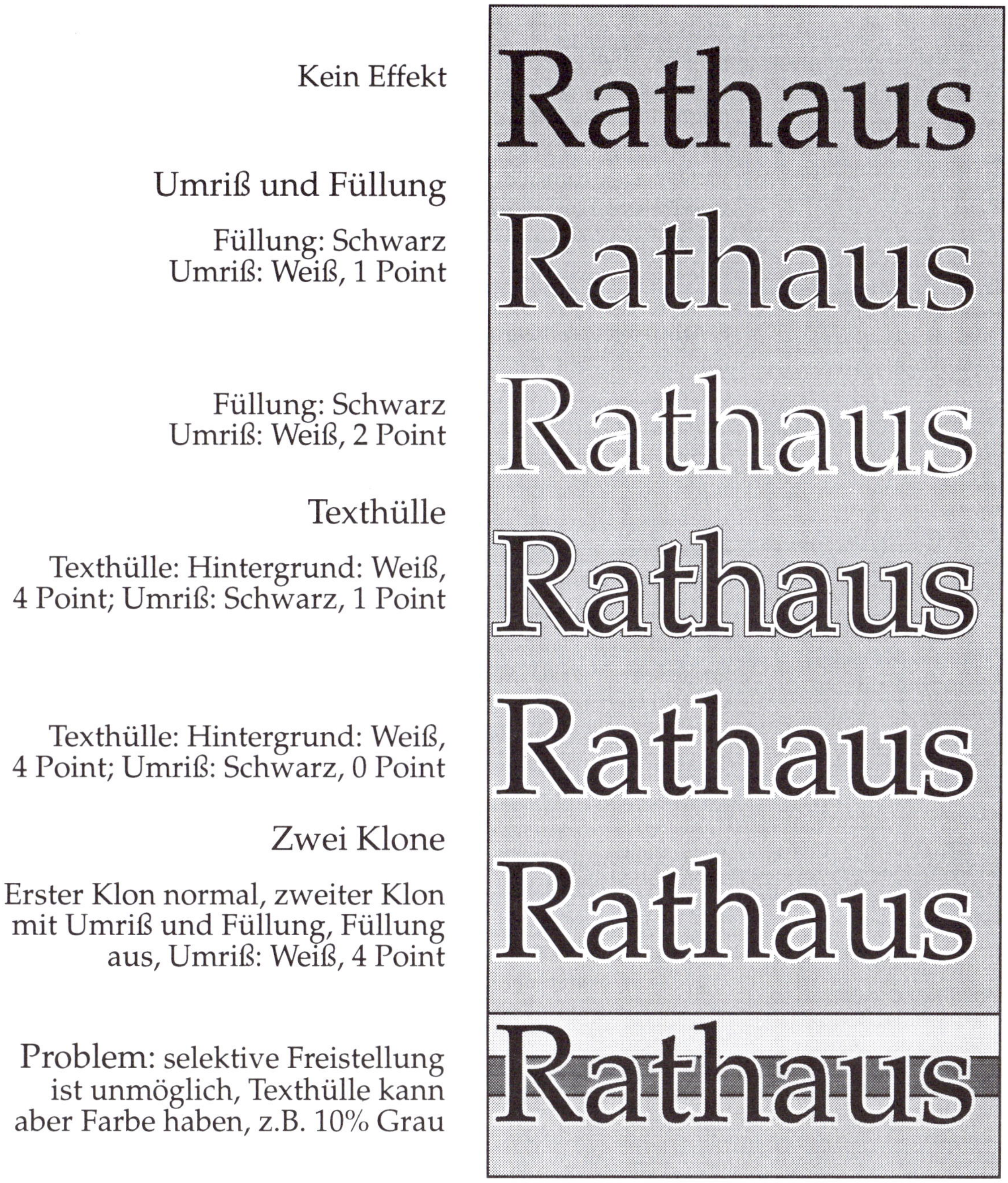

Kein Effekt	Rathaus
Umriß und Füllung Füllung: Schwarz Umriß: Weiß, 1 Point	Rathaus
Füllung: Schwarz Umriß: Weiß, 2 Point	Rathaus
Texthülle Texthülle: Hintergrund: Weiß, 4 Point; Umriß: Schwarz, 1 Point	Rathaus
Texthülle: Hintergrund: Weiß, 4 Point; Umriß: Schwarz, 0 Point	Rathaus
Zwei Klone Erster Klon normal, zweiter Klon mit Umriß und Füllung, Füllung aus, Umriß: Weiß, 4 Point	Rathaus
Problem: selektive Freistellung ist unmöglich, Texthülle kann aber Farbe haben, z.B. 10% Grau	Rathaus

Abbildung 8: Schriftfreistellung

zunächst wird die Füllung auf das Papier gebracht und danach erst der Umriß. Bei Schrift mit kleinem Schriftgrad ist das deutlich zu sehen. Man kann sich damit behelfen, daß man die Schrift klont und den einen Klon nur für den Umriß verwendet, den anderen Klon für die Füllung. Wesentlich einfacher geht es mit dem Effekt „Texthülle": Für die Hintergrundfarbe geben Sie die Freistellungsfarbe an, zum Beispiel Weiß, für die Umrißfarbe setzen Sie Schwarz ein und für die Umriß-stärke wählen Sie 0(!).

Achtung! Wenn Ihre schwarze Schrift auf farbigem Grund steht und Sie die Freistellung nur gegenüber anderen schwarzen Elementen haben wollen, gibt es in FreeHand ein Problem, wie es die Abbildung „Schriftfreistellung" zeigt. Bei der Ausgabe auf einen Farblaserbelichter ist das Problem nicht zu lösen, bei der Ausbelichtung von Filmen kann man sich behelfen, indem man nach allen Entwurfs- und Redaktionsarbeiten zwei Belichtungen durchführt: eine mit den schwarzen Bildteilen und der dagegen freigestellten Schrift, eine weitere mit den farbigen Elementen.

8. Arbeitsvorbereitung

Das effektive Arbeiten mit FreeHand in der Kartographie hängt sehr stark von einer sorgfältigen Arbeitsvorbereitung ab. Ein „Drauf-los-Arbeiten" rächt sich sehr bald, wenn die Änderung von Kleinigkeiten mit langem Suchen und ermüdenden *identischen* Wiederholungen verbunden ist. Typisch für kartographische Anwendungen von FreeHand im Gegensatz zu anderen Designaufgaben ist, daß die graphischen Elemente jeweils als Gruppen vorkommen: Parkplatzsignaturen gibt es mehrfach, Waldflächen kommen ebenfalls häufiger vor und Bundesstraßen sind in der Karte auch öfter vertreten. Man darf also in Karten das Auftreten einzelner Punkt-, Linien oder Flächensignaturen nie auffassen als eine individuelle Einzelsignatur, sondern immer als einen Vertreter aus einer Vielzahl identischer oder auch verwandter Objekte. So ist es also vorstellbar, daß Sie für eine Straßenkarte eine Reihe von Objekttypen (Bundesstraße, Waldfläche, Parkplatz) brauchen und in der Karte individuelle Objekte als Realisierungen dieser Objekttypen auftreten.

Diese Sicht wird von FreeHand unterstützt:
- Einfache graphische Elemente (zum Beispiel ein Quadrat und ein Buchstabe P) lassen sich zu einem komplexeren Element „gruppieren" und über das „Klonen" vervielfältigen.
- Linienarten und Flächenfüllungen können mit zugehörigen Farben als „Formate" vereinbart werden. Sie zeichnen dann eine Bundesstraße mit dem Format „Bundesstraße".
- Farben werden in einer Farbpalette verwaltet. So können Sie sich also ein „Waldgrün" definieren und allen Waldflächen diese Farbe zuordnen.
- Die Objekte liegen in unterschiedlichen „Ebenen"; Waldflächen zum Beispiel in der Ebene Wald, Bundesstraßen in der Ebene Bundesstraßen. Die Ebenen haben eine Überdruckreihenfolge: „Bundesstraßen" wird über „Wald" gedruckt, so daß es automatisch exakte Aussparungen gibt.

Stellen Sie irgendwann fest, daß das Waldgrün zu hell geraten ist, dann gehen Sie in die Farbpalette, verstärken den Cyan- und Yellow-Anteil und haben sämtliche Waldflächen geändert. Oder Sie stellen fest, daß die Bundesstraßen zu breit geraten sind, dann bearbeiten Sie in der Formatliste das Format „Bundesstraße" und alle Bundesstraßen sind geändert.

FreeHand enthält also Teile für das objektorientierte Arbeiten in der Kartographie. Aber es kann nicht alles. So ist zum Beispiel das Verkleinern aller Parkplatzsignaturen in Ihrer Karte auf einen Schlag nicht möglich: die einzelnen Klones wissen nichts voneinander. Auch die Bundesstraßennummer weiß nichts von der Bundesstraße.

geht bei Illustrator 9.0

Zur Arbeitsvorbereitung gehört als erstes eine genaue Aufstellung der in der Karte gebrauchten Objekttypen. Sie stellen also eine Liste der Objekttypen zusammen. Diese Liste enthält die Namen der Objekttypen sowie in einer farbigen Skizze einen ungefähren graphischen Eindruck. Die Liste ist praktisch der Entwurf der Legende. Die Namen sollten präzise, nicht abgekürzte Bezeichnungen sein; also zum Beispiel Landesstraße und nicht Linie 4mm.

Als nächstes fertigen Sie eine Liste der Ebenen an. Wieder wählen Sie für die Ebenen treffende, inhaltliche Bezeichnungen. In der Wahl der Zahl der Ebenen sollten Sie eher großzügig sein. Elemente aus verschiedenen Ebenen in eine Ebene zu stellen, ist einfach. Elemente aus einer Ebene in verschiedene Ebenen aufzuteilen, ist sehr mühsam. Neben der übersichtlichen Arbeitsorganisation ist die wichtigste Eigenschaft von Ebenen, daß sie sich in der gewählten Reihenfolge gegenseitig überlagern. Eine Ebene überdeckt alle die Ebenen, die in der Liste der Ebenen später aufgeführt sind. Bei der Wahl der Ebenen müssen Sie die Überdeckungsreihenfolge sehr genau beachten. Fehler sind um so leichter zu beheben, je umfangreicher Sie die Zahl der Ebenen gewählt haben.
In der Liste der Ebenen sollten Sie auch vermerken, ob die graphischen Elemente einer Ebene als Klones einer anderen Ebene entstehen werden. Dann wird die Liste der benötigten Farben zusammengestellt. Wieder wählen Sie Namen für die Farben, die einen inhaltlichen Bezug zu den Objekttypen wiedergeben. Zum Beispiel:
    Parkplatzblau,
    Gewässerkontur.

Auch hier ist es weise Voraussicht, wenn Sie die Differenzierung weiter treiben, als zunächst notwendig erscheinen mag. Haben Sie Parkplatzblau und Gewässerkontur nicht unterschieden, läßt sich später eine Differenzierung nur durch „Anfassen" aller Objekte eines Objekttyps neu einer anderen Farbe zuordnen. Das ist aufwendig und fehleranfällig. Als letztes erarbeiten Sie die Liste der Formate. Ein Format ist dabei die Zusammenstellung für die graphischen Attribute eines Objekttyps. Das geschieht in enger Anlehnung an die Liste der Objekttypen, der Ebenen und Farben. Die Formatliste enthält einprägsame Namen sowie Hinweise auf die Ebenen und Farben und sollte auch mehrfarbige graphische Skizzen enthalten. Bei der Arbeitsvorbereitung entstehen also diese Listen:
    Liste der Objekttypen,
    Liste der Ebenen,
    Liste der Farben,
    Liste der Formate.

Wichtig ist, daß die Bezeichnungen auf die inhaltliche Bedeutung abstellen (Parkplatzblau, nicht C60M20G10) und daß die Differenzierung sehr stark sein sollte.

Brauchen Sie die Festlegung der Ebenen, Farben und Formate regelmäßig, weil Sie zum Beispiel immer wieder Straßenkarten herstellen müssen, dann lassen sich diese Listen als „FreeHand-Standardvorgaben" speichern und stehen bei jedem Öffnen einer neuen Datei sofort zur Verfügung. In einer professionellen Umgebung wird man sich im Laufe der Zeit eine ganze Reihe von speziell zugeschnittenen „FreeHand-Standardvorgaben" erarbeiten.

9. Arbeiten mit Ebenen

9.1 Zweck von Ebenen
Ebenen dienen der leichteren Strukturierung der Karte, sie kommen der traditionellen Arbeit mit Folien entgegen. Aber: „Ebene" ist nicht identisch mit „Folie"; Ebenen können zum Beispiel verschiedene Farben enthalten.

9.2 Wichtige Eigenschaft
Elemente auf höheren Ebenen überdecken Elemente auf niedrigeren Ebenen. Hilfreich ist die Vorstellung eines Stapels von Ebenen. Die Arbeit am Bildschirm wird dadurch beschleunigt, daß nicht sichtbare Ebenen (siehe unten) am Bildaufbau nicht beteiligt werden. Der Ausdruck von Karten wird beschleunigt, da nicht sichtbare Ebenen und Hintergrundebenen (siehe unten) nicht ausgedruckt werden.

9.3 Merkmale von Ebenen
Ebenen haben einen Namen,
Ebenen haben eine Reihenfolge (Überdeckungsreihenfolge, siehe oben),
Ebenen sind sichtbar oder unsichtbar,
Ebenen gehören zu den Vordergrund- oder Hintergrundebenen und
eine der Ebenen hat das Merkmal „aktive Ebene".

9.4 Ebenenpalette
Die Ebenen werden in der „Ebenenpalette" (einem speziellen Fenster = Ebenenpalette) verwaltet. Alle Merkmale sind darin erkennbar: Die Namen (eventuell gekürzt) sind in der Überdeckungsreihenfolge aufgeführt; eine punktierte Linie trennt die Vordergrundebenen von den Hintergrundebenen; sichtbare Ebenen sind durch ein Häkchen vor dem Ebenennamen markiert; die aktive Ebene ist schwarz unterlegt (inverse Darstellung).
Über einen Pfeil in der Ebenenpalette erreicht man ein Popupmenü mit den Menüpunkten:
    Neu...
    Bearbeiten...
    Kopieren...
    Löschen

Multi Ebenen
Alle ein
Alle aus

9.5 Einrichten von Ebenen und Ändern ihrer Attribute

Die Ebenenpalette wird geöffnet (und auch wieder geschlossen), in dem Sie in einem Popupmenü „Ebenen 6" markieren, das Sie über den Menüpunkt „Fenster" aus dem Menü „Ansicht" erreicht haben. Bei einer neuen Zeichnung enthält die Ebenenpalette die vordefinierten Ebenen

„Vordergrund",
"Hilfslinien" und
"Hintergrund".

9.5.1 Neue Ebene anlegen

Im Untermenü der Ebenenpalette wählt man den Menüpunkt „Neu...". Im erscheinenden Fenster kann man den Namen der neuen Ebene eingeben und das Sichtbarkeitsattribut setzen. Die neue Ebene kommt an den *Anfang* der Ebenenliste. Wenn man also viele Ebenen anlegen muß, fängt man am besten von *unten* an.

9.5.2 Ebene löschen

Mit Auswahl des Menüpunktes „Löschen" wird die *aktive* Ebene gelöscht. Die zu löschende Ebene muß also zunächst aktiviert werden. Es wird die Ebene mit allen auf ihr befindlichen Elementen gelöscht. Zur Sicherheit muß daher die Löschabsicht bestätigt werden.

9.5.3 Namen der Ebenen ändern

Im Menüpunkt „Ändern..." läßt sich der Name (und das Sichtbarkeitsattribut) der aktiven Ebene ändern. Man muß also die zu bearbeitende Ebene zunächst zur aktiven Ebene machen.

9.5.4 Reihenfolge der Ebenen ändern

In der Ebenenpalette klickt man eine Ebene an und zieht sie an den gewünschten Platz in der Reihenfolge. Dadurch kann man Ebenen auch zu Hintergrundebenen machen.

9.5.5 Sichtbarkeit ändern

Man klickt auf dem Platz vor dem Ebenennamen und schaltet so zwischen sichtbar und unsichtbar hin und her.

9.5.6 Ebene zur Vordergrund- beziehungsweise Hintergrundebene machen

Das erreicht man durch das Ändern der Reihenfolge (siehe oben), indem man die gewünschte Ebene unter die punktierte Linie in der Ebenenpalette (Hintergrund) oder über diese stellt (Vordergrund).

9.5.7 Kopieren von Ebenen

Die zu kopierende Ebene macht man zur aktiven Ebene, dann wählt man den Menüpunkt „Kopieren...". Es erscheint ein Dialogfeld, in dem

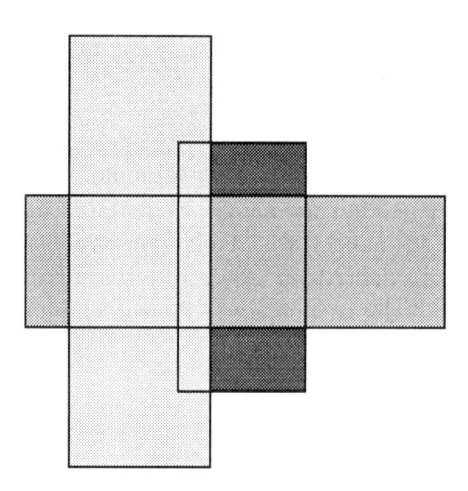

Abbildung 9: Konturen und Füllungen

man den Namen der neuen Ebene angibt, in die kopiert werden soll. Es werden alle Elemente in die neue Ebene kopiert. Die Elemente sind dann also doppelt vorhanden. Über den Menüpunkt „Kopieren..." kann man also nur in eine neue Ebene kopieren.

9.5.8 Verschieben von Elementen in eine neue Ebene
Die zu verschiebenden Elemente werden markiert, dann aktiviert man die Ebene, in die die Elemente verschoben werden sollen. Gehören die zu verschiebenden Elemente unterschiedlichen Ebenen an, muß man entweder nacheinander verschieben oder man muß im Untermenü den Menüpunkt „Multi-Ebenen" einschalten.
Achtung! Sind Elemente markiert und aktiviert man eine Ebene, werden die markierten Elemente in die aktivierte Ebene verschoben. Um ungewolltes Verschieben zu vermeiden, sollte man vor dem Aktivieren einer Ebene die Tab-Taste (Markierung aufheben) drücken.

9.6 Vordefinierte Ebenen
Es sind diese Ebenen vordefiniert:
    Vordergrund,
    Hilfslinien und
    Hintergrund.
In der Regel werden Sie versuchen, jedes kartographische Element in einer eigenen Ebene unterzubringen. Hier ein Beispiel, bei welchem die Konturen in einer anderen Ebene liegen als die Füllungen.
Die Flächenfüllungen überdecken sich nach einer Prioritätenreihenfolge, während die Konturen untereinander gleiche Priorität und insgesamt höhere Priorität als die Füllungen haben. In FreeHand gehört jedes Element komplett in *eine* Ebene. Das obige Beispiel können Sie dadurch realisieren, daß Sie jedes Element klonen. Dann ist also jedes Element doppelt vorhanden. Der eine Klon erhält die Füllungsattribute und die Ebene für die Füllung, der andere Klon erhält die Kontur und deren Ebene. Sorgen Sie dann dafür, daß alle Konturebenen über den Füllungsebenen liegen, so erreichen Sie das obige Ergebnis. Die Bearbeitung, zum Beispiel das Verschieben, ist dann jedoch mühsam, da beide Klone berücksichtigt werden müssen.

10. Arbeiten mit Formaten

10.1 Erläuterung
Ein Format ist eine Zusammenfassung von graphischen Attributen, und zwar von solchen Attributen, die einem graphischen Element zugeordnet sein können wie zum Beispiel Strichstärke einer Linie und Farbe der Füllung.

10.2 Zweck von Formaten
In einer Karte gibt es eine große Zahl von graphischen Elementen. Üblicherweise haben aber jeweils Gruppen von graphischen Elementen (alle Objekte eines Objekttyps, zum Beispiel die Parkplatzsignaturen) gleiches „Aussehen"; das heißt gleiche graphische Attribute. Jeder Gruppe von gleich aussehenden Elementen ordnen Sie ein Format zu.

10.3 Wichtigste Eigenschaft
Wird ein graphisches Attribut eines Formats geändert, ändert sich die Darstellung aller Elemente, die dieses Format haben. In der Entwurfsphase einer Karte wählen Sie die Formate so, daß ein schneller Bildaufbau erfolgt; für die Ausbelichtung nehmen Sie dann die endgültigen Formate. Auch verschiedene Kartenversionen (zum Beispiel schwarzweiße und farbige Version) lassen sich bequem durch Austausch der Formate realisieren.

10.4 Merkmale von Formaten
Jedes Format hat einen Namen.
Die Formate bilden eine „Baum"-Struktur. Die „Wurzel" des Baumes ist das Format „Normal". Jedes andere Format „basiert" auf einem Format. Ändert man ein graphisches Attribut in einem Format, dann wird dieses Attribut in allen Formaten geändert, die auf diesem Format basieren und das Merkmal nicht selbst geändert haben.
Eines der Formate ist das aktive Format.
Formate können „außer Kraft gesetzt" sein.

10.5 Formatliste
Die Formate werden in der „Formatliste", einem speziellen Fenster, verwaltet. Das aktive Format ist schwarz unterlegt (inverse Darstellung). Außer Kraft gesetzte Formate sind mit einem Pluszeichen markiert. Neue Formate werden am unteren Ende der Liste ausgefügt. Die Reihenfolge der Formate läßt sich durch Ziehen beliebig ändern.
Über einen Pfeil in der Formatliste erreicht man ein Popupmenü mit den Menüpunkten:
    Neu...,
    Bearbeiten...,
    Kopieren... und
    Löschen.
„Neu..." dient dem Anlegen eines weiteren Formats. Man wählt den Namen und in einem Popupmenü dasjenige (alte) Format, auf dem das neue basieren soll.

Mit" Bearbeiten..." können die Attribute, die ein Format kennzeichnen, geändert werden.
„Kopieren..." verwendet man, wenn man ein neues Format mit den Attributen eines vorhandenen erstellen will.
„Löschen..." dient zum Löschen eines Formats aus der Formatliste. Graphische Elemente, die dem zu löschenden Format zugeordnet sind, behalten ihre graphischen Attribute.

10.6 Zuordnen eines (gegebenenfalls anderen) Formates zu einem graphischen Element
Man markiert das graphische Element (oder auch mehrere) und klickt in der Formatliste auf das gewünschte Format.

10.7 Ändern der graphischen Attribute eines Elementes ohne Änderung des zugeordneten Formates
Man markiert das graphische Element (oder auch mehrere), geht über das Menü „Einstellung" in „Linie und Füllung..." oder in „Halbtonraster..." und ändert die graphischen Attribute. Hierdurch wird das zugeordnete Format außer Kraft gesetzt und in der Formatliste mit einem Pluszeichen markiert.

10.7.1 Bemerkung
Es gibt keine Möglichkeit, allen Elementen, die ein gewisses Format F1 haben, ein anderes Format F2 zuzuordnen. Es gibt keine Möglichkeit, alle Elemente, die ein bestimmtes Format haben, zu markieren. Es gibt keine Möglichkeit, alle Elemente, die ein außer Kraft gesetztes Format haben, zu markieren.

10.8 Vordefinierte Formate
Es ist das Format „Normal" vordefiniert. Es kann als Wurzel des Formatbaumes nicht gelöscht werden. Seine Merkmale können frei definiert werden.

11. Arbeiten mit Farben
Die in Karten verwendeten Farben sind in der Regel Farben, die jeweils für eine ganze Gruppe von graphischen Elementen gebraucht werden; so erhalten zum Beispiel alle Gewässer das gleiche Gewässerblau für die Kontur und ein anderes Blau (ein aufgerastertes) für die Füllung. In FreeHand vereinbaren Sie dann zwei Farben mit den Namen Gewässerkonturfarbe und Gewässerfüllungsfarbe.

11.1 Arten von Farben
Es gibt:
    Vierfarbprozeßfarben,
    Volltonfarben und
    Farbtonfarben.

Vierfarbprozeßfarben sind die Farben der kurzen Skala, der Europa-Skala. Beim Belichten werden sie auf den vier Farbauszügen für Cyan,

Magenta, Yellow und Black ausgegeben. Volltonfarben sind Schmuckfarben, reine Farben, die beim Belichten auf eigenen Farbauszügen ausgegeben werden. Farbtonfarben sind Aufhellungen von Vierfarbprozeßfarben oder Volltonfarben (oder von anderen Farbtonfarben). Farbtonfarben „basieren" also immer auf anderen Farben.
Bei den Vierfarbprozeßfarben und Volltonfarben definieren Sie eine Farbe nach eigenen „Vorgaben" oder Sie wählen aus der Pantone-Skala. Bei den eigenen Vorgaben bestimmen Sie eine Farbe nach dem CMYK-Modell (bei Vierfarbprozeßfarben) oder nach dem CMY-, TSD- oder RGB-Modell (bei Volltonfarben).

11.2 Merkmale von Farben
Farben haben einen Namen.
Farben sind von der Art Vierfarbprozeß, Vollton oder Farbton.
Eine Farbe ist die aktive Farbe.

Als Vierfarbprozeßfarbe entstammen sie dem Bestand an Pantone-Farben oder wurden über Vorgaben in den Prozentwerten für Cyan, Magenta, Yellow und Black bestimmt.
Als Volltonfarbe ist eine Farbe eine Pantone-Farbe oder wurde über Prozentvorgaben in den Farbmodellen RGB, TSD oder CMG ausgewählt.
Als Farbtonfarbe „basiert" eine Farbe als prozentuale Aufhellung auf einer vorher definierten Farbe (Vierfarbprozeß, Vollton, auch Farbton).

11.3 Farbpalette
Die Farben werden in einer Farbpalette (einem speziellen Fenster = Farbpalette) verwaltet. Die Farben sind mit ihren Namen in der Reihenfolge ihrer Vereinbarung aufgeführt. Über einen Pfeil gelangen Sie in ein Popupmenü mit den Menüpunkten

    Neu...
    Bearbeiten...
    Kopieren...
    Löschen
    Bestand

Über „Neu..." wird eine weitere Farbe bestimmt. Mit „Bearbeiten..." können Sie die aktive Farbe in ihren Eigenschaften ändern.
Mit „Kopieren..." werden die Eigenschaften einer aktiven Farbe in eine neue Farbe kopiert und können dann geändert werden.

„Löschen..." tilgt eine Farbe aus der Farbpalette. Eine Farbe kann nur dann gelöscht werden, wenn kein graphisches Element diese Farbe hat. In der Farbpalette befinden sich „Status"-Informationen. Das sind ein Popupmenü mit den Menüpunkten „Füllung", „Linie" und „Beide" sowie der Füllungs- und Linienselektor. Mit ihrer Hilfe läßt sich einstellen, welche Farbe für die Linie und welche für die Füllung eines graphischen Elements gelten soll.

11.4 Zuordnen einer Farbe zu einem graphischen Element
Markieren Sie das graphische Element (oder auch mehrere) und klicken Sie in die Farbpalette auf die gewünschte Farbe.

11.5 Vordefinierte Farben
Es sind folgende Einträge in der Farbpalette vordefiniert:
  Keine,
  Weiß,
  Schwarz,
  10% Grau,
  20% Grau,
  40% Grau,
  60% Grau und
  80% Grau.

Die Einträge Keine, Weiß und Schwarz können nicht gelöscht und nicht bearbeitet werden.
Tip! Brauchen Sie eine Reihe von Grautönen als Farbtonfarben basierend auf Schwarz, dann ist es geschickt, zunächst Schwarz zu kopieren (zum Beispiel mit dem Namen Black) und davon dann Grautöne zu definieren. Sie können dann mit einem Schlag die Grautöne zum Beispiel in Brauntöne umwandeln.

Abbildung 10

12. Beispiel zur Arbeitsorganisation
Siehe Abbildung 10 "Arbeitsorganisation"

13. FreeHand-Arbeitsplatz
Wenn Sie planen, FreeHand für Ihre betrieblichen Zwecke erstmals einzusetzen, interessiert neben der Software natürlich auch die Hardware. Als Grundausstattung brauchen Sie als Rechner einen Apple Quadra, bei dem Sie am RAM-Speicher nicht sparen sollten. 20 MB sind für kartographische Anwendungen die untere Grenze. Als Ausgabegerät reicht für die erste Zeit ein PostScript-fähiger schwarz-weiß Laserdrucker, auf dem Sie neben allen Büroschreibarbeiten vor allem Korrekturvorlagen Ihrer Kartenproduktion anfertigen können. Später ist dann auch ein Farbdrucker interessant. Da häufig alte Kartenvorlagen neu bearbeitet werden müssen, brauchen Sie auch bald einen Scanner. Hier haben Sie die Wahl zwischen Scannern, bei denen die Vorlage wie beim Kopieren abgetastet werden, und solchen, bei denen die Vorlage über eine CCD-Kamera wie bei einem Camcorder aufgenommen wird. Interessant bei der letzteren Technik ist, daß Sie die Entfernung der Optik zu Ihrer Vorlage ändern können und damit jeweils die volle Auflösung für den Sie interessierenden Ausschnitt zur Verfügung haben. Für die Datensicherung, die Archivierung und den Datenaustausch sind Disketten wegen des zu kleinen Speicherplatzes ungeeignet. Daher werden Sie sich auch ein Wechselplattenlaufwerk anschaffen wollen. Dann können Sie auch größere Karten auf der Wechselplatte speichern und zum Belichtungsbüro zur Belichtung der farbgetrennten Druckoriginale schicken. Und wenn Ihr Büro einen Faxanschluß braucht,

Kartenherstellung mit Aldus FreeHand 3.11

Inhaltselemente der Karte

Inhaltselement	Ebene	weitere Ebene	weitere Ebene	Anmerkungen
Schrift f. Situation	Schrift			
Autobahn	Autobahn-Kontur	Autobahn-Füllung	Autobahn-Mittellinie	zweimaliges Klonen
Schnellstraße	Schnellstraße-Kontur	Schnellstraße-Füllung		Klonen
Staatsforst	Staatsforst			Sonderfarbe
Gemeindewald	Gemeindewald			Sonderfarbe
Kartenhintergrund	Kartenhintergrund			

Ebenen

Name der Ebene	Inhaltselemente	Priorität	Format	Anmerkungen
Schrift	Situationsschrift	10		
Autobahn-Mittellinie	Autobahn-Mittellinie	20	Autobahn-Mittellinie	
Autobahn-Füllung	Autobahn-Füllung	30	Autobahn-Füllung	als Klon der Ebene Autobahn-Mittellinie
Autobahn-Kontur	Autobahn-Kontur	40	Autobahn-Kontur	Klon wie Autobahn-Füllung
Schnellstraße-Füllung	Schnellstraße-Füllung	50	Autobahn-Füllung	
Schnellstraße-Kontur	Schnellstraße-Kontur	60	Autobahn-Kontur	als Klon der Ebene Schnellstraße-Füllung
Staatsforst	Staatsforst	70	Staatsforst	Kontur wie Gemeindewald
Gemeindewald	Gemeindewald	80	Gemeindewald	Kontur wie Staatsforst
Kartenhintergrund	Kartenhintergrund	90	Kartenhintergrund	

Formate

Name des Formats	basiert auf	Linie / Füllung	Linienfarbe / Füllungsfarbe	übrige Linienattribute / übrige Füllungsattribute
Autobahn-Mittellinie	Normal	Linie	Black	Grundversion 0,1 mm
Autobahn-Füllung	Normal	Linie	Straßen-Gelb	Grundversion 0,4 mm
Autobahn-Kontur	Normal	Linie	Straßen-Rot	Grundversion 0,7 mm
Staatsforst	Normal	Linie	Waldrand-Grün	Grundversion 0,3 mm, punktiert
		Füllung	Forst-Grün	Grundversion
Gemeindewald	Staatsforst	Linie	Waldrand-Grün	Grundversion 0,3 mm, punktiert
		Füllung	Wald-Grün	Grundversion
Kartenhintergrund	Normal	Füllung	Hintergrund-Gelb	Grundversion

Farben

Name der Farbe	Art Euroskala Vollton Farbton	Cyan HSK-Nummer basiert auf	Magenta Prozentwert	Gelb	Schwarz
Black	Vierfarbprozess	0	0	0	100
Straßen-Gelb	Vierfarbprozess	0	10	50	0
Straßen-Rot	Vierfarbprozess	10	60	60	0
Waldrand-Grün	Vollton	HSK			
Forst-Grün	Farbton	Waldrand-Grün	70		
Wald-Grün	Farbton	Waldrand-Grün	40		
Hintergrund-Gelb	Vierfarbprozess	0	0	10	0

Schrift

Schriftart	Schriftgrad	Farbe	übrige Schriftattribute
Helvetica	12 p	Black	

Abbildung 10: Arbeitsorganisation

20. Arbeitskurs Niederdollendorf '94

dann sollten Sie ein kombiniertes Fax- und Modem-Gerät kaufen, damit Sie Ihre digitalen Karten direkt über das Telefonnetz zum Belichtungsbüro schicken können.

Bei der Hardware kann Ihre Ausstattung also bequem mit Ihrem beruflichen Erfolg wachsen und zum Anfang genügt für die Einarbeitung vielleicht auch ein preiswerterer Mac, der später als Büroschreibmaschine weiter genutzt werden kann.

An Software werden Sie neben FreeHand noch ein Textverarbeitungsprogramm wie Microsoft Word, ein Bildbearbeitungsprogramm wie Adobe Photoshop, ein Layoutprogramm wie Aldus PageMaker und für Kartodiagramme ein Businessgraphicsprogramm wie Deltagraph Professional von Deltapoint besitzen wollen. Erfreulich ist, daß diese DTP-Programme jeweils recht preiswert sind, wobei Sie sie eventuell sogar noch während des Studiums zu den besonders günstigen F+L-Konditionen erwerben können.

14. Zusammenfassung

An Hand dieses Textes haben Sie einen Überblick über die Leistungsfähigkeit von FreeHand beim Einsatz in der Kartographie gewonnen. Für viele Aufgaben des Kartenentwurfs und der Kartenoriginalherstellung ist FreeHand ein geeignetes Werkzeug. Von besonderer Bedeutung sind die Hilfsmittel bei der Arbeitsorganisation: die Ebenen, Formate und Farbpaletten. Dadurch lassen sich die Arbeitsvorgänge gut organisieren und Sie haben die Möglichkeit, durch kleine Eingriffe das Erscheinungsbild Ihrer Karten für unterschiedliche Verwendungen anzupassen. In diesem Text nicht diskutiert, aber von erheblichem Nutzen ist die Schnittstelle von FreeHand zu PostScript: Sie können so komplexere Liniensignaturen und Flächenfüllungen realisieren.

Was aus kartographischer Sicht noch(?) fehlt, ist erstens die Möglichkeit, fremde Datenformate zu importieren. Das wird mit der Zeit umso bedeutender, als das ATKIS-Projekt bald große Mengen digitaler Karteninformationen bereit stellen wird. Auch der Export von fremden Datenformaten ist als zweiter Mangel zu nennen. Als Drittes ist aufzuführen, daß für die Thematische Kartographie fast alle Gestaltungsmöglichkeiten von Kartodiagrammen fehlen. Einfach lassen sich nur Kreise und Quadrate einsetzen, wobei Sie allerdings auf die direkte Verbindung zu statistischen Daten verzichten müssen. Jede Signatur wird individuell entworfen! Schon Kreissektorendiagramme sind nicht mehr wirtschaftlich zu realisieren. Eine gewisse Erweiterung Ihrer Möglichkeiten erhalten Sie durch den Einsatz von Deltagraph Professional.

15. Kartenbeispiele, hergestellt mir FreeHand
Schlachta, Cordula von: Bundesrepublik Deutschland
Leiber, Barbara: Einpendler Regionalverband Mittlerer Oberrhein
Pommerening, Ellen: Gewässerrandstreifen-Programm
Pommerening, Ellen: Zuckerrohrertrag in Indien

Anschrift des Verfassers:
Professor Dipl.- Math. Hans F. Kern
Rotensoler Straße 32
76359 Marxzell

Das Programm Aldus FreeHand 4.0

Ellen Pommerening

1. Vorstellung des Programms Aldus FreeHand

1.1 Einführung
FreeHand von Aldus Corporation, Texas, ist im Bereich des DTP ein Klassiker, wenn nicht sogar das in Deutschland am weitesten verbreitete Graphikprogramm.
Eigentlich als Werkzeug für Graphiker am digitalen Arbeitsplatz geschaffen, bietet es dem Kartographen die Möglichkeit, effizient und kostengünstig Karten am Bildschirm herzustellen.
Ein noch so gutes und vielfältiges Graphikprogramm ist noch lange kein Kartographieprogramm, deshalb muß auch FreeHand zwangsläufig Wünsche, die bei seinem Einsatz zur Kartenherstellung entstehen, offenlassen.

1.2 Hardwarevoraussetzungen
FreeHand liegt mittlerweile in der Version 4.0 sowohl für Apple Macintosh als auch für Microsoft Windows vor.
Als minimale Rechnerkonfiguration erfordert es auf der Macintosh-Schiene den Mac IIci oder höher, einen 13-Zoll Monitor oder größer, Apple System 7.0 oder höher, mindestens 8MB RAM Arbeitsspeicher und 20MB freier Speicher auf der Festplatte. Als eine professionelle Rechnerausstattung möchte ich meinen Arbeitsplatz beschreiben. Er besteht aus einem Macintosh Quadra 840AV mit 46 MB RAM und 1 Gigabyte Festplatte. Angeschlossen ist ein 21-Zoll Monitor mit 24-Bit Graphikkarte und Beschleunigerkarte sowie ein 13-Zoll Hilfsmonitor. Auf die Nützlichkeit des zweiten Hilfsmonitors komme ich noch einmal zurück.
An diesem Arbeitsplatz entstanden bisher Karten bis zum Format 46 x 33 cm, also etwas über DIN A3 mit einer zu speichernden Größe von 2,3 MB der reinen, unzerteilten FreeHand-Datei. Die EPS-Files dieser Karten besitzen bis zu 42 MB.
Natürlich lassen sich auch mit einer weniger umfangreichen Rechnerausstattung Karten herstellen, aber die Regel gilt, je größer und inhaltsreicher eine Karte, desto mehr Zeit brauchen Rechenroutinen und Bildschirmaufbau.

Abbildung 1

1.3 Punkt, Linie, Fläche
FreeHand ist ein vektororientiertes Programm, d.h. die Bildinformation wird in Form von Vektoren (Linien) abgespeichert. Es existiert eine Schnittstelle zur rasterorientierten Welt, die das Einlesen von Scans in Rasterformaten, z.B. TIFF ermöglicht. Scans von Entwürfen oder vorhandenen analogen Karten können so in Form eines Hintergrundbildes Template) als Anhalt für das Hochzeichnen (Bildschirmdigitalisieren) dienen.
Eine Linie in FreeHand (Zeichenweg) baut sich aus Punkten auf, die

interaktiv vom Anwender mit der Maus gesetzt werden. Aus diesen Punkten, die Eckpunkte oder Kurvenpunkte darstellen, wird der Verlauf der Linie bestimmt. Eine geschlossene Linie kann mit einer Füllung versehen werden und damit zur Fläche werden. Ein einzelner FreeHand-Punkt ergibt noch kein sichtbares graphisches Element. Ein graphischer Punkt in der Karte, z.B. ein Höhenpunkt besteht in FreeHand aus einer geschlossenen und gefüllten Linie aus vier Kurvenpunkten.

Diese Linien oder Zeichenwege sind frei editierbar. Sie können folgenden Manipulationen unterzogen werden: Verschieben, Drehen, Skalieren, Verzerren, Spiegeln, Löschen, Klonen, Zerschneiden, Verbinden usw.

Abbildung 2

1.4 Ebenen, Formate
Das Vorhandensein eines Ebenensystems ist ein wichtiger Pluspunkt von FreeHand. Um eine Karte strukturiert aufzubauen und übersichtlich zu bearbeiten sollte jede Kategorie von Kartenelementen auf einer eigenen Ebene abgelegt werden. Es können beliebig viele Ebenen eingerichtet werden, sie können gelöscht, in der Reihenfolge verändert, ausgeblendet oder festgesetzt werden. Die Elemente, die auf höheren Ebenen liegen decken jene Elemente ab, die sich auf niedrigen Ebenen befinden. Die Freistellung wird automatisch paßgenau erzeugt.

Beispiel: Erstellt werden soll eine doppellinige Straße mit 2,0 mm Breite und 0,2 mm starken schwarzen Konturen. Zuerst wird eine 2,0 mm breite schwarze Linie gezeichnet, die Straßenkontur. Diese wird geklont, d.h. an Ort und Stelle dupliziert, und in eine 1,8 mm breite weiße Linie verwandelt, der Straßenfüllung. Die Punkte einer FreeHand-Linie bezeichnen die Mitte einer jeden Linie. Die 2,0 mm breite erstrekt sich also 1,0 mm zu beiden Seiten dieser gedachten Mitte. Die 1,6 mm breite Linie erstreckt sich 0,8 mm zu beiden Seiten. Automatisch wird die weiße Linie in der schwarzen Linie freigestellt, es bleiben die 0,2 mm starken Konturen der doppellinigen Straße.

Die konsequente Verteilung der Kartenelemente auf einzelne Ebenen nach Kategorien ermöglicht es alle Elemente einer Kategorie geschlossen anzusprechen. So wird man, um rationell zu arbeiten nicht jeden Straßenabschnitt einzeln erst mit der Konturlinie zeichnen, dann klonen, zur Ebene mit dem Namen „Straße Füllung" schicken und in die Straßenfüllung verwandeln. Sondern man wird erst alle Straßen mit der Konturlinie nachzeichnen, dann die Ebene „Straße Kontur" aktivieren und alle Straßenkonturen auf einen Schlag klonen, zur anderen Ebene schicken und in die Straßenfüllung verwandeln.

Das Numerieren der Ebenen in der Ebenenpalette empfiehlt sich auf jeden Fall. Sollte die Reihenfolge der Ebenen aus Versehen durcheinandergeraten läßt sich die Ordnung rasch anhand der Nummern wieder herstellen. Auch kann es sich als praktisch erweisen, gewisse Ebenen für die Bearbeitung nach oben zu stellen. Zum Beispiel ist das Zeichnen von Ortsdeckern, bei denen sich die Kontur teilweise unter den Straßen verstecken soll, einfacher und übersichtlicher zu bewerkstelligen, wenn während der Bearbeitung der Konturverlauf sichtbar ist. Nach abgeschlossener Bearbeitung wird die Ebene an ihren, von der Nummer angezeigten, Platz in der Ebenenfolge zurückgestellt.

Die konsequente Ausnutzung der Formate bietet ebenfalls nur Vorteile. Das graphische Aussehen jeder Kategorie von Kartenelementen läßt sich unter einem Formatnamen ablegen. Wenn nämlich festgestellt wird, daß an dem Aussehen eines Elementes etwas geändert werden soll, so braucht nur die gewünschte Änderung in der Formatbeschreibung vorgenommen werden und alle Elemente ändern sich automatisch, ohne daß jedes Element einzeln angesprochen werden muß.

Beispiel: Die doppellinige Straße soll in eine einlinige Straße, 0,8 mm stark und 100% Magenta geändert werden. Dazu wird die Ebene mit der Straßenfüllung aktiviert und alle Elemente dieser Ebene gelöscht werden. Dann wird im Format „Straße Kontur" die Strichstärke von 2,0 mm auf 0,8 mm verdünnt, die Farbe Schwarz durch 100% Magenta ersetzt. Im Formatnamen wird der Zusatz „Kontur" gelöscht; jetzt erweist es sich als nützlich auch die Füllungen auf einer Ebene separiert zu haben.

Schriftfestlegungen lassen sich nicht in Formate ablegen, deshalb ist es besonders empfehlenswert die einzelnen Schriftkategorien auf entsprechenden Ebenen abzuspeichern.

Mit einer gut überlegten Ebenen- und Formatbelegung lassen sich Zeit und Fehler sparen. Man sollte daher unbedingt während der Phase der Arbeitsvorbereitung eine Ebenen und Formatliste anlegen. Nach diesen Listen werden dann anschließend die Ebenen- und Formate-Paletten von FreeHand angelegt. Diese Listen müssen nicht unumstößlich eingehalten werden, sollten aber so vollständig wie absehbar aufgestellt sein, bevor die Arbeit am Bildschirm beginnt.

Die Vorteile des starren Ebenensystems von FreeHand stoßen dort an ihre Grenzen, wo die Kartenelemente netzartig ineinander verwoben sind. Dies ist z.B. der Fall, wenn ein Straßennetz realitätsnah mit Unterführungen, Überführungen, Auf- und Abfahrten dargestellt werden soll. Hier muß man sich mit Schneiden und Klonen und Extraebenen behelfen. Außerdem führt der Umstand, daß für doppellinige Straßen zwei und für dreilinige Straßen jeweils drei Ebenen und Formate notwendig sind, schnell zu unhandlich langen Ebenen- und Formatlisten.

1.5 Ausgabe und Verbindung zu anderen Programmen
Als professionelles DTP-Programm bietet FreeHand die Möglichkeit der Vierfarbseparation. Rasterwinkelung und Rasterfeinheit sind frei wählbar. Farben können neben Vierfarbprozeßfarben auch als Pantone- oder

Das Programm Aldus Freehand 4.0   117

Volltonfarben angelegt werden. Sonderfarben wird man als Volltonfarben anlegen, und automatisch als separaten Film ausgeben. Um der Gefahr der Blitzer bei Paßungenauigkeiten im Druck zu begegnen, gibt es Überfüllungs- und Überdruckenoptionen.

Zur Verwendung von FreeHand -Graphiken in anderen Programmen werden einige Exportformate angeboten. Genannt seien hier EPS für Macintosh und Windows, PICT (Macintosh) TIFF-Graphik (Windows), Adobe Illustrator und ASCII für beide Systeme.
Ebenso lassen sich Fremdformate aus anderen Programmen in FreeHand importieren. Die oben für Export genannten Formate sind für den Import lesbar. Interessant ist die Möglichkeit unter Windows Diagramme aus Excel einzulesen, CDR-Daten aus CorelDraw oder DXF-Daten aus AutoCAD.

2. Hinweise zur Arbeitserleichterung, spezielle graphische Probleme und deren Lösung

2.1 Hinweise zur Arbeitserleichterung
2.1.1 Abkürzen des Bildschirmaufbaus
Eine große, inhaltsreiche Datei kann unter Umständen sehr viel Zeit beanspruchen, um am Bildschirm aufgebaut zu werden. Zum Beispiel beim Öffnen oder beim Wählen der Gesamtansicht. Wenn es aber für den nächsten Arbeitsschritt nicht erforderlich ist die ganze Datei mit allen Ebenen vor sich zu sehen, da anschließend nur eine Ebene sichtbar gemacht werden soll, so kann man den Bildschirmaufbau mit der Tastenkombination „Befehlstaste + Punkt" abbrechen. Mit dem gleichen Befehl, mit dem z.B. der Druckvorgang abgebrochen wird.

2.1.2 Der Hilfsmonitor
Der Anschluß eines nur 13-Zoll großen zusätzlichen Monitors hat sich als wesentliche Arbeitserleichterung herausgestellt. Während auf dem großen Hauptmonitor die Karte komplett überblickt werden kann, sind auf dem Hilfsmonitor die Arbeitspaletten abgelegt. Bei FreeHand 4.0 ist die Programmbedienung grundsätzlich auf Palettensteuerung umgestellt worden. Es bestehen 7 Paletten (Interaktive Dialogfelder), die sich zwar verschieben oder wegklicken lassen, aber wenn sie offen sind, die Karte teilweise zudecken und somit stören. Einmal auf dem Hilfsmonitor plaziert können sie die ganze Zeit offenbleiben.

Abbildung 3

2.2 Spezielle graphische Probleme und deren Lösung in FreeHand
In FreeHand können mittels selbstgeschriebener PostScript-Codes zusätzliche Linien- oder Flächenformate geschrieben werden. Aber auch ohne Postscript-Kenntnisse lassen sich einige anspruchsvollere Aufgaben lösen. Hier zwei Beispiele zur Realisierung von unsymmetrischen Liniensignaturen.

2.2.1 Kanal
Eine Kanalsignatur soll folgendermaßen aussehen: Eine 0,8 mm breite

durchgehende Linie mit zu einer Seite angeordneten kleinen Rechtecken in regelmäßigen Abständen. Diese Rechtecke lassen sich am besten als eine Aneinanderreihung des Kleinbuchstabens „I" realisieren, die mit dem Zeichenweg verbunden ist. Die „I"-Reihe wird mittels Zeichenbreite, Schriftart und Zeichenabstand so eingerichtet, daß sie die gewünscht Rechteckform ergibt.

Wenn die Schriftzeichen nach dem Verbinden mit dem Zeichenweg zur falschen Seite liegen, so kann man die Verbindung aufheben, die Richtung des Zeichenweges umdrehen und die Verbindung wiederherstellen. Diese Richtungsumkehr ist erst in FreeHand 4.0 möglich.

Sollen die Rechtecke im Verlauf des Kanales kurzzeitig aussetzten, weil z.B. ein Fluß den Kanal kreuzt, so ist es klug, die Schrift mit einem Klon des Kanales verbunden zu haben, der zudem auf einer eigenen Ebene liegen sollte. Aus dem Klon wird vor dem Verbinden ein ausreichend langes Linienstück herausgetrennt und jedes Linienstück mit einer „I"-Reihe verbunden.

2.2.2 Grenzband

Ein schraffiertes Grenzband in der Stärke von 1,8 mm soll an eine 0,6 starke Grenzlinie herangelegt werden. Das Grenzband wird durch eine Bildfüllung realisiert, die Lage des äußeren Umrisses erhält man mittels eines Hilfsbandes folgendermaßen:

Die Grenzlinie wird geklont und in das Hilfsband verwandelt. Dessen Stärke ergibt sich aus der Stärke des endgültigen Grenzbandes plus Hälfte der Grenzlinienstärke, mal zwei. Jetzt wird die links- oder rechtsseitige Kante des Hilfsbandes nachgezeichnet.

Zuletzt erfolgt die Verbindung mit einem Klon der Grenzlinie und die Zuweisung des endgültigen Formates „Grenzband". Das Hilfsband wird nicht mehr benötigt und kann gelöscht oder auf einer Hintergrundebene aufbewahrt werden.

2.2.3 Schriftfreistellung

In den meisten Karten besteht die Notwendigkeit, schwarze Schrift gegenüber übrigen schwarzen Elementen freizustellen. In FreeHand nutzt man dazu den Texteffekt „Texthülle". Das Problem, das entsteht ist, daß die Hülle in allen vier Farben freigestellt wird. Ein möglicher Weg die Freistellung nur für das Schwarz zu erhalten, ist die Belichtung zu trennen. Einmal in Schwarz mit Schriftfreisteller und einmal in Buntfarben ohne Schwarz und ohne Schriftfreisteller. Wenn zum Zwecke der Ausbelichtung ein EPS hergestellt werden muß, so ist es nicht nötig zwei getrennte Versionen der Karte anzulegen, einmal mit Schriftfreisteller, einmal ohne. Es genügt die jeweiligen Ebenen unsichtbar zu machen, denn das EPS wird nur von den sichtbaren Ebenen erstellt.

Anschrift der Verfasserin
Ellen Pommerening
Okerstraße 22
38536 Meinersen

Abbildung 4

Das Programm Aldus Freehand 4.0

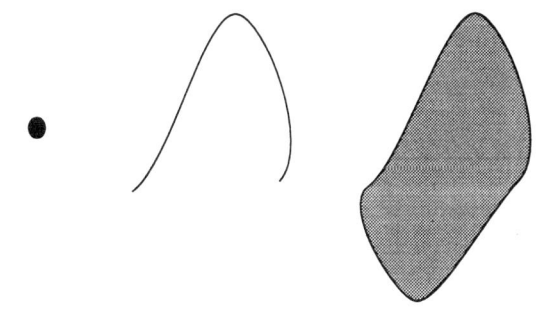

Abbildung 1: Punkt, Linie, Fläche

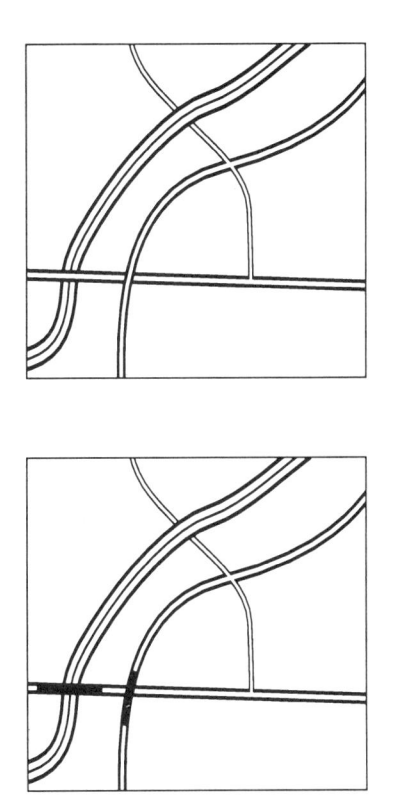

Ohne Überbrückungsfüllungen

Abbildung 2: Das Ebenensystem

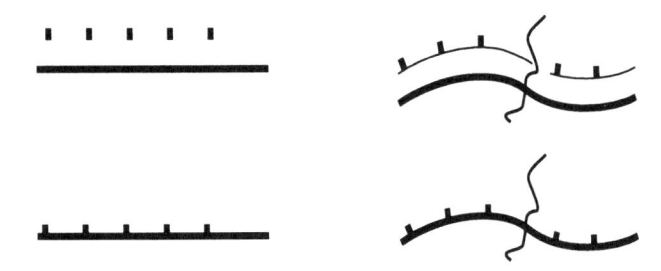

Abbildung 3: Kanalsignatur

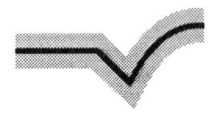

- Grenzlinie 0,6

- Grenzlinie 0,6
- Klon mit Linienstärke Grenzband plus
  Hälfte Grenzlinie, mal zwei = 4,2

  (1,8 + 0,3) x 2 = 4,2

- Grenzlinie 0,6
- Oberer Umriß des Grenzbandes

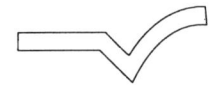

- verbundener und geschlossener
  Grenzbandumriß

- Grenzlinie 0,6 mit Grenzband 1,8 (Bildfüllung)

Abbildung 4: Grenzbandsignatur

Die Bearbeitung von Text, Grafik und Bild am Beispiel des Unterrichtsprojektes "Topkartett"

Reinhard Urbanke

1. Einleitung
In meinem Referat möchte ich die Problematik der Bearbeitung von komplexen Drucksachen aufgreifen und einen Erfahrungsbericht über ein Unterrichtsprojekt geben, das mit dem Ravenstein-Förderpreis 1994 ausgezeichnet wurde. Es handelt sich um ein Kartenspiel zum Erlernen von Kartensignaturen der TK 50 mit dem Namen „Topkartett", das vollständig digital am Mac erstellt, auf Film ausbelichtet und im Offset wasserlos mit Torayplatten gedruckt wurde (siehe Beilage „Bodenbewachsung").

2. Problemstellung

Die Vorlage besteht aus den Elementen:
- Grafik (farbige Rahmen, Balken, Signaturen)
- Text (Überschriften, Beitext)
- Bild (Hervorragender Baum 4 C Standard)

Abbildung 1: Beispiel "7b Hervorragender Baum"

Die Elemente Grafik und Text wurden mit der Software "Adobe Illustrator" bearbeitet, das Element Bild mit der Software "Adobe Photoshop". Die Plazierung und Zusammenstellung der Texte, Grafiken und Bilder zu einer Seite und die Zuführung der Daten an den Belichter erfolgte mit dem Layoutprogramm „Quark X Press" (Abb. 2).

3. Text und Grafik
Wie FreeHand ist auch Illustrator ein objektorientiertes Grafikprogramm (Vektoren im Ggs. zu Pixeln), das ein gezeichnetes Objekt als mathematische Anweisung definiert (z.B. Kreise, Ellipsen, Linien, Polygone). Komplexe Kurven- und Linienverläufe werden durch sogenannte Bézier-Kurven beschrieben (Abb. 3).

Damit keine Passerprobleme durch Blitzen entstehen, sind eine Reihe von Überfüllungsoptionen möglich. Durch den Überfüllungswert wird

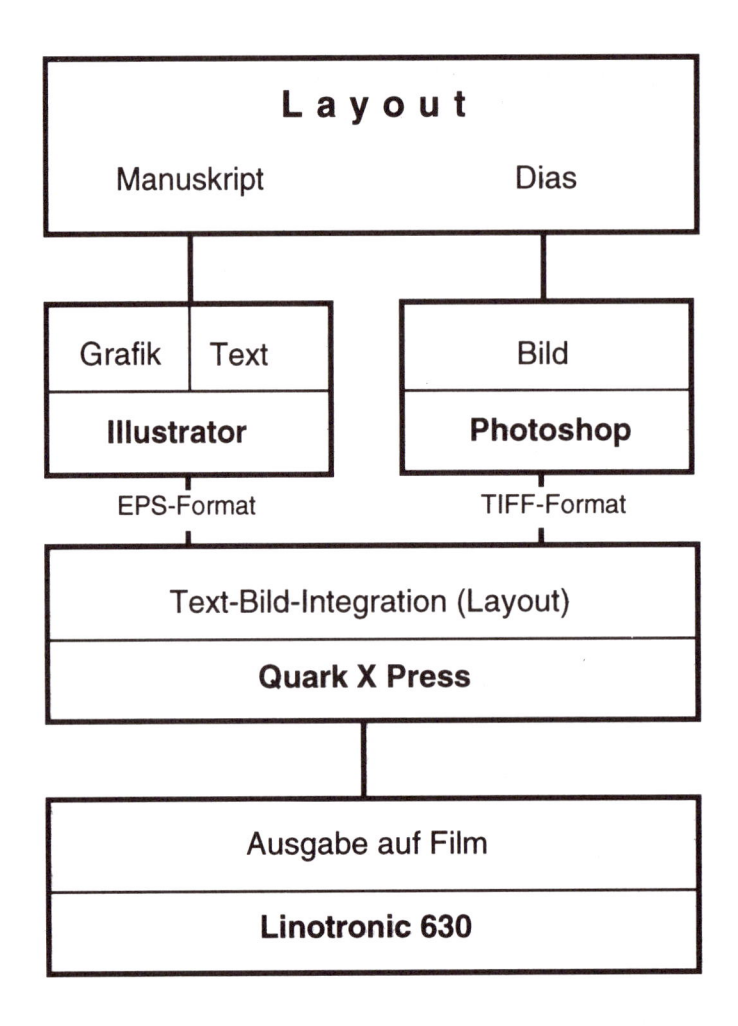

```
                    ┌─────────────────────────────┐
                    │         L a y o u t         │
                    │                             │
                    │   Manuskript      Dias      │
                    └──────┬───────────────┬──────┘
                           │               │
                    ┌──────┴──────┐  ┌─────┴──────┐
                    │ Grafik │Text│  │    Bild    │
                    │ Illustrator │  │  Photoshop │
                    └──────┬──────┘  └─────┬──────┘
                       EPS-Format       TIFF-Format
                           │               │
                    ┌──────┴───────────────┴──────┐
                    │  Text-Bild-Integration (Layout) │
                    │        Quark X Press        │
                    └──────────────┬──────────────┘
                                   │
                    ┌──────────────┴──────────────┐
                    │       Ausgabe auf Film      │
                    │       Linotronic 630        │
                    └─────────────────────────────┘
```

Abbildung 2 : Arbeitsablauf

das Objekts gegenüber der Hintergrundfarbe vergrößert, durch die Option "Überdrucken" verhindert, daß beispielsweise ein schwarze Signatur aus einer Farbfläche ausgespart wird (Abb. 4).

Möchte man eine rote Signatur auf eine grüne Farbfläche stellen, darf die Funktion "Überdrucken" nicht aktiviert werden - durch subtraktive Farbmischung lasierender Druckfarben würde die Signatur bräunlich erscheinen. Stattdessen müßte die Hintergrundfarbe verbreitert werden, z.B. um den Überfüllungswert 0,5 pt.

Mit Illustrator wurden sowohl die Texte als auch die Grafik-Elemente Leitsignatur, Kartensignatur und Rahmen erstellt und im EPS-Format abgespeichert. TIFF-Formate können in Illustrator weder plaziert noch bearbeitet werden.

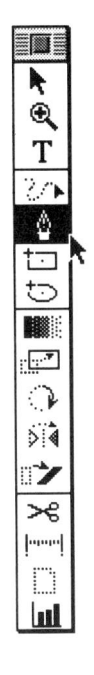

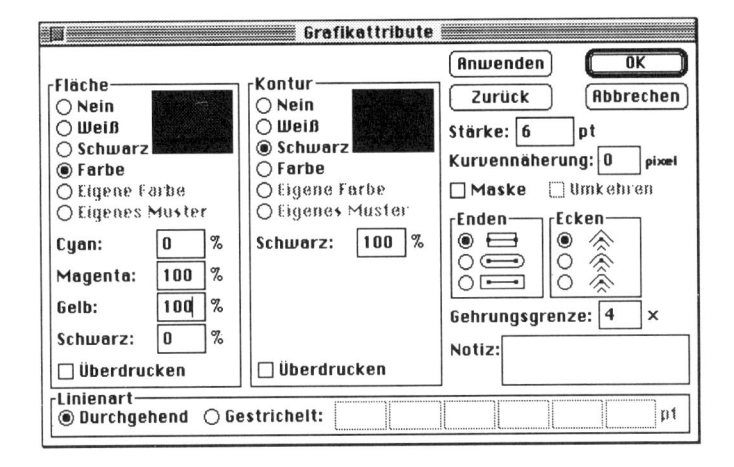

Die Bearbeitung von Text, Grafik und Bild am Beispiel des Unterrichtsprojektes "Topkartett"

Abbildung 3: Illustrator (Werkzeugleiste/Grafikattribute)

ohne "Überdrucken"
- die Farbfläche ist freigestellt

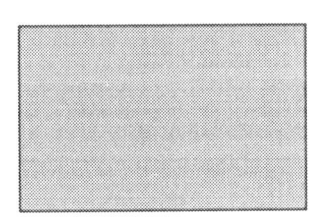

mit "Überdrucken"
- die Farbfläche bleibt erhalten

Blitzen

Kein Blitzen

Bei schwarzen Signaturen auf farbigem Grund wird durch die Option "Überdrucken" das Blitzen vermieden !

Abbildung 4: Option "Überdrucken"

4. Bild einlesen

Die Erfassung der Bilddaten (insgesamt 36 Farbbilder á 1,8 MB) erfolgte unterschiedlich, je nach Art der Bildvorlage. Verwendet wurden professionelle 6 x 6 - Dias der Landesbildstelle, sowie Kleinbild-Dias, die mit einer Amateurkamera selbst erstellt wurden.

```
              Analoge Bildvorlagen
               /                \
        6 x 6 - Dias          Kleinbild-Dias
             |                      |
        Trommelscanner         Kodak Photo-CD
        Chromagraph S 3500
```

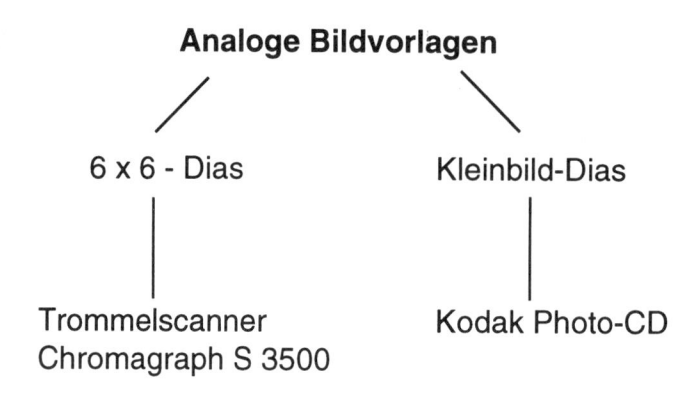

Abbildung 5: Erfassung der analogen Bildvorlagen

4.1 6 x 6 - Dias

Die 6 x 6 - Dias lagen in sehr guter Qualität vor und wurden mit einem Hell-Scanner Chromagraph S 3500 erfaßt. Vor dem Scannen muß zunächst ermittelt werden, welche Auflösung erforderlich ist - eine zu hohe Auflösung benötigt unnötig Speicherplatz und verlängert die Bearbeitungsdauer.

Wieviel Auflösung braucht ein Bild ?

Vor dem Einlesen einer Vorlage müssen drei Faktoren beachtet werden:

1. **Rasterweite** (z.B. 60er Raster) mit der das Bild belichtet werden soll. Wird später im 36er Raster gedruckt, dann ist eine geringere Scanauflösung als bei einem 60er Raster nötig.

2. **Abbildungsmaßstab** (z.B. 150 %) zwischen Vorlage und Repro. Wird das Bild vergrößert, muß eine höhere Scan-Auflösung gewählt werden. Wenn eine Vorlage beispielsweise auf 150 % vergrößert wird, verteilt sich die eingescannte Informationsmenge auf eine 1,5mal längere Strecke.

3. **Qualitätsfaktor 2** (= Doppelte Rasterweite) Für qualitativ optimale Scanergebnisse sollte nach dem Shannonschen Abtasttheorem die Abtastfrequenz doppelt so groß sein wie die größte im Signal auftretende Frequenz. Halbtonvorlagen, die mit 60 L/cm gedruckt werden sollen, müssen demnach mit 120 Pixel/cm gescannt werden.

Häufig führen die Begriffe *Scanauflösung*, die nach dem amerikanischen Maßsystem in Inch (lpi bzw. ppi = Linien pro Inch bzw. Pixel pro Inch) angegeben wird, und *Rasterweite* nach dem SI-System (L/cm) zu Mißverständnissen. Für die Umrechnung gilt:

```
1 Inch    =    2,54 cm
1 L/cm    =    2,54 lpi

z.B. 60er Raster (= 60 x 2,54) entspricht also 152 lpi
```

Um die notwendige Scanauflösung zu errechnen, muß das Bild sozusagen von hinten aufgezäunt werden - Ausgangspunkt bildet die gewünschte Rasterweite des Repros.

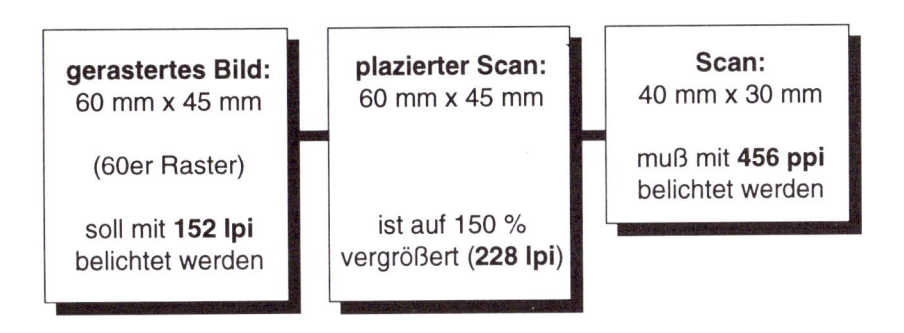

gerastertes Bild:
60 mm x 45 mm

(60er Raster)

soll mit **152 lpi** belichtet werden

plazierter Scan:
60 mm x 45 mm

ist auf 150 % vergrößert (**228 lpi**)

Scan:
40 mm x 30 mm

muß mit **456 ppi** belichtet werden

Scanformel:

$$\text{Scanauflösung (ppi)} = \frac{\text{Rasterweite (lpi) x Vergr.-faktor (\%) x Qualitätsfaktor 2}}{100}$$

Abbildung 6: Ermittlung der Scanauflösung

Beim Scannen von Strichvorlagen gelten andere Maßstäbe. Hier wird die Scanauflösung durch die feinsten Details der Vorlage und die Auflösungsfeinheit des Ausgabegerätes begrenzt. Es ist unsinnig, eine Strichvorlage mit 800 dpi zu scannen und über einen Laserdrucker mit nur 300 dpi auszugeben. Strichreproduktionen sollten daher mit einer Scanauflösung gescannt werden, die der Auflösungsfeinheit des Belichters (2540 dpi) entspricht.

4.2 Kleinbild-Dias
Für die digitale Erfassung der Kleinbild-Dias (24 mm x 36 mm) wurde der Weg über die Photo-CD (Fa. Kodak) gewählt. Die Photo-CD (CD = Compact Disc) ist ein Speichermedium für digitale Bildinformation, eng verwandt mit der Audio-CD. Der Datenträger wird industriell beschrieben und kann vom Anwender nur gelesen werden, dies aber beliebig oft. Eine CD-ROM (Compact Disc Read Only Memory) besitzt eine Kapazität von 650 MB. Das Einlesen der Bilder erfolgt mit CCD-Scanner im eigenen Photo-CD-Format. Die komprimierten Bilddaten werden mit einem Laserstrahl in die CD eingebrannt. Eine speziell

entwickelte Datenkompression sorgt dafür, daß nicht jedesmal die gesamte Auflösung, sondern nur die Differenz zur niedrigeren gespeichert wird.

Auf der Photo-CD-Master-Disc lassen sich 100 Kleinbild-Dias abspeichern; jedes Bild ist in 5 verschiedenen Auflösungen (Image Base) verfügbar.

	Anzahl der Bildpunkte (Pixel)	**Bildpunkte insgesamt in Mio.** (Pixel)
Base/16	192 x 128	für Bild-Index
Base/4	384 x 256	und schnelles Blättern
1Base	768 x 512	0,393 (für Video-Wiedergabe)
4Base	1536 x 1024	1,573
16Base	3072 x 2048	6,291

Abbildung 7: Auflösungen der Photo-CD

Die Auflösungsstufe 1Base entspricht etwa der Bildpunktzahl des Fernsehbildes (72 dpi). Für die Anwendung in der grafischen Industrie sind nur die höheren Auflösungsstufen 4Base und 16Base interessant. Mit einem Arbeitsspeicher von 12 MB dauerte das Einlesen eines Bildes mit 4Base-Auflösung ca. 5 Minuten - das Öffnen der Bilder mit der Auflösung 16Base benötigte eine vielfach höhere Rechenzeit. Doch ist die Wiedergabe eines Kleinbild-Dias im Format 6 cm x 4 cm auch mit der Auflösung 4Base möglich (Abb. 8).

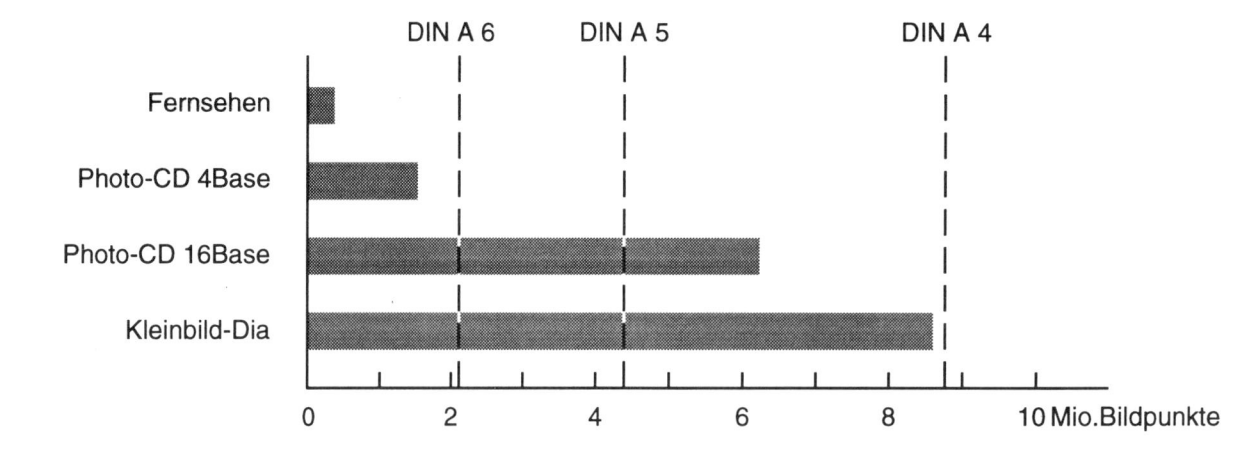

Abbildung 8: Vergleich der Auflösungen

Für die Speicherung der Bilder hat Kodak eine eigene Farbraumbeschreibung entwickelt, das YCC-Format. Das Photo-CD-Format kann mit jedem professionellen Bildbearbeitungsprogrammen gelesen und in die gebräuchlichen Datenformate (TIFF, EPS usw.) umgewandelt werden. Das CD-Original selbst kann nicht verändert werden. An zusätzlicher Hardware ist lediglich ein CD-ROM-Laufwerk (z.B. CD SC, Fa. Apple) erforderlich, das etwa 700,- DM kostet.

5. Bild bearbeiten

Die gespeicherten Bilddaten wurden mit dem pixelorientierten Bildbearbeitungsprogramm Photoshop in den Rechner eingelesen und bearbeitet. Dabei wird zunächst das CD-Bild über Photoshop geöffnet und dann komplett kopiert. Die Bildbearbeitung erfolgt in der kopierten Version, durch Spiegeln und Beschneiden sowie durch Änderung von Gradation, Schärfe, Helligkeit und Kontrast.

Während die über den Trommelscanner eingelesenen Bilder kaum nachbearbeitet werden mußten, waren die Bilder der Photo-CD häufig zu flau und benötigten umfangreichere Korrekturen - eine Folge der niedrigeren 4Base-Auflösung. Dieser Mangel wurde mit dem Scharfzeichnungsfilter behoben. Durch mehrmaligen Einsatz desselben Filters kann der Effekt beliebig verstärkt werden (Abb. 9).

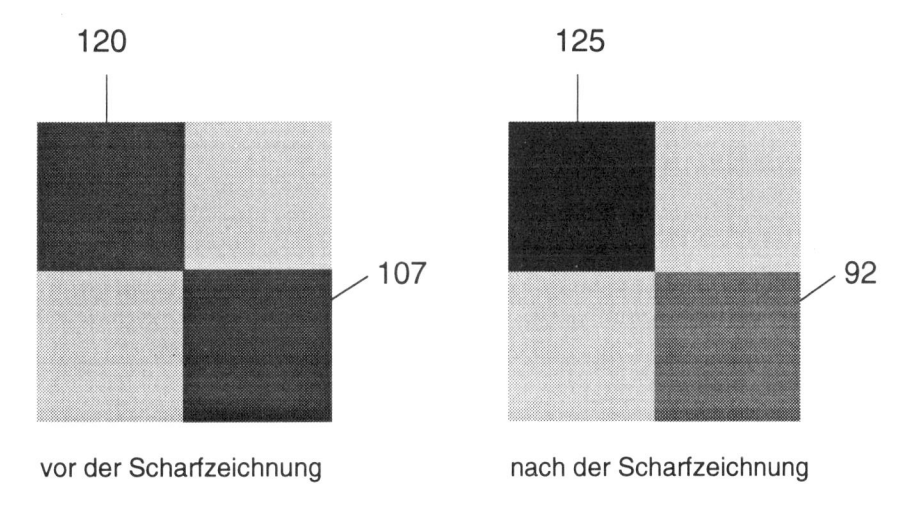

vor der Scharfzeichnung   nach der Scharfzeichnung

Geringfügige Unterschiede in der Helligkeit benachbarter Pixel werden vergrößert - der Kontrast wird verstärkt !

Abbildung 9: Veränderungen beim Scharfzeichnen (max. 256 Graustufen)

Die Bilddaten wurden im CMYK-Farbmodell bearbeitet und in eine TIFF-Datei umgewandelt. Dadurch können Photoshop-Bilder in anderen Programmen plaziert und gespeichert werden.

6. Text-Bild-Integration

Das Zusammenfügen von Grafik und Bild erfolgte im Layoutprogramm X Press, wo sowohl TIFF- als auch EPS-Dateien plaziert werden können. Im Gegensatz zu PageMaker, das seiten-orientiert arbeitet ist X Press ein rahmen-orientiertes Programm. Jedes Element, z.B. Bildausschnitt ist an einen Rahmen gekoppelt, der auf tausendstel Millimeter genau bestimmt werden kann. Bild und Grafik werden in der gleichen Prozedur plaziert: erst wird ein Rahmen erzeugt, dann die Datei mit „Bild laden" im

Rahmen positioniert. Dieser Vorgang wiederholt sich bis alle Nutzen einer Form plaziert sind.

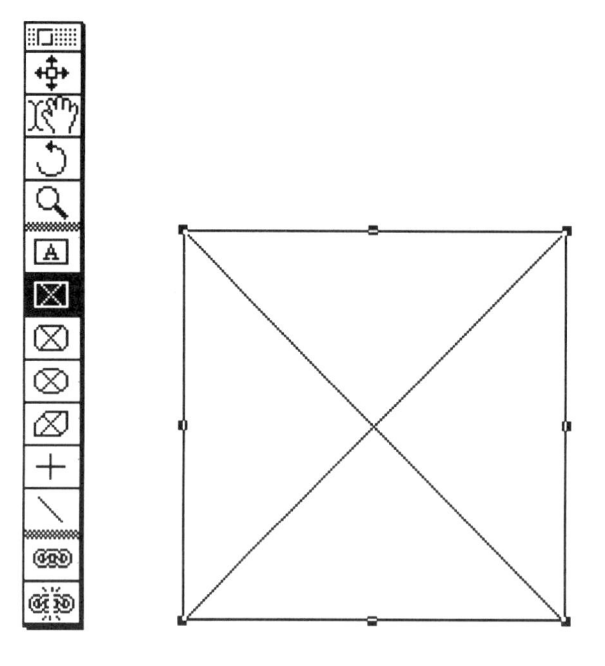

Abbildung 10: Werzeugleiste/Bildrahmen

7. Ausgabe

Die Belichtung auf Film erfolgte mit einer Linotronic 630, der ein RIP (Rasterrechner) vorgeschaltet ist. Sämtliche Parameter für die Ausgabe der CMYK-Farbauszüge wurden über Quark X Press gesteuert.

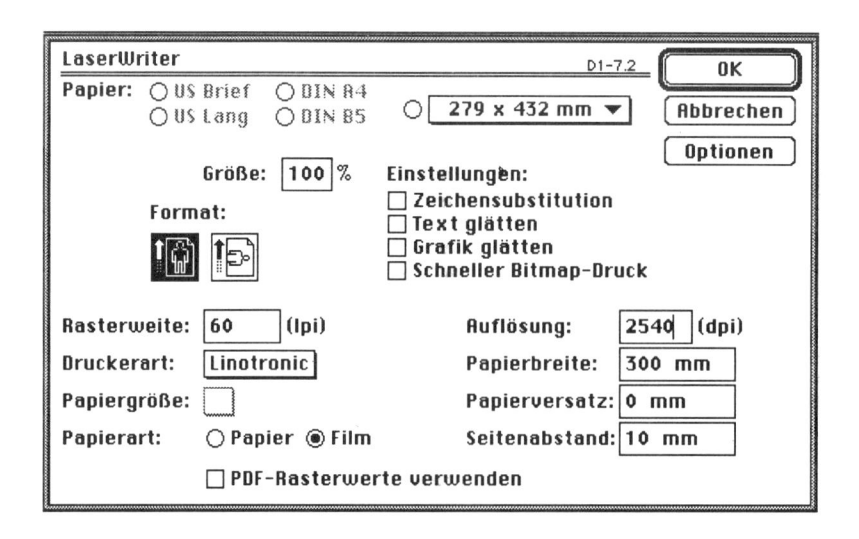

Abbildung 11: Belichteroptionen

8. Schlußbetrachtung

Für die meisten kartographischen Anwendungen genügt die Bearbeitung mit einem geeigneten Grafikprogramm, z.B. FreeHand, Illustrator, Corel Draw. Auch die Textfunktionen dieser Programme reichen im allgemeinen aus, um einfache Karten- und Legendenbeschriftungen ausführen zu können. Besonders im Freizeitbereich werden zunehmend Karten angeboten, die mit zahlreichen farbigen Bildern ausgestattet sind. Selbst die Landesvermessungsämter gehen dazu über, ihre Kartentitel mit Landschaftsaufnahmen attraktiver zu machen. Neben der rein kartographischen Tätigkeit kommen also etwa durch die Bildbearbeitung mit Photoshop weitere Aufgaben hinzu. Doch damit nicht genug - die Zusammenstellung von Grafik, Text und Bild (vergleichbar mit der Montage) geschieht am zweckmäßigsten über ein Layoutprogramm (z.B. Pagemaker, X Press), das als letzte wichtige Aufgabe die Datenübergabe an den Belichter abwickelt. Somit wären für die Erstellung solch komplexer Karten verschiedene Programme erforderlich, die zwar eine einheitliche Benutzeroberfläche aber völlig unterschiedliche Werkzeuge und Funktionen besitzen.

Mit der Photo-CD wurde ein Medium geschaffen, das ideal eingesetzt werden kann. Der Vorteil der Photo-CD liegt im sehr günstigen Preis-Leistungsverhältnis begründet. Auf eine CD lassen sich 100 Kleinbild-Dias in den erwähnten Auflösungen abspeichern. Dabei kostet das Einlesen eines Bildes ca. 1,20 DM. Rechnet man noch die Beschaffungskosten einer CD mit ca. 15,- DM und die Kosten für das Einrichten (incl. Indexprint) mit ca. 5,- DM, so ergibt sich für eine CD mit 100 Bildern ein Kostenaufwand von 140,- DM. Keine Reprofirma kann bei diesen niedrigen Kosten (1,40 DM pro Bild) mithalten.

Literatur

Wagner, A./Englich, G.: „MacReiseführer", Rowohlt Verlag GmbH, Reinbek 1991.
„Die digitale Fotografie und ihre Bildauflösung", Druckwelt Heft 1, Januar 1994.

Anschrift des Verfassers:
Studienrat Dipl.-Ing. Reinhard Urbanke
c/o Johannes-Gutenberg-Schule Stuttgart
Rostocker Straße 25
70376 Stuttgart

Von Rasterdaten zu Vektordaten mit Streamline

Jörn Schulz

1. Einführung

Das Programm Adobe Streamline dient zur Umwandlung von im Rasterformat vorliegenden gescannten Bildern in im PostScript Format erzeugte Vektordateien. Dabei können folgende Bilder umgewandelt werden:
- Schwarzweiß-Bilder, sogenannte Bitmap-Bilder, die nur schwarze und weiße Elemente enthalten.
- Graustufen-Bilder, die nur Elemente in verschiedenen Graustufen enthalten
- Farbbilder, die auch farbige Bildteile enthalten können.

Bei der Umwandlung stehen grundsätzlich verschiedene Möglichkeiten der Umsetzung zur Wahl.
Zum Einen die Umsetzungsart Konturlinie. Dabei werden die Konturen der Vorlage nachgezeichnet. Diese Option wird zum Umsetzen von Bildern und von künstlerischen Zeichnungen verwendet.
Zum Anderen die Umsetzungsart Mittellinie. Dabei wird die Mittellinie berechnet und dargestellt.
Das in Abbildung 1 gezeigte Bild und das Vektorisierungsergebnis zeigt die Umwandlung eines eingescannten Fotos in eine Vektorzeichnung mit Hilfe der Konturlinien bei einer Anzahl von 16 Graustufen.

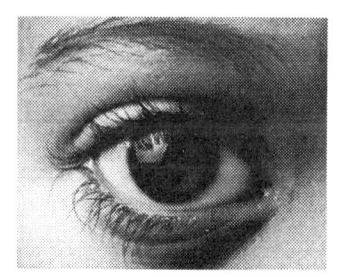

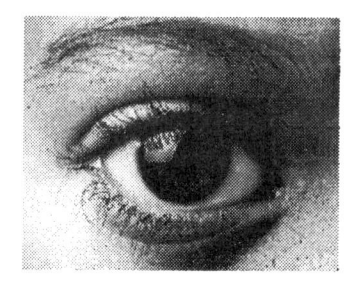

Abbildung 1: Beispiel der Vektorisierung

2. Problemstellung der Analog-Digital-Wandlung in der Kartographie

2.1 Anforderungen an die Vektorisierung für den Einsatz in der Kartographie

Damit die Vektorisierung auch für die Kartographie verwendbar ist, dürfen der Scan und die vektorisierte Zeichnung nur geringe Verzerrungswerte in Bezug auf die Vorlage aufweisen. Ebenso müssen die erzeugten Linien mit geringer Nacharbeit zur graphischen Ausgestaltung verwendbar sein. Zur Vermeidung von Verzerrungen in der Vektorisierung müssen entweder Scanner mit nur geringen Verzerrungswerten wie zum Beispiel Trommelscanner verwendet werden, oder die Verzerrungen müssen auf Sollmass entzerrt werden. Die Entzerrung ist aber nur möglich, wenn die Verzerrungen gleichmäßig über die gesamte Kartenfläche auftreten, da eine Entzerrung mittels Paßpunkten im Rahmen der angewandten Arbeitsweise nicht durchgeführt werden kann.

2.2 Anforderungen an die Vorlage für die Vektorisierung

Folgende Anforderungen sind an die Vektorisierungsvorlage zu stellen, um gute Ergebnisse zu erreichen.

- Die Vorlagen sollen keine zu dicken Linien enthalten, da die Lagegenauigkeit darunter leidet.
  Die Vorlage sollte aber auch keine zu dünnen Linien enthalten, da diese beim Scannen ausbrechen können und aufwendig nachbearbeitet werden müßten. Abbildung 2 zeigt Linien verschiedener Dicke und das Scanergebnis

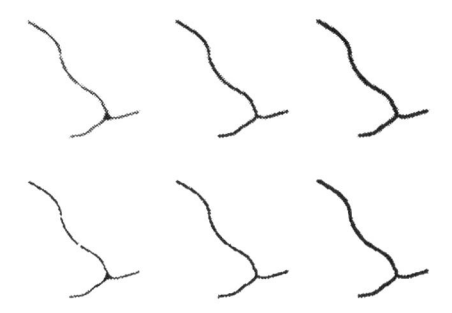

Abbildung 2: Linien verschiedener Strichstärken in der Vorlage

- Die Elemente der Karte wie Wald, Straßen oder Siedlungsflächen sollten auf verschiedene Folien gezeichnet werden, da die sich kreuzenden oder berührenden Elemente sonst in der Vektorisierung verbunden werden und manuell getrennt werden müßten. Abbildung 3 zeigt einen Ausschnitt aus einer Folie mit vereinigten und zwei Folien mit getrennten Vorlagenelementen.

- Für die Arbeit mit Streamline ist es wichtig, daß die Linien keine zu engen Kurven aufweisen, da sonst unbeabsichtigte Ecken in der Vektorisierung erscheinen. Abbildung 4 zeigt ein Beispiel für die falsche und richtige Zeichnung in der Vorlage.

- Die Vorlagen sollten randscharf und deckend sein, um ein gutes Vektorisierungsergebnis zu erreichen. Abbildung 5 zeigt gute und schlechte Vorlagen, das Scan- und das Vektorisierungsergebnis.

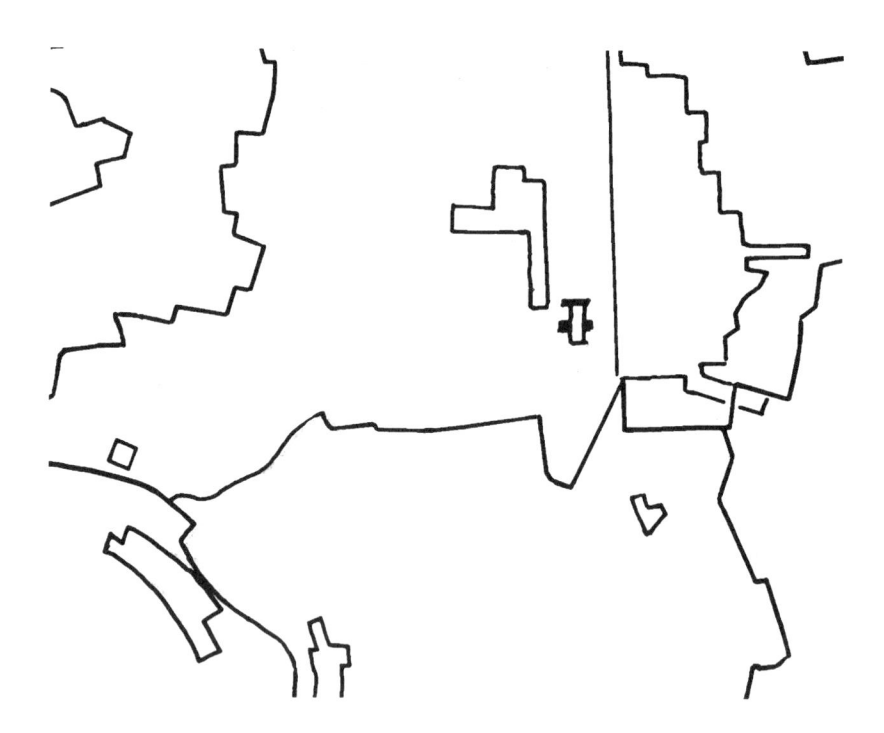

Abbildung 3: Vorlagen für die Vektorisierung

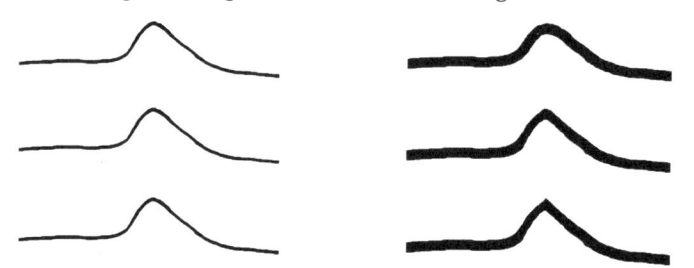

Abbildung 4: Ecken in der Vorlage

Abbildung 5: gute und schlechte Vorlagen

- Es sollte eine gute Abbildungsqualität erreicht werden. Dabei ist insbesondere auf randscharfe Reproduktion der Linien zu achten. Abbildung 6 zeigt randscharfe und verschwommene Reproduktion von Linien.

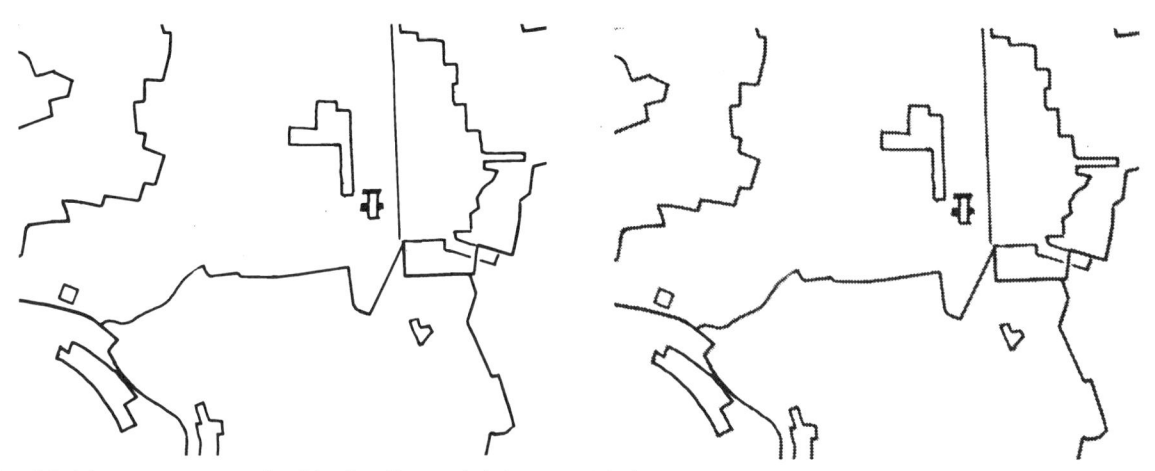

Abbildung 6: gute und schlechte Reproduktion von Vorlagen

2.3 Anforderungen an den Scanner für die Vektorisierung
- Der Scanner sollte für die Vorlage geeignet sein, das heißt für Filme sollte ein Durchlicht-, für Papiervorlagen ein Auflichtscanner verwendet werden, da bei der Verwendung eines Auflichtscanners für Durchsichtvorlagen Schatten entstehen können.

- Der Scanner sollte wenig Verzerrung aufweisen, das heißt die Mechanik sollte stabil sein. Abbildung 7 zeigt die Verzerrungen bei dem Scan auf einem Flachbettscanner Microtek Scanmaker II.

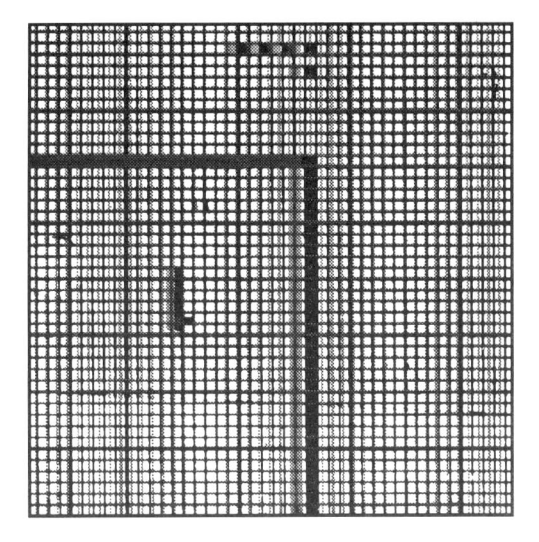

Abbildung 7: Verzerrungen bei Scan auf Flachbettscanner

- der Scanner sollte ein ausreichend großes Format haben, da sonst erheblicher Zeitaufwand für das elektronische Zusammenmontieren

benötigt wird.
- Der Scanner sollte in ausreichend hoher Auflösung scannen, hier ist eine Auflösung von 300 dpi als untere Grenze anzusehen. Abbildung 8 zeigt den Vergleich zwischen verschiedenen Scanauflösungen von 75 bis 600 dpi.

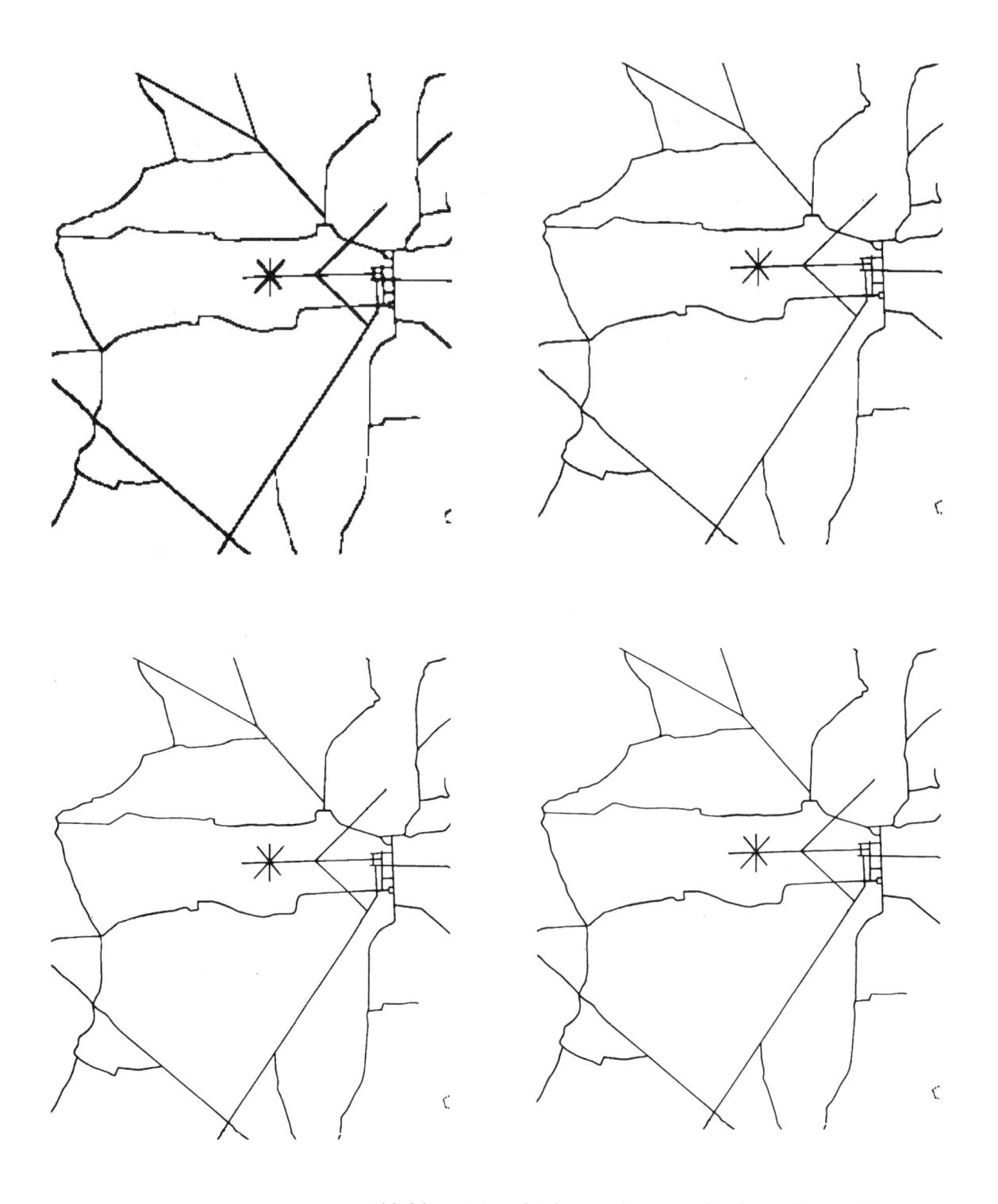

Abbildung 8: Vergleich zwischen verschiedenen Scanauflösungen

- Der Scanner sollte eine gute Abbildungsqualität aufweisen, das heißt es sollten keine Schatten auf dem Scan zu sehen sein. Abbildung 9 zeigt einen Scan mit und ohne Schatten.

Abbildung 9: Scan mit und ohne Schatten

3. Durchführung der Vektorisierung

3.1 Entwurf (Abbildung 10)
Beim Entwurf ist außer auf die vorher genannten Punkte auf ein geeignetes Trägermaterial zu achten, da einige Scanner hohe Temperaturen erzeugen und dadurch einige Verzerrungen hervorgerufen werden können. Der Entwurf für die Kartenherstellung, dargestellt an Hand des Kartenausschnittes wurde mit Hilfe eines schwarzen Filzschreibers auf einer maßhaltigen, mattierten Zeichenfolie vorgenommen. Dabei wurden die Originalvorlagen auf das Sollmaß entzerrt. Anschließend wurden die im Entwurfsmaßstab 1: 25 000 vorliegenden Hochzeichnungen auf den Maßstab 1: 200 000 verkleinert, so daß nur 3 Folien vorlagen. Abbildung 10 zeigt einen Ausschnitt aus den Vorlagen (Hochzeichnungen).

3.2 Scan der Vorlagen (Abbildung 11)
Beim Scanvorgang ist auf geringe Unschärfen und geringe Verzerrungen zu achten. Je größer die Unschärfen der Vorlage sind, desto größer ist die Gefahr, daß Fehler in der Vektorisierung auftreten. Die Vorlagen wurden auf einem Flachbettscanner in einer Auflösung von 600 dpi gescannt. Da im Maßstab 1: 200 000 gescannt wurde ergibt sich für den Endmaßstab 1: 100 000 eine Auflösung von 300 dpi.
Beim Scannen ist eine Auflösung von 300 dpi als untere Grenze, ein Wert von 600 dpi als Mittelwert anzusehen. Es ist zu beachten, daß eine Verdoppelung der Scanauflösung eine Vervierfachung der Dateigröße zur Folge hat. Abbildung 11 zeigt einen Ausschnitt aus dem Scan.

3.3 Vektorisierung (Abbildung 13)
Nachdem die Vorlagen gescannt sind, erfolgt nun die Vektorisierung. Um ein optimales Ergebnis zu erzielen, ist es geboten, Versuche zu den Vektorisierungseinstellungen zu unternehmen. Dabei sind folgende Parameter wichtig. Mit dem Parameter Schnittpunkte / Linienstärke verringern läßt sich der Grad der Skelettierung einstellen, wobei die Linien verdünnt werden. Der Parameter Genauigkeit steuert die Anzahl der Stützpunkte, das heißt die Genauigkeit der Übereinstimmung von Vorlage und Vektorisierung. Der Parameter Kurven und Geraden beein

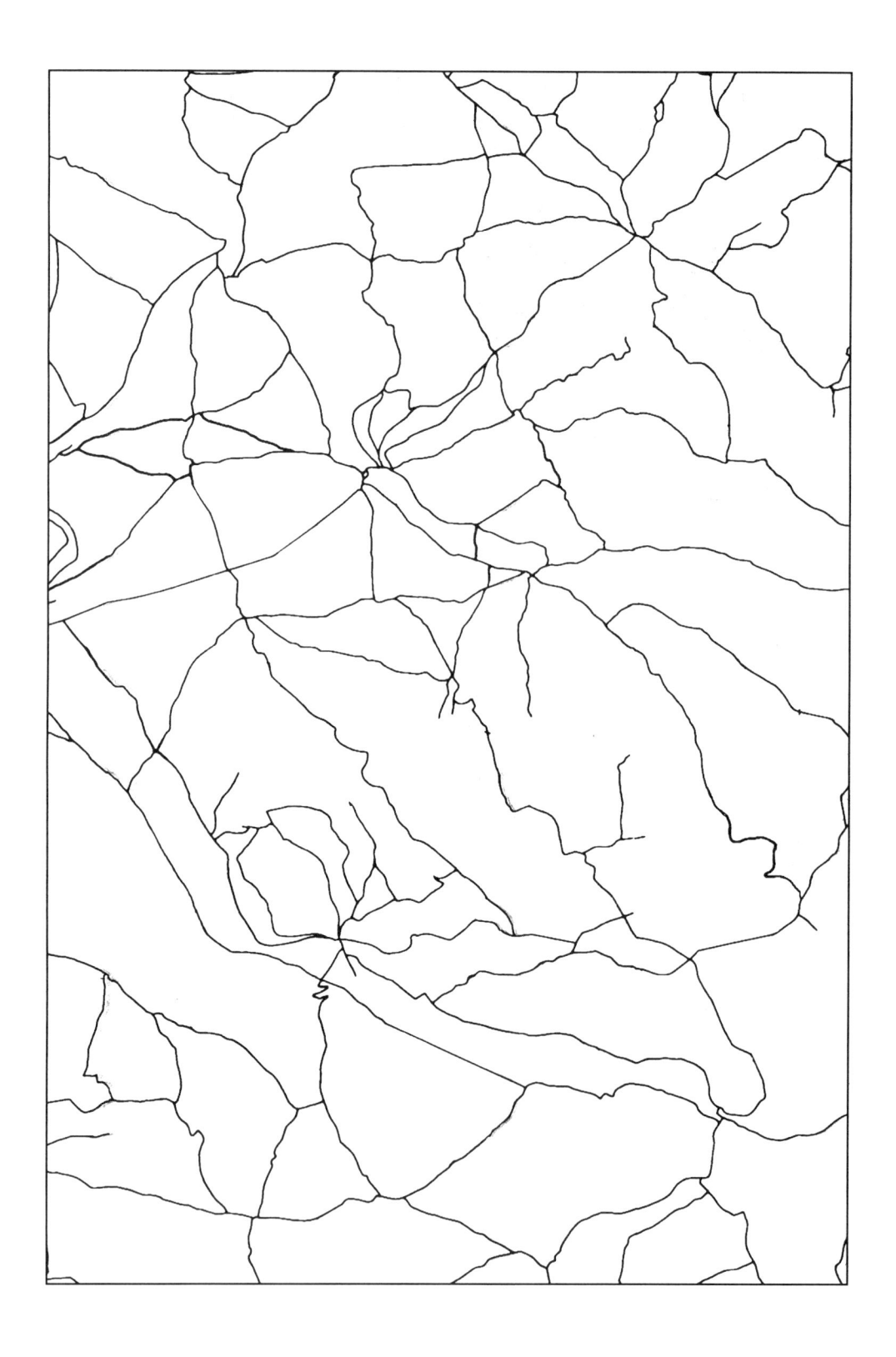

Abbildung 10: Ausschnitt aus der Vorlage (Hochzeichnung)

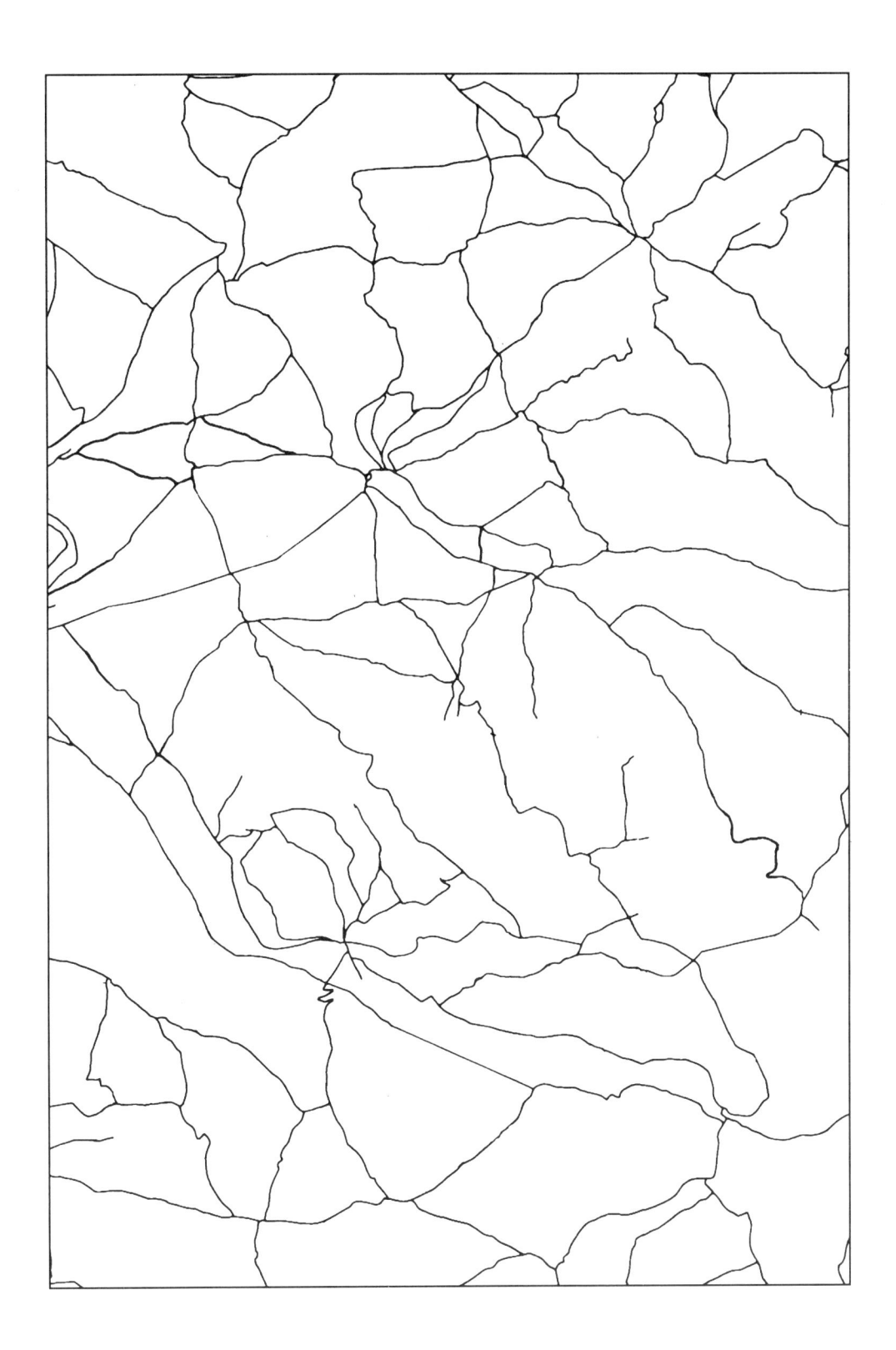

Abbildung 11: Ausschnitt aus Scan

flußt die Balance zwischen Kurven und Geraden in der Vektorisierung. In kartographischer Hinsicht haben die Einstellungsparameter folgende Wirkung.

3.3.1 Parameter „Schnittpunkte / Linienstärke verringern" (Abbildung 12)
Der Parameter „Schnittpunkte / Linienstärke verringern bewirkt eine stufenweise Skelettierung der umzusetzenden Linien, das heißt es werden Schritt für Schritt von den Rändern der Linien einzelne Bildpunkte (Pixel) abgeschält. Das bedeutet aber, daß dieser Parameter abhängig von der Qualität und vor allem von der Auflösung der Vorlage abhängig ist. Bei niedrigeren Auflösungen, ebenso bei guter Bildqualität sollten niedrigere Einstellungen gewählt werden, bei entsprechend höherer Auflösung beziehungsweise schlechter Bildqualität sollten

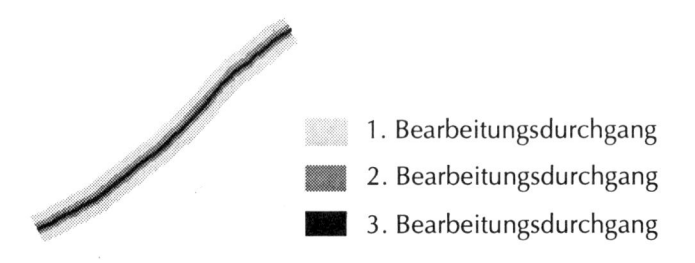

1. Bearbeitungsdurchgang
2. Bearbeitungsdurchgang
3. Bearbeitungsdurchgang

Abbildung 12: Wirkungsweise des Parameters Schnittpunkte / Linienstärke Verringern

höhere Werte gewählt werden. Abbildung 12 zeigt die Vorgehensweise bei Schnittpunkte / Linienstärke verringern. Abbildung zeigt die Vorgehensweise des Parameters.
Für die Kartenbearbeitung wurden Einstellungen von 2.0 bis 4.0 gewählt.

3.3.2 Parameter „Toleranz"
Der Parameter „Toleranz" hat eine zentrale Bedeutung für das zu erzielende Ergebnis. Je niedriger die Einstellung, desto genauer ist die Übereinstimmung zwischen Vorlage und Original. Für den Parameter „Toleranz" sollten, bezogen auf die Vorlage Versuche unternommen werden, da mit abnehmender Toleranz auch eine zunehmende Punktanzahl und eine damit zusammenhängende Zunahme des Speicherbedarfs gegeben ist. Für. die Bearbeitung der Karte wurden Einstellungen zwischen 1.0 und 2.0, abhängig von den zu vektorisierenden Elementen, gewählt.

3.3.3 Parameter „Kurven und Geraden"
Der Parameter hat für kartographische Anwendungen der Vektorisierung nur untergeordnete Bedeutung. Er bietet nur wenige Variations-

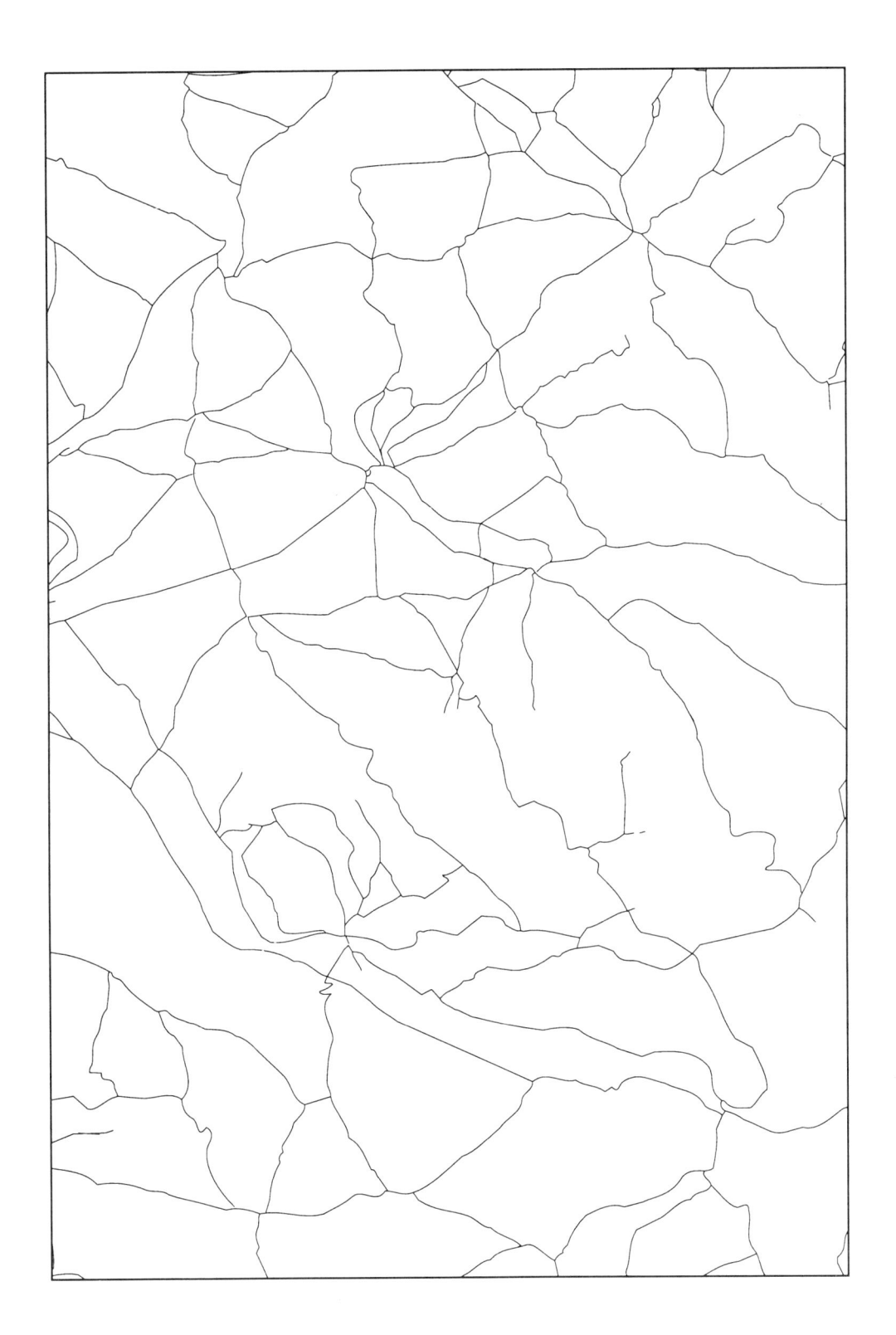

Abbildung 13: Ausschnitt aus der Vektorisierung

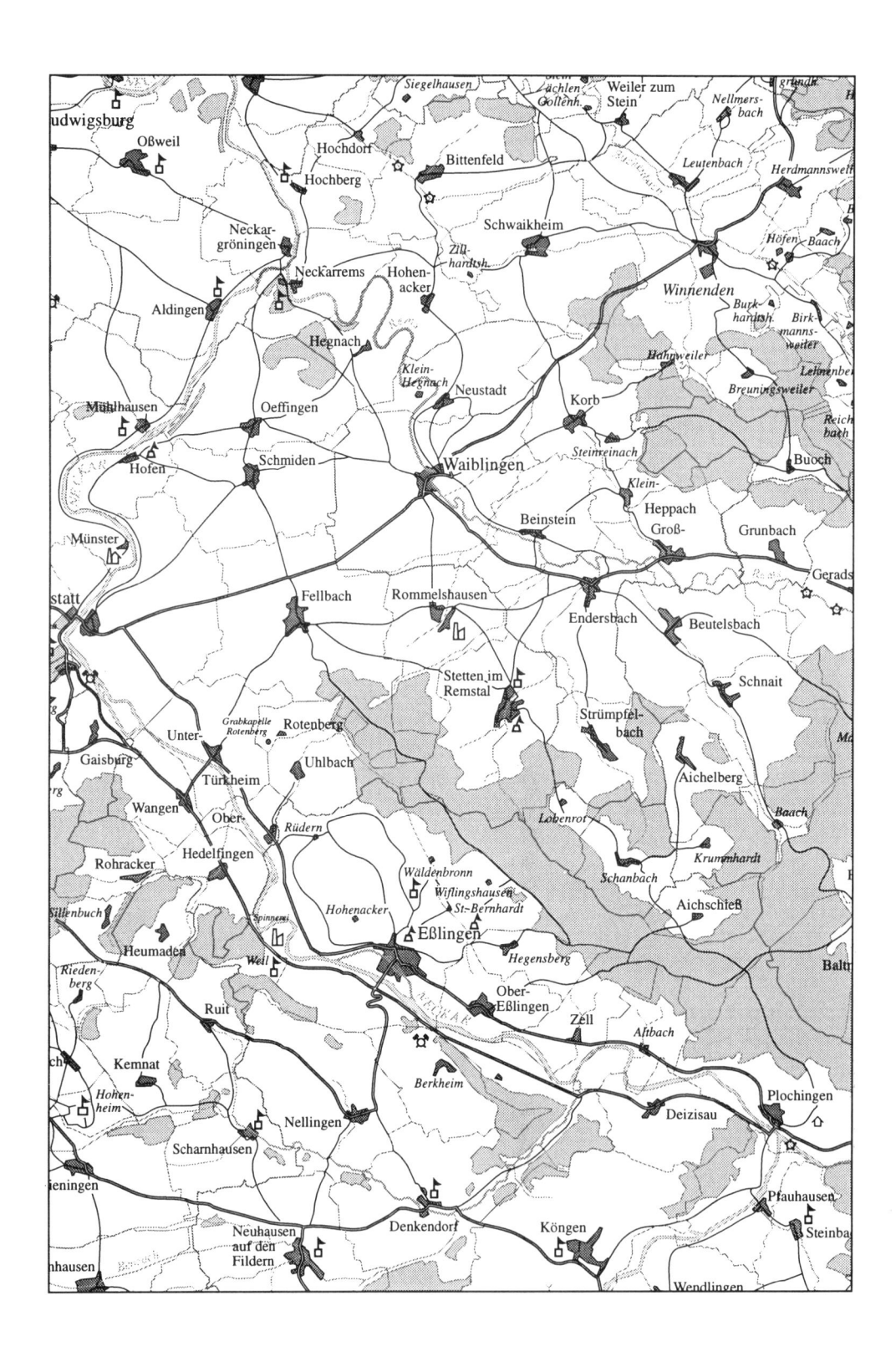

Abbildung 14: Ausschnitt aus Karte

möglichkeiten. Für die Einstellung genügen zumeist zwei Extrem- und eine Mitteleinstellung. Dies sind die Einstellungsmöglichleiten „nur Kurven" für Bereiche, in denen keine Ecken vorkommen sollen (Straßen), Kurven und Geraden 3.0 als Normeinstellung für Bereiche, in denen sowohl Kurven als auch Ecken vorkommen sollen (Waldflächen, Gewässer, Siedlungsflächen) und „nur Geraden" für Bereiche, in denen nur Eckpunkte vorkommen sollen (Grenzen).

3.4 Überarbeitung der Vektorisierung (Abbildung 14)
Schließlich müssen die entstandenen Vektorzeichnungen in einem dafür geeigneten Programm zur Karte zusammengesetzt und graphisch ausgestaltet werden. Abbildung 14 zeigt einen Ausschnitt aus der Karte am Ende des Bearbeitungsganges. Bei Beachtung der erwähnten Punkte beschränkt sich die Überarbeitung auf ein geringes Maß. Es wurde zur graphischen Ausgestaltung der Karte das Programm Aldus Freehand verwendet. Nach Abschluß der Arbeiten und der Ausbelichtung der Offsetfilme, sowie dem Offsetdruck wurde das in Anlage dargestellte Ergebnis erzielt. Die Ausbelichtung erfolgte auf einem Trommelscanner Scantext Tempo mit einer Auflösung von 2438 dpi / 175 lpi.

4. Fazit
Die Vektorisierung von Vorlagen hat sich als Alternative zur Bildschirmdigitalisierung und zur konventionellen Bearbeitung für die Kartographie als praktisch möglich und auch als arbeitstechnisch sinnvoll gezeigt. Es treten dabei insbesonders große Zeitvorteile in der Digitalisierung auf, da die Vektorisierung im Vergleich zur Bildschirmdigitalisierung um ein vielfaches schneller durchgeführt werden kann.

Anschrift des Verfasserrs:
Jörn Schulz
Stellaweg 13
70563 Stuttgart

Signaturen- und Schrifterzeugung mit IKARUS M

Kristine Keppler

1. Einführung

Bereits 1972 begann URW mit der Entwicklung des IKARUS-Systems zur Herstellung von Schriften für den Photosatz. Ergebnis war ein leistungsfähiges System für den Entwurf von Schriften und Logos bis hin zu ihrer Aufbereitung in maschinengerechte digitale Formate. In den letzten Jahren sind für das Schriftlayoutprogramm IKARUS M Erweiterungen bis 2.5 und vor kurzem sogar die neue Version 3.0 d auf dem Markt erschienen.

IKARUS ist ein Programm speziell für die Typographie. Während FontStudio von Letraset und besonders Fontographer von Altsys eher Programme für Nichttypographen sind, ist IKARUS speziell für das professionelle Fontdesign entwickelt worden.

Grund für die weltweite Anwendung des IKARUS-Systems durch alle großen Schrifthersteller sind vor allem die hohe Qualität der digitalen Daten, die Flexibilität und die Geschwindigkeit, mit der Schriften digitalisiert, bearbeitet und in über 100 verschiedene Datenformate für alle Arten von Ausgabegeräten (Photosatzmaschinen, Drucker sowie Zeichen-, Fräs- und Gravierautomaten) gewandelt werden können.

Neben den großen IKARUS-Systemen auf VAX-Großrechnern ist IKARUS in „abgespeckter" Version auch auf DOS-Rechnern verfügbar und mit dem hier vorgestellten IKARUS M auch auf dem Macintosh. Alle IKARUS-Systeme verwenden dabei dasselbe Datenformat, das IK-Format. Da IKARUS auf den VAXRechnern mehr Möglichkeiten für das Bearbeiten und Erstellen von Zeichen bietet als IKARUS M, werden die meisten Schriften, die von IKARUS geliefert werden können, auch auf diesen Rechnern erstellt. Soll nun aber auf dem Mac eine Schrift bearbeitet werden, die auf einer VAX hergestellt worden ist, muß sie zuerst in das für IKARUS M lesbare Format gebracht und nach der Bearbeitung wieder zurückgewandelt werden.

Besondere Hardwarevoraussetzungen für das Betreiben von IKARUS M sind, außer einem mathematischen Coprozessor, nicht gegeben, d.h. IKARUS M läuft selbst auf dem Apple Macintosh SE 30.

2. Allgemeines

2.1. Der Schriftfont

Ein Font ist ein Zeichensatz, der entweder aus Buchstaben eines bestimmten Schrifttyps oder aus Signaturen besteht. Dabei wird eine Signatur vom Programm genau gleich wie ein Buchstabe behandelt. Mit Hilfe von Schriftveränderungs- und Zeichenfunktionen lassen sich in kürzester Zeit qualitativ hochwertige PostScript- oder TrueType-Zeichensätze erstellen, die auf Laserdruckern oder PostScript kompatiblen Druckern ausgegeben werden
können. Die Möglichkeit der Erstellung eines Signaturensatzes und die Belegung der Tastatur mit diesem, stellt eine erhebliche Vereinfachung für die Kartographie dar. Die Signaturen können nun einfach per Tastendruck direkt in die Karte eingebracht werden.

Für die Verwendung von Schriftfonts sprechen dabei mehrere Vorzüge:

Signaturen- und Schrifterzeugung mit IKARUS M

• Die Handhabung ist sehr bequem, die Signaturen können einfach per Knopfdruck an eine beliegbige Stelle plaziert werden.

• Die Verwaltung ist ebenfalls sehr einfach, da die Signaturen themenmäßig in verschiedenen Fonts abgespeichert werden können.

• Die Informationen, die eine Signatur beinhaltet wird nicht im Dokument selbst gespeichert, sondern in der Schriftdatei außerhalb des Dokuments.

• Es wird nur die Bildschirmdarstellung im Dokument gespeichert, egal ob es sich um einen einfachen Buchstaben oder um eine recht aufwendige Signatur handelt.

• Beim Belichten der Datei wird dann die benötigte Information aus dem Schriftfont herausgezogen, der auf dem Drucker bzw. im System vorhanden ist.

2.2. Das IKARUS-Format (IK-Format)
Das IK-Format ist eigentlich eine Datenbank, d.h. jeder einzelne Punkt eines Buchstabens ist dort abgespeichert.
Definiert werden Buchstaben und andere graphische Elemente durch Konturen oder sog. Outlines. Im Gegensatz zu anderen Arten der Kurvendarstellung werden hierbei die Formen mathematisch durch Geradenstücke und Kurvensegmente beschrieben, die mit stetigen Übergängen aneinanderstoßen. IKARUS M bietet die Möglichkeit, Konvertierungsprogramme zu schreiben, die aus dem IK-Format jede andere mathematische Beschreibung der Buchstaben berechnen können.
Beim Erstellen von Buchstaben oder Signaturen im IK-Format müssen eine Anzahl von Punkten entlang den Konturen des darzustellenden Objekts markiert werden. Man muß selbst entscheiden, um was für einen Typ von Punkt es sich dabei handelt. Diese Punkte können dann mit Hilfe eines Digitizers als Koordinaten in den Rechner eingegeben werden. Das Programm errechnet daraus selbständig die richtigen Kreisbögen zwischen den markierten Punkten.
Die Hauptarbeit beim Arbeiten mit IKARUS liegt also im Grunde nur darin, ein Gefühl für die optimale Positionierung der richtigen Punkte zu bekommen, was für den ungeübten Benutzer gewiß einige Schwierigkeiten bereitet. Eine Nachbearbeitung der Punkte im IK-Format ist nur bedingt möglich.

2.3. Die IK-Punkte
Zur Darstellung von Konturen benötigt das IKARUS-System vier Arten von Punkten:

- Startpunkte: ... definieren den ersten Punkt jeweils einer Kontur.

- Eckpunkte: ... markieren die Ecken, an denen sich eine Kontur sprunghaft ändert.

- Kurvenpunkte: ... beschreiben den gekrümmten Teil einer Kontur.

• Tangentenpunkte: ... kennzeichnen die glatten Übergänge von Geraden in Kurven oder umgekehrt.

3. Dateneingabe

3.1. Neuerstellung von Signaturen und Buchstaben
Das Programm IKARUS M ist eigentlich gedacht zum Digitalisieren von Schriftzeichen, d.h., daß die Koordinatenneueingabe mit einem Graphiktablett erfolgt. Besonders nützlich ist dies bei der genauen Erfassung bereits bestehender Schriften. Viele Designer ziehen das Digitalisieren aber auch beim Entwurf neuer Schriften vor. Der Grund für diesen Weg ist, daß ein gutes Graphiktablett ein Vielfaches der Eingabegenauigkeit bietet, die ein gewöhnlicher Macintosh-Monitor mit einer Auflösung von 72 dpi normalerweise hat. Es gibt aber auch noch andere Möglichkeiten zur Dateneingabe:

1. Man scannt eine Zeichnung, speichert sie als EPS-File ab und importiert sie anschließend in IKARUS M. Dort kann sie nach Bedarf noch bearbeitet werden.

2. Man gibt die Signatur oder den Buchstaben mit Hilfe eines Graphiktabletts direkt in IKARUS M ein. Hierbei kann das Schriftzeichen entweder als bloßer Entwurf vorliegen oder bereits als fertige Zeichnung. Nach dem Digitalisieren kann dann auf dem Bildschirm noch nachbearbeitet werden.

3. Man konstruiert z.B. in Adus FreeHand ein Zeichen und überarbeitet es in Photoshop. Dort wird es als EPS-File abgespeichert und anschließend in das Programm LINUS M eingeführt, wo automatisch vektorisiert wird. Danach liegt dann das Zeichen im IK-Format vor und kann in IKARUS M eingeführt werden.

Was hiervon nun die beste Methode ist, hängt lediglich von den zur Verfügung stehenden Hard und Softwarevoraussetzungen und den persönlichen Vorlieben ab.

4. Datensicherung und - verwaltung

4.1. PostScript und andere Formate
Eine weitere Hauptaufgabe von IKARUS M besteht darin, aus den im IK-Format erzeugten Zeichen PostScript- und Bildschirmschriften zu erstellen.
Die PostScript-Schriften werden benötigt, um die im IK-Format vorhandenen bzw. neu hergestellten Schriften ausdrucken zu können. Bitmapschriften werden von IKARUS M für die Darstellung der Zeichen auf dem Bildschirm gebraucht.
Beim Speichern einer Schrift lassen sich sechs verschiedene Punktgrößen angeben, für die dann automatisch eine optimale Bildschirmdarstellung errechnet wird. Die dazwischenliegenden Schriftgrößen können nur durch Vergrößern oder Verkleinern dargestellt werden. Da diese Zwischengrößen aber ganz andere Punktmatrizen verlangen, ist diese Art der Darstellung recht mangelhaft. Es ist daher sinnvoll, bereits beim Speichern einer neuen Schrift die günstigsten Schriftgrößen anzugeben.

Eine andere Möglichkeit die Bildschirmdarstellung zu optimieren, ist die Verwendung des Adobe Type Managers. Der ATM sorgt dafür, daß die verwendeten Schriften bereits auf dem Bildschirm so aussehen wie nachher bei der Druckausgabe. Dabei greift der ATM bei der Schriftgrößenberechnung nicht auf die Bitmapschriften zurück, sondern auf den Printer- bzw. PostScript-Font. Es gibt also keine „photographische" Vergrößerung oder Verkleinerung einer vorhandenen Punktgrößen, sondern die Bildschirmdarstellung wird für jede Punktgröße einzeln berechnet.

Die verschiedenen Bildschirmschriften, z.B. mehrere Punktgrößen oder auch die verschiedenen Schnitte einer Schrift, werden in einer Datei des Macintosh als sog. Ressourcen gespeichert, die durch eine Nummer identifiziert und mit einem Namen versehen werden können. Es ist sinnvoll, diese Identifikationsnummern erst ab der Zahl 256 zu vergeben, da der Bereich von 0-255 für Apple-Schriften wie Courier, ... reserviert ist, und es sonst zu Kollisionen mit dem System kommen kann.

4.2. Die Familie

Bildschirmschriften verschiedener Punktgrößen und Schnitten sowie die dazugehörigen PostScript-Schriften werden durch einen speziellen Datensatz (FOND-Ressource) zu einer Schriftfamilie zusammengefaßt. Ein FOND steuert den Zugriff auf verschiedene Schriften aus den Text- und Graphikprogrammen. Eine Familie gibt dem Benutzer den Querverweis zu den verschiedenen Schriftschnitten derselben Schrift. Im Wesentlichen sind in einer solchen Familie folgende Informationen enthalten:

- eine Liste der Bildschirmschriften und der dazugehörenden Schnitte (**Bold**, *Italic*, Outline, Shadow, Extended, Condensed), Schriftgrößen und ID's
- eine Zuordnungstabelle für PostScript-Schriften, die für jeden möglichen Schrifschnitt einen Verweis auf den Namen der zu verwendenden PostScript-Schrift enthält
- zu jedem vorhandenen Schriftschnitt eine Dicktentabelle

Der FOND-Datensatz befindet sich in derselben Datei wie die Bildschirmschriften. Er wird durch eine Nummer und durch den Familiennamen, unter dem auf die Familie zurückgegriffen werden kann, identifiziert.

Der Nachteil dieser Querverweise ist, daß die dazu benötigte Information, nämlich die ID-Nummer und der Familienname, in den Font-Cache geschrieben werden, um von dort schneller aufgerufen werden zu können. Dadurch wird die Festplatte aber schnell voll. Abhilfe kann hier geschaffen werden, indem man den Font-Cache hin und wieder leert.

5. Datenverarbeitung

5.1. Sonderzeichen

IKARUS bietet eine sehr große Anzahl von Schriften und den dazugehörigen Sonderzeichen in einer Schriftbibliothek an. Es ist auch möglich, sich die Schriften mit den benötigten Sonderzeichen selbst zusammenzustellen oder von IKARUS zusammenstellen zu lassen.

Beim Schreiben von Sonderbuchstaben gibt es zwei Möglichkeiten: Entweder man nimmt ein bereits fertiges Sonderzeichen (à), oder man setzt den Buchstaben unter einen Akzent (' + a -> à). Bei letzterer Methode kann man die Position unter optischer Kontrolle noch nachträglich verändern. Diese Möglichkeit ist für den Computer weitaus einfacher zu rechnen als konstruierte Sonderzeichen. Dadurch wird auch eine wesentliche Einsparung von Speicherplatz erreicht.

5.2. Das Editierfenster
Neben dem Neuerstellen von Zeichen ist es auch möglich, bereits vorhandene Schriften zu ändern. Dafür werden im Editierfenster die Buchstaben einer Schrift graphisch dargestellt. Beim Bearbeiten können je nach dem einzelne oder mehrere Punkte oder Konturen bearbeitet werden. Man sollte aber daran denken, daß IKARUS kein Zeichenprogramm ist und deswegen auch nur ein Minimum an Zeichenwerkzeugen bietet. Daher sollte die Hauptzeichenarbeit auch bereits beim Entwurf bzw. beim Konstruieren erfolgen.

5.3. Das Wertefenster
Zusätzlich zu den Editierfenstern kann man sich auch Wertefenster anzeigen lassen. Dort sind die x- und y-Koordinaten aller Punkte in Eineiten des IK-Formats angezeigt, die Information, um was für einen Typ von Punkt es sich handelt sowie die Dickten und Vor- und Nachbreiten für das dargestellte Zeichen. Pro Editierfenster gibt es je ein Wertefenster. Dort ist auch eine numerische Bearbeitung der einzelnen Punkte möglich. Wird ein Punkt selektiert, so erscheint im dazugehörigen Wertefenster um die entsprechenden x- und y-Koordinaten jeweils ein Rechteck.
Hier können nun die Werte über die Tastatur exakt verändert werden. Desweiteren ist es auch möglich, die Punktart im Nachhinein noch zu ändern. Vor- und Nachbreite können duch Anklicken der entsprechenden Felder und Eingabe neuer Werte geändert werden. Die Eingabe oder Änderung der Koordinaten wird im Editierfenster allerdings nicht sofort angezeigt. Sie wird ausgeführt, wenn die Tabulator-Taste oder die Enter- oder Return-Taste gedrückt wird.

5.4. Text- und Probeabzugsfenster
IKARUS M bietet die Möglichkeit, einen Prüftext in der Schrift, in der gerade gearbeitet wird, auf dem Bildschirm darzustellen und ohne Wandlung in andere Datenformate direkt auszudrucken. (Eigentlicher Weg: IK-Format wird in PostScript-Format gewandelt). Durch die erhebliche Rechenzeit bei diesem Vorgang erfolgt allerdings keine WYSIWYG-Darstellung auf dem Bildschirm während der Texteingabe, sondern die Buchstaben werden zunächst in einer Standardschrift des Betriebssystems dargestellt.
Um die Ergebnisse der Schriftberechnung des Textes aus dem Textfenster auch auf dem Bildschim darstellen zu können, wird ein Probeabzugsfenster geöffnet. In diesem Fenster ist der parametrierte Text in der aktuellen Schrift und in bis zu fünf weiteren Schriften zu sehen. Der Inhalt des Probeabzugsfensters kann ebenfalls ausgedruckt werden.

5.5. Das Modifikationsmenü
In diesem Menü findet man die verschiedenen Funktionen die für Bearbeitung der Schriftzeichen zur Verfügung stehen. Dabei werden,

das gesamte Zeichen oder nur eine Kontur, die vorher selektiert worden ist, verändert.

- Drehsinn: Hiermit wird die Reihenfolge der Punkte einer Kontur umgedreht.

- Interpolieren: Mit der Funktion Interpolieren können verschiedenste Schriftschnitte erstellt weden.

- Drehen: Mit dieser Funktion ist es möglich, Konturen und ganze Zeichen zu drehen. Die Dickte des Zeichens ändert sich dabei nicht, die Vor- und Nachbreiten bleiben an den alten Koordinaten stehen.

- Umgrößern: Diese Funktion erlaubt, Zeichen und Konturen um einen beliebigen Wert zu vergrößern oder verkleinern. Auch hier ändert sich die Dickte und die Vor- und Nachbreite nicht.

- Schrägstellen: Buchstaben und einzelne Konturen können hiermit kursiviert werden. Bei dieser Funktion handelt es sich tatsächlich nur um ein einfaches Schrägstellen; es können daher durchaus optischunschöne Verformungen auftreten.

- Kursivausgleich: Vor dem Schrägstellen kann man für beide diagonalen Achsen des Zeichens eine Korrektur errechnen lassen, die den Verzerrungen des Schrägstellens entgegenwirken. Dabei wird dann in Richtung der einen Achse die Strichstärke verdünnt, in Richtung der anderen verdickt. Dadurch wirken die schräggestellten Buchstaben ausgeglichener.

Man kann mit IKARUS M zwar Schriften kursivieren, sollte dies aber nach Möglichkeit vermeiden, da dies typographisch nicht akzeptabel ist und eigentlich nur als Hilfsbrücke dienen kann.
An den Zusätzen der bekannten Schriften läßt sich erkennen, ob ein Schriftschnitt lediglich aus einer bereits bestehenden Schrift errechnet wurde, oder ob es sich um einen eigens konstruierten Schriftschnitt handelt. So ist z.B. eine Schrift, die den Zusatz „narrow" enthält rechnerisch erstellt, dagegen die Schrift mit dem Zusatz „condensed" konstruiert worden. Ebenso verhält es sich mit dem Vermerk „*italic* " bzw. *oblique* „.

5.6. Das Zurichtungsmenü
Die Qualität der bearbeiteten Schriften wird nicht nur durch die Buchstabenform an sich, sondern auch durch eine ausgewogene Zurichtung bestimmt. Diese werden in der IK-Schrift und in gesonderten Tabellen abgelegt. Im Zurichtungsmenü stehen nun verschiedene Funktionen zur Verfügung, mit denen Zurichtungstabellen erzeugt und bearbeitet werden können.
IKARUS M unterscheidet hierbei zwischen vier verschiedenen Arten von Zurichtungen: Traditionell, unterschneidend, berührend und überlappend. Je nach Bedarf können Korrekturen für die Vor- und Nachbreiten aller vorkommender Buchstabenkombinationen einer Schrift bestimmt werden oder nur für kritische Kombinationen wie zum Beispiel „wo", „Ve" oder „AV"

6. Vergleich: IKARUS M und FontStudio

Zum Abschluß sollen hier die beiden Programme IKARUS M von URW und FONT-STUDIO von LETRASET tabellarisch verglichen und die Unterschiede aufgeführt werden. Welches der beiden Programme letztendlich das Bessere ist, sollte der Benutzer selbst entscheiden, entsprechend seinen Vorstellungen und Anforderungen an das Programm.

Literatur

Grieser, Franz und Irlbeck, Thomas: Computer-Lexikon. Das Nachschlagewerk zum Thema EDV. OPS Verlagsgesellschaft mbH, München 1993.
Karow, Peter: Digitale Speicherung von Schriften. URW Verlag, Hamburg 1986.
URW Unternehmensberatung: IKARUS M Bedienungsanleitung. URW Verlag, Hamburg.

Anschrift der Verfasserin:
Kristine Keppler
Feldbergstraße 17
71106 Magstadt

Photoshop

Bernd Hoppmann

1. Einführung
Seit rund einem Jahr bietet die Firma Adobe die aktuelle Version 2.51 der weltweit marktbeherrschenden Bildbearbeitungssoftware Photoshop an. Da Adobe noch keine vollständige native Power-Macintosh-Version anbietet, - diese liegt zur Zeit in einer Beta-Version vor - wird Photoshop mit einem Power-PC- (PPC) Plug-in ausgeliefert.

1.1. Hardwarevoraussetung
Bekanntlich benötigt Photoshop viel Arbeitsspeicher (RAM). Das Programm selbst braucht mindestens 3072 KB (Adobe empfiehlt 5 MB). Weiterhin benötigt Photoshop für ein zu bearbeitendes Bild mindestens die dreifache Größe der Datei. Das ergibt bei einem 10 MB Bild immerhin 35 MB RAM. Ist weniger Arbeitsspeicher vorhanden, werden temporäre Dateien auf die Festplatte ausgelagert, was zu einer erheblichen Reduzierung der Arbeitsgeschwindigkeit führt. Falls es zu Plattenauslagerungen kommt, müssen noch genügend freie Kapazitäten auf der Festplatte vorhanden sein.

2. Photoshop in der Kartographie
Seit 1988 ist Photoshop die führende Bildbearbeitungssoftware der DTP-Branche. Da DTP und DTM eng verwandt sind, ergeben sich daraus auch Einsatzgebiete in der Kartographie.

2.1. Photoshop als Scansoftware
Fast jeder Scanner verfügt über ein Photoshop-Plug-in, durch das die Bilddaten zur weiterverarbeitenden Software geschickt werden. Der Scanner läßt sich dadurch direkt aus Photoshop heraus über das Menü *Datei->Importieren->Scannen* ansteuern. Die meisten mitgelieferten Scanprogramme haben einen annähernd identischen Funktionsumfang. Im allgemeinen beinhalten diese:
- Scanmodus (Farbe, Graustufen, Strichzeichnung),
- Vorlagenart (Durchsicht, Aufsicht),
- Scanauflösung,
- Skalierungsfaktor,
- Vorschau zur Bestimmung des Scanausschnitts.

Bei DTP-Flachbrettscannern sollte immer in der größten physikalischen Auflösung gescannt werden. Die endgültige Auflösung wird in Photoshop festgesetzt. Diese Methode ergibt bessere Ergebnisse, weil Photoshop eine niedrigere Auflösung berechnet. Die meisten Flachbrettscanner erzielen dagegen eine niedrigere Auflösung durch Auslassen einzelner CCD-Zeilen.

Abbildung 1

2.1.1. Scanauflösung von Anhaltekopien
Für Scans, die als Anhaltekopien z.B. in Freehand dienen, gilt: je höher

die Scanauflösung desto besser. Da aber dadurch Dateien im zweistelligen Megabytebereich entstehen, muß ein praktikabler Kompromiß zwischen Dateigröße und Auflösung gefunden werden. In der Praxis hat es sich bewährt, die Bilder auf 100 - 150 dpi in Abhängigkeit von der Vorlagenqualität herunterzurechnen.

Abbildung 2

2.1.2. Scanauflösung hochauflösende Bilder
Bilder (z.B. Kartentitel) verlangen eine wesentlich höhere Scanqualität als Anhaltevorlagen. Aus diesem Grund sollten sie auf High-End-Trommelscannern eingelesen werden. Die Scanauflösung kann direkt eingestellt werden und braucht nicht in Photoshop heruntergerechenet werden.

Bei der Ausgabe wird das Bild aus einer Reihe von Rasterpunkten aufgebaut. Um eine optimale Umsetzung von Pixeln in Rasterpunkte zu erreichen, muß es viermal soviele Pixel wie Rasterpunkte geben, d.h. die Auflösung des Bildes ist zweimal so hoch wie die Rasterweite (2*2=4, *Samplingtheorie*). Die Auflösung multipliziert mit dem Vergrößerungsfaktor ergibt die notwendige Scanauflösung.

Um zu entscheiden, wie hoch die Scanauflösung sein muß, wird, sofern die Größe des Originals und die Größe des zu druckenden Bildes bekannt sind, folgende Formel verwendet:

$$\frac{\text{gewünschte Größe}}{\text{Originalgröße}} \times 2 \times \text{Rasterweite} = \text{Scanauflösung}$$

Die Ziffer 2 ist aus der *Samplingtheorie* abgeleitet. Wenn gewisse Schärfe- und Detailverluste akzeptabel sind, kann der Wert auf 1,5 gesenkt werden.

2.2. Bildverarbeitungstool für Farb- und S/W-Bilder
Photoshop bietet in der Kartographie drei Haupteinsatzgebiete:
- Bearbeitung von Vorlagen, von denen in Drittprogrammen (z.B. Freehand) hochdigitalisiert
  wird,
- Bearbeitung hochauflösender Bilder, z.B. für Reiseführer und Titelseite,
- Farbseparation von farbvereinten Originalen.
Es gibt kein allgemeines Handlungsmuster, mit dem man alle Bilddateien bearbeiten kann, dafür ist die Qualität der Vorlagen und ihr Verwendungszweck zu unterschiedlich. Einige Probleme bei der Bildbearbeitung treten allerdings immer wieder auf. Sie gilt es zu lösen.

2.2.1. Digitalisierungsvorlagen
Wird eine gedruckte Vorlagen gescannt, so kann es passieren, daß auf dem Bildschirm störende Moirés zu sehen sind. Der Filter *Störungen entfernen* beseitigt das Moirémuster oder schwächt es zumindest ab. Gerade Desk-Top-Scanner erfassen Vorlagen mit einer unzureichenden Schärfe. Scharfzeichnungsfilter verstärken elektronisch die Schärfe eines Bildes. Die beste Methode ein Bild zu schärfen ist, den Filter *Unscharf maskieren* anzuwenden. Dadurch werden Konturen im Vergleich zum

Original abgedunkelt, während die Fläche unter der Kontur leicht weichgezeichnet wird.

In Photoshop lassen sich Stärke, Radius und Schwellwert einstellen. Mit Stärke wird festgelegt, wieviel dunkler die Kante des Umrisses werden soll. Der Radius gibt die Breite der Umrißlinie an. Der Schwellwert wird so eingestellt, daß nichts Ungewolltes wie z.B. Kratzer oder Staub verstärkt wird. Gewöhnlich beläßt man die Einstellung auf 0.

Abbildung 3

Bevor der Scan gespeichert wird, sollte er durch eine Modusänderung in der Dateigröße reduziert werden. Nach dem Scannern befindet sich das Bild im RGB-Modus. Diese 24-Bit-Datei läßt sich durch Wechseln in den Modus *Indizierte Farben* bei 8 Bit pro Pixel auf 1/3 der Ursprungsgröße verkleinern. Dadurch wird die Anzahl der Farben in der Farbpalette bestimmt. Bei 8 Bit pro Pixel sind das sind $2^8=256$ Farben, die hinreichen das Farbspektrum einer Karte oder eines Entwurfs zu Digitalisierungszwecken abzudecken.

2.2.2. Hochauflösende Bilder

Photoshop bietet von allen auf dem Markt befindlichen Programmen die umfangreichsten Möglichkeiten Bilder zu bearbeiten. Es ist nicht die Aufgabe dieses Vortrags, diese Möglichkeiten auch nur ansatzweise anzusprechen. Dennoch gibt es grundlegende Schritte, die beachtet werden sollten.

Abbildung 4

Bevor ein Bild vierfarbig separiert wird, speichert man es im *RGB-Modus* im *Photoshop-Format*. Dies stellt eine Speicherplatz sparende Methode dar, Bilder für eine eventuelle erneute Separation zu archivieren. Nach der Separation wird das Bild in einem Format gespeichert, das vom weiteren Verwendungszweck abhängig ist.

Das *TIFF-Format* besitzt den Vorteil, daß es relativ standardisiert ist, wenig Speicherplatz braucht und leicht komprimiert werden kann, um noch mehr Speicherplatz zu sparen. Druckkennlinien können allerdings nicht in diesem Format gesichert werden.

Bilder im *EPS-Format* bestehen aus PostScript-Daten, die das Bild beschreiben, und einer Bildschirmdarstellung in niedriger Auflösung (*PICT* für Macintosh und *TIFF* für IBM PC). Wird das Bild in einem Drittprogramm montiert, wird lediglich die niedrigauflösende Bildschirmdarstellung gespeichert, die die Verbindung zur hochauflösenden PostScript-Datei enthält.

Das *DCS-Format* (Desktop Color Separation) ist eine spezielle Form des *EPS-Formats*. Das Bild wird in fünf Dateien gespeichert; je eine für die vier Druckfarben der Euroskala sowie ein Previewbild in niedriger Auflösung, das mit den Farbdateien verbunden ist. Der Vorteil liegt darin, das die Previewbilder leicht im Netz verteilt werden können, während die höchauflösenden separierten Dateien auf dem Fileserver verbleiben. Bei der Ausgabe werden automatisch die Farbdateien angesprochen.

Sowohl das *EPS-* als auch das *DCS-Format* haben den Vorteil, daß die Rastereinstellungen und die Druckkennlinien wahlweise abgespeichert

Abbildung 5

werden können.
Das Einsatzgebiet für Photoshop in der Kartographie beschränkt sich natürlich nicht nur auf die Bearbeitung hochauflösender Bilder für Covergestaltung oder Reiseführer. Durch die sehr guten Separationseigenschaften besteht auch eine kostengünstige Möglichkeit von zuvor gescannten farbvereinten Originalen (Bollmann-Stadtplan, Berann-Karten) Offsetfilme herzustellen.

2.2.3. Freistellen
Das Freistellen kommt in der Praxis häufig vor. Sei es, daß auf dem Cover der Radkarte der Radfahrer samt Fahrrad plaziert werden soll, so daß zwischen den Speichen das Grün des Deckblatts durchscheint, oder es soll ein Symbol oder Logo in der Karte plaziert werden. Freistellen bedeutet, daß die nicht darzustellenden Partien eines Bildes nach dem Plazieren transparent erscheinen.
Zunächst muß die Kontur des freizustellenden Objekts erfaßt werden. Dafür stehen in Photoshop die Auswahlwerkzeuge Rechteck, Oval, Lasso und Zauberstab und der Zeichenstift der Farbpalette zur Verfügung. Ist die Auswahl vollständig erstellt, wählt man *Pfad erstellen* im Pfade-Einblendmenü der Pfad-Palette. Dieser Schritt entfällt, wenn die Kontur mit dem Zeichenstift der Pfadpalette definiert wurde. Dann wählt man *Pfad sichern...* im Pfade-Einblendmenü und gibt dem Pfad einen passenden Namen. Anschließend wählt man *Beschneidungspfad...* im Pfade-Einblendmenü. In der Dialogbox wird zunächst der eben gesicherte Pfad ausgewählt. Die Kurvennäherung legt fest, wie stark der Beschneidungspfad vom exakten Wert abweichen darf. Niedrige Zahlen bedeuten genaue Werte, aber längere Ausgabezeiten. Ein Wert zwischen 3-5 ist ausreichend.
Zum Schluß muß das Bild im *EPS-Format* gesichert werden.

Abbildung 6

3. Entwicklungstendenzen

3.1. Anpassung an den Power-Macintosh
Adobe hat Photoshop trotz zunächst fehlender Konkurrenz kontinuierlich weiterentwickelt. Der letzte große Entwicklungsschub kam mit der Version 2.5 im Frühjahr 1993. Durch die Neuprogrammierung wurde ein beträchtlicher Geschwindigkeitszuwachs erzielt. Der Bildaufbau erfolgt seither in quadratischen Kacheln. Gegenüber einem zeilenweisen Bildaufbau hat dies den Vorteil, daß nur die dargestellten Bildkacheln vom Prozessor neuberechnet werden müssen, und nicht das gesamte Bild.
Mit der Herausgabe der Version 2.51 wurden vor allem kleine Fehler der Version 2.5 beseitigt.
Einige Wochen nach dem Erscheinen der ersten Power-Macintoshs lieferte Adobe ein Plug-in aus, das Photoshop auf diesen Rechnern erheblich beschleunigt. Eine vollständiege Portierung des Programms in den *native mode* wird erst in der überarbeiteten Version 3.0 angeboten, die voraussichtlich im Herbst dieses Jahres erscheint.
3.2. Photoshop 3.0

In der Beta-Version von Photoshop 3.0 hat sich gegenüber 2.51 einiges
geändert. Die auffälligste Neuerung ist die neue Benutzeroberfläche.
Weniger Pop-up-Menüs, dafür aber mehr Paletten, die wie Karteikarten
zusammengefaßt sind, stehen dem Anwender zur Verfügung. Die neue
Komandopalette erlaubt es, Funktionen durch einfaches Anklicken zuvor
definierter Buttons auszuführen.

Erstmals ist ein Preview in CMYK möglich, während die Bilddatei selbst
sich noch im RGB-Farbraum befindet. Die Fähigkeiten zur selektiven
Farbkorrektur sind zwar erweitert worden, aber die direkte Eingabe von
Tonwertprozenten, wie sie bis jetzt nur Drittanbieter als Plug-in Lösungen offerieren, ist zumindest in der Beta-Version nicht möglich.
Die herausragende Neuerung besteht darin, Bilder in verschiedenen
Bildebenen zusammenzubringen. Jede Bildebene bleibt einzeln
editierbar, läßt sich benennen, ist in ihrer Reihenfolge tauschbar und
läßt sich wieder löschen. Außerdem werden einige neue Filter erscheinen; unter anderem einer, der automatisch Staub und Kratzer entfernen
soll.
Insgesamt stellen diese Neuerungen vor allem Arbeitserleichterungen
bereits vorhandener Funktionen dar, die durch eine Erhöhung der
Arbeitsgeschwindigkeit aufgrund des *native modes* abgerundet werden.

Abbildung 7

3.3. Photoshop auf anderen Plattformen
Im gleichen Funktionumfang wie Version 2.51 und unter gleicher,
optisch angepaßter Benutzeroberfläche ist Photoshop ebenso für
Windows Rechner, Silicon Graphics und Sun Workstations erhältlich.
Die Systemvoraussetzungen im einzelnen:
Silicon Graphics:
  - Silicon Graphics Workstation mit R3000 oder schnellerem
Prozessor
  - IRIX 5.2 Betriebssystem
  - 32 MB Arbeitsspeicher (RAM)
  - Festplatte
  - CD-ROM Laufwerk
SUN:
  - SUN SPARCstation 2, IPX oder schnellerer Prozessor
  - Solaris 2.3 Betriebssystem
  - Open Windows oder Motif Fenstermanager
  - 32 MB Arbeitsspeicher
  - Festplatte
  - CD-ROM Laufwerk
Dies sind lediglich die Mindestvoraussetzungen. Auffallend ist der wesentlich höhere Bedarf an Arbeitsspeicher.

4. Photoshop im Vergleich mit anderen Bildverarbeitungsprogrammen und Systemen

Es gibt im Bereich des Macintosh und Windows Marktes noch kein
Programm, daß auch nur annähernd den Funktionsumfang und die
Qualität Photoshops erreicht. Allerdings existiert mit dem Programm

Live Picture eine Bildbearbeitungssoftware, die in Zukunft Photoshop Konkurrenz machen könnte. Mit Live Picture lassen sich Bilder, egal wie groß sie sind, in Echtzeit verarbeiten. Beim Arbeiten macht es kaum einen Unterschied, ob das Bild 1 MB oder 500 MB groß ist. Das Programm sprengt die Hardwaregrenze, die bei Photoshop im wesentlichen von der Größe des RAM-Speichers abhängig ist. Photoshop lädt jedes einzelne Pixel in den Arbeitsspeicher. Beim Abarbeiten kann es dann bei größeren Dateien zu mehreren Minuten Wartezeit kommen.

Live Picture hat eine andere Vorgehensweise. Man arbeitet nicht mit den echten Bilddaten, sondern mit einer Monitordarstellung. Die Befehle werden nicht sequenziell angewählt und abgearbeitet, sondern in einer Art Makrodatei gesammelt und erst am Ende der Bearbeitung auf die hochaufgelösten und speicherintensiven Bilddaten angewendet. Die Endbearbeitung benötigt bei einem A4 Bild je nach Qualitätsstufe zwischen 15 und 25 Minuten. Bei der Mehrplatzversion von Live Picture bietet sich die Möglichkeit, die Endberechnung an einem Render-Server weiterzuleiten, so daß der Bildverarbeitungsplatz sofort wieder zur Verfügung steht.

Mit weiteren Verbesserungen des Programms ist zu rechnen, da mitlerweile Kai Krause (amerikanischer Photoshop Experte, bekannt durch seine Photoshop Filter in Kai's Power Tools) an der Weiterentwicklung des Programm beteiligt ist.

Aufgrund des geringeren Funktionsumfangs, des relativ hohen Preises (ca. 9800,— DM) und der kritischen Hinterfragung, ob man in der Kartographie wirklich so häufig mit sehr großen Bilddateien arbeitet, sollte man Photoshop Live Picture z. Zt. noch vorziehen.

Die SPARCstation erreicht unter Photoshop ungefähr die Leistung eines Power Macintosh 7100/66 (MACup 6/94, S. 27). Die Indy ist nur so schnell wie ein beschleunigter Quadra 650. Ein Umstieg auf die UNIX-Rechner lohnt sich also noch nicht, zumal man für ein Workstation rund das fünffache eines Power Macintoshs zu zahlen hat.

Literatur
Biedny, David: Das offizielle Photoshop Handbuch, Attenkirchen, 1993.
Nyman, Mattias: 4 Farben – ein Bild, Berlin, 1994
sowie Berichte und Beiträge der Zeitschriften
MACup: Ausgaben 4/94, 6/94 und 7/94,
Macwelt: Ausgaben 3/94 und 7/94,
Page: Ausgaben 5/92, 6/93, 4/94 und 6/94

Anschrift des Verfassers:
Bernd Hoppmann
Schultheißenstraße 12
76187 Karlsruhe

Photoshop

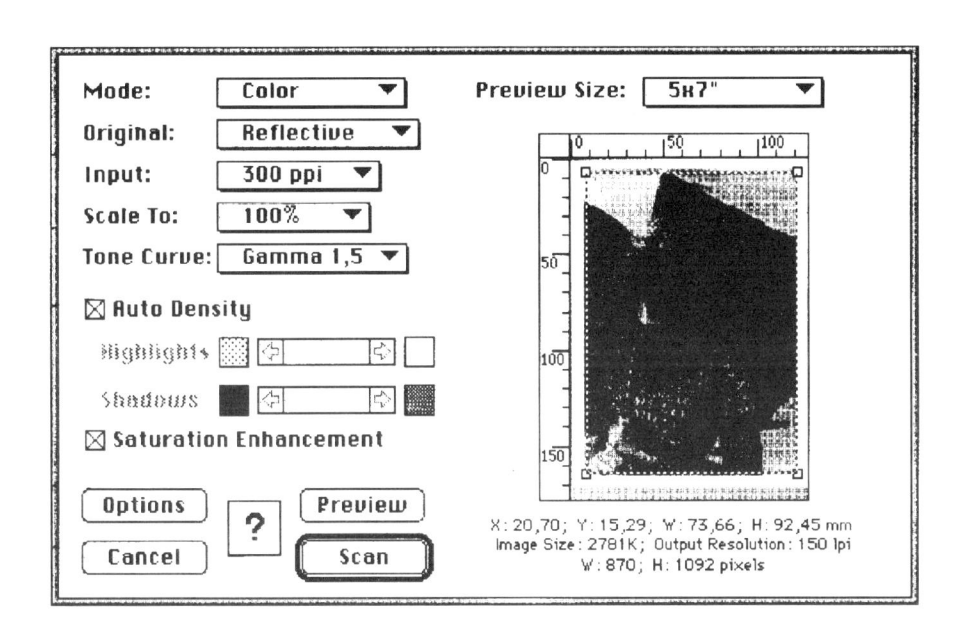

Abbildung 1:

Abbildung 2:

Abbildung 3:

20. Arbeitskurs Niederdollendorf `94

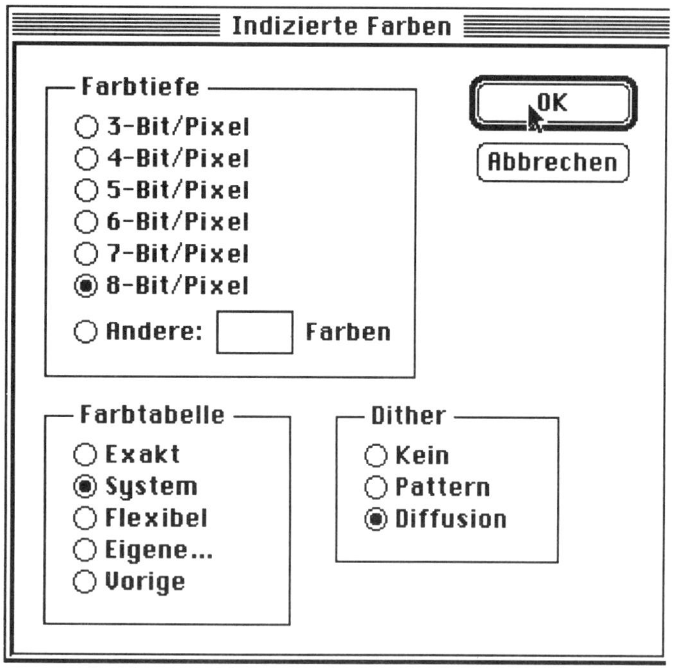

Abbildung 4:

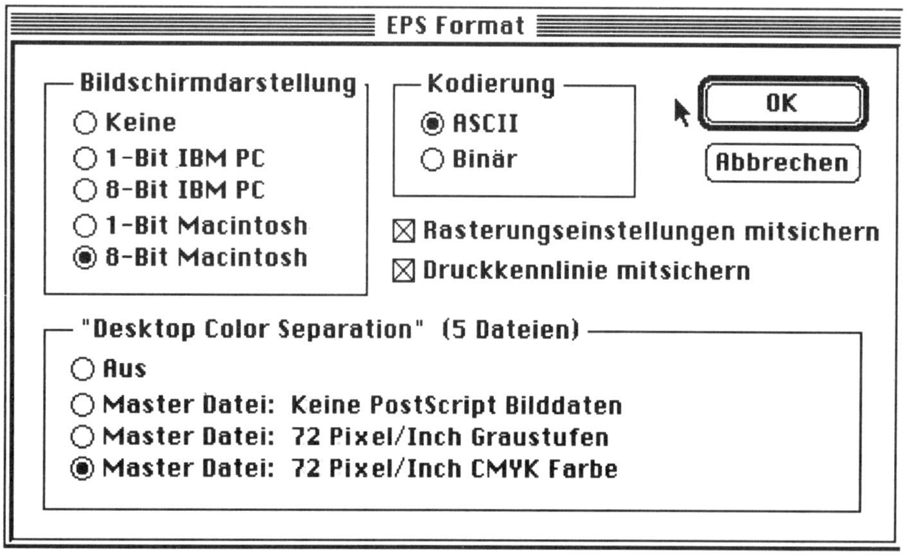

Abbildung 5:

Photoshop 157

Abbildung 6:

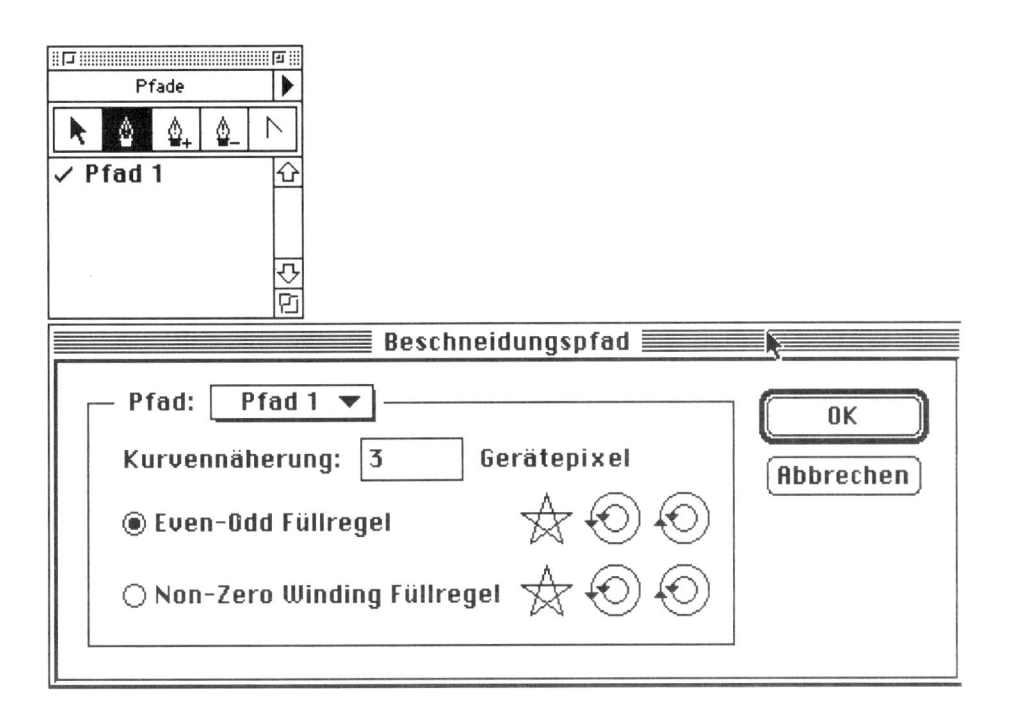

Abbildung 7:

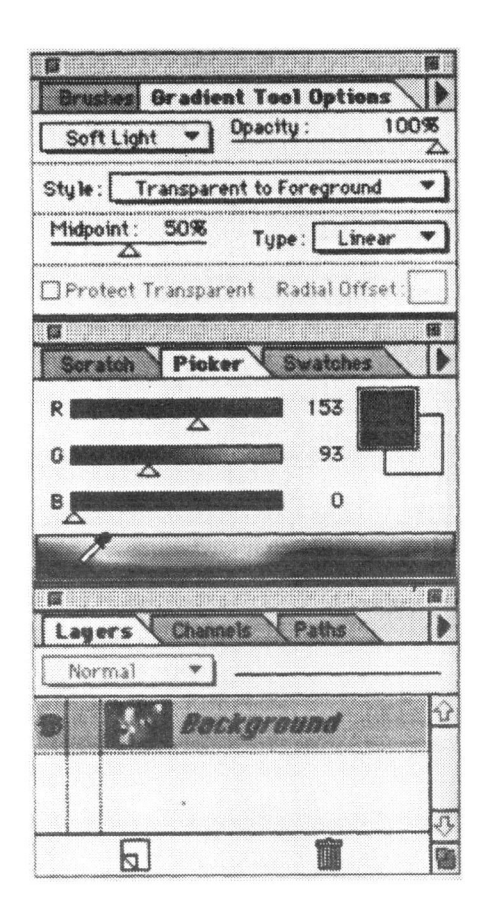

Seitengestaltung mit PageMaker

Jörn Schulz

1. Einführung

Das Programm PageMaker, verfügbar in der Version 5.0, gehört zu den Programmen zum Gestalten von Dokumenten, die Grafik und Text enthalten. Diese Verfahren des elektronischen Satzes und des elektronischen Layouts wird auch Desktop Publishing, kurz DTP genannt. Dabei deckt die Arbeit mit dem Desktop Publishing-Programm die Bereiche des Textsatzes, der Bildbearbeitung und der Montage sowie alle Schritte über die Bildmontage bis zur Erzeugung des seitenverkehrten Offsetfilms ab. Das Programm Aldus PageMaker ist für Apple Macintosh, Microsoft Windows und OS/2 erhältlich.

2. Vorteile des Desktop Publishing

Die wesentlichen Vorteile des elektronischen gegenüber dem manuellen Layout und Satz sind folgende:
Erstens können Text und Grafik zusammen bearbeitet werden. Das Ergebnis kann direkt visuell beurteilt und direkt berichtigt werden. Bild, Grafiken und Text können zusammen auf Film ausgegeben werden.
Zweitens können Fehler im Layout schneller und ohne Qualitätsverlust retuschieret werden. Die Retusche bedeutet nicht mehr manuelle Arbeit wie zum Beispiel den erneuten Umbruch des Textes, sondern es müssen lediglich die veränderten Teile nochmals ausbelichtet werden.
Drittens entstehen, wie auch bei der Herstellung von Karten mit Hilfe elektronischer Datenverarbeitung, kaum reprotechnische Arbeitsgänge. Die zeit- und damit auch kostenintensiven Arbeitsschritte wie Schriftsatz und Textumbruch werden zeitsparend am Bildschirm erledigt und können jederzeit interaktiv kontrolliert werden. Ebenso entfallen die Arbeitsgänge der Rasterung der Bildvorlagen und der Einkopie, der Ausbelichtung von nicht benötigten Bildteilen. An reproduktionstechnischen Schritten fallen lediglich Offsetmontage und Plattenkopie an.
Drittens wird der Schriftsatz durch Hilfsmittel wie Rechtschreibhilfe und automatische Trennung erheblich erleichtert und verkürzt.
Viertens wird die Herstellung des Seitenlayouts durch vielfältige Hilfsmittel unterstützt und beschleunigt. Dazu gehören Hilfsmittel wie Hilfslinien wie Hilfslinien, die Textblöcke begrenzen, Funktionen zur Erstellung eines Inhalts- und Stichwortverzeichnisses oder zum Erstellen von Tabellen.
Darüber hinaus bietet PageMaker viele Zusatzfunktionen, die den Satz eines Dokuments beschleunigen

3. Benötigte Geräteausstattung, um Desktop Publishing sinnvoll betrei ben zu können

Um Desktop Publishing einsetzen zu können, sind folgende Komponenten notwendig.

3.1 Eingabegeräte
Diese Eingabegeräte dienen zur Umwandlung der vorliegenden Daten in digitale Form. Es werden zum Digitalisieren der Abbildungen und Grafiken zwei verschiedene Gerätetypen verwendet.
Zum einen sogenannte Digitizer, die aus einem Tablett und einer Meßlupe bestehen. Die umzuwandelnden Elemente werden mit Hilfe der Meßmarke abgefahren und als Vektoren gespeichert. Digitizer eignen sich zum Bearbeiten von Strichzeichnungen.
Zum anderen sogenannte Scanner, die die Vorlage in Form einbes gleichmäßigen Rasters abtasten. Die Vorlagen werden dabei abgetastet und als Schwarzweiß-, Graustufen und Farbbild gespeichert. Diese Bilder können direkt im Programm PageMaker plaziert werden. Die dabei benötigte Abtastfeinheit (Auflösung) ist von der angestrebten Ausgabe abhängig. So ist zum Beispiel für die Ausgabe auf einem Tintenstrahldrucker eine Auflösung von 360 Punkten pro Inch (dpi), für eine Ausbelichtung mit einem Raster von 60 Linien pro Zentimeter bereits eine Auflösung von 2540 dpi nötig.

3.2 Rechner zum Bearbeiten der Daten
Mit dem Programm Aldus PageMaker kann auf Apple Macintosh Rechnern und IBM-kompatiblen Personal Computern mit MS-DOS und OS/2 Betriebssystem gearbeitet werden. Außer dem Layoutprogramm PageMaker ist es sinnvoll, ein Bildbearbeitungsprogramm zum Bearbeiten der Grafiken, ein Zeichenprogramm zum Bearbeiten von Vektorgrafiken und ein Textverarbeitungsprogramm zum Textsatz bereitzuhalten.

3.3 Ausgabegeräte
Für kleinere Formate und zur Textkorrektur sind Schwarzweiß-Laserdrucker sinnvoll einzusetzen.
Für den farbigen Andruckersatz sind farbfähige Tintenstrahldrucker oder farbfähige Laserkopierer zu verwenden.
Die Ausgabe von Filmen erfolgt auf Laserbelichtern, die Rasterweiten bis über 80 Linien je Millimeter erreichen.

4. Vorgehensweise und Möglichkeiten des Programms PageMaker
Als Beispiel für das Aufzeigen der Möglichkeiten dient ein Teil einer Publikation, der Text, Bilder und Grafiken enthält.

4.1 Vorüberlegungen
Vor Beginn der Arbeiten am Rechner sollten folgende Überlegungen unternommen werden.
- Wie soll das Blattlayout aussehen (Schriftgrößen, Schriftart, Blattränder) ?
- Soll das Dokument ein- oder zweiseitig sein ?
- Soll für das gesamte Dokument das selbe Layout verwendet werden? (bei der Verwendung von mehreren Layouts müssen mehrere Dateien erstellt und zu einem Buch zusammengefügt werden.
- Wieviele Spalten soll das Dokument enthalten ?

- Wo sollen Seitenzahlen, Überschriften etc. plaziert werden?
- Welche Textausprägungen werden für den Satz benötigt? Am zweckmäßigsten ist die Anfertigung einer Tabelle über die Textformate und ihre Definition.

4.2 Musterseiten

Der zweite Schritt in der Bearbeitung stellt die Erzeugung von Musterseiten dar. Diese beinhalten Elemente, wie Seitenzahlen und das Grundlayout für das Dokument wie Begrenzungslinien des Textblocks (Abbildung 1).

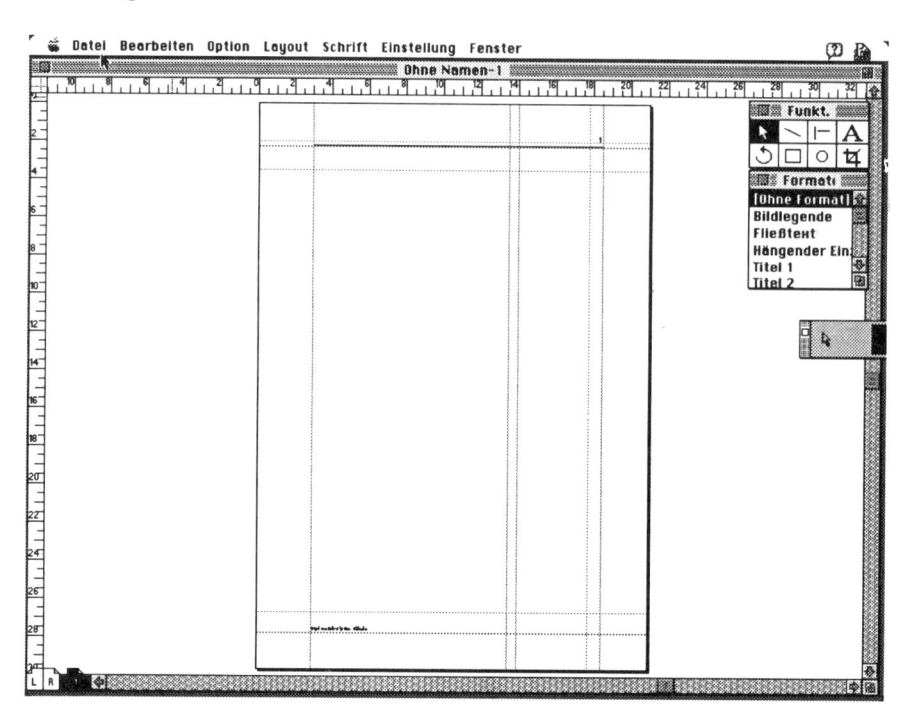

Abbildung 1: Musterdatei

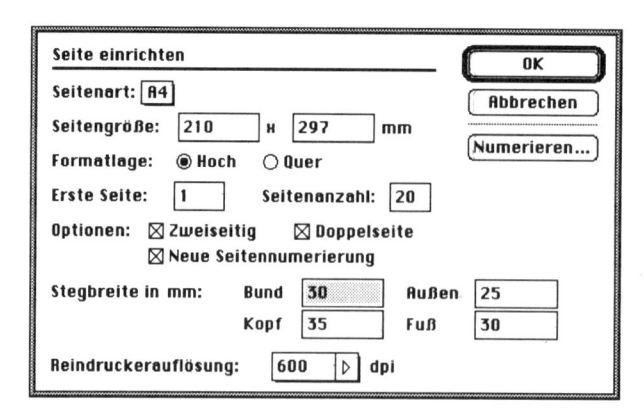

Abbildung 2: Fenster für Layouteinstellungen

Unter Musterseite wird eine Datei verstanden, die alle Elemente und Vorgaben enthält, die für alle Seiten des Dokuments gelten sollen. Im

Einzelnen müssen Randeinstellungen, Einstellungen für Seitenlage und Seitenzahlen gewählt werden (Abbildung 2).

Ein großer Vorteil stellt in dieser Phase des elektronischen Satzes die Möglichkeit dar, für alle Seiten gleichartige Elemente zu definieren, wie zum Beispiel Titelwiederholungen auf jeder Seite oder auch Seitenzahlen, die dann auf jeder Seite erscheinen und nicht auf jeder Seite getrennt gesetzt werden müssen. Für Seitenzahlen werden sogenannte Platzhalter eingesetzt, die auf jeder Seite durch die jeweils passende Seitenzahl ersetzt werden.

4.3 Textsatz und Textplazierung
Die Bearbeitung des Textes teilt sich in folgende drei Abschnitte
- Der Textsatz, das heißt die Erfassung des Textes in einem Textverarbeitungsprogramm. Es hat sich als praktisch erwiesen, den Text- oder Mengensatz in einem Textverarbeitungsprogramm zu erledigen. da dies wesentlich zeitsparender ist. Hierbei ist lediglich auf die richtige Reihenfolge der Abschnitte und auf die Rechtschreibung zu achten, die graphische Ausgestaltung kann und sollte später in PageMaker erfolgen.

3. Auswahl von Software und Hardware

Um Kartographie mit Hilfe von Elektronischer Datenverarbeitung (EDV) zu betreiben, stellt sich als erste Überlegung die der Auswahl von Soft- und Hardware. Dabei wird für die Herstellung von Karten an einem EDV-System auch der Begriff Desktop Mapping (DTM) verwendet.

Zunächst sind die Anwendungsprogramme und die dazu passende Geräteausstattung zu beschaffen. Dabei sind folgende Überlegungen zu berücksichtigen.

- welche Arbeitsgänge sollen mit dem DTM-System ausgeführt werden?
- mit welcher Software können diese Vorgänge durchgeführt werden, das heißt welche Software wird benötigt?
- welche Hardwarekategorie (Apple Macintosh, Personal Computer oder Workstation) wird benötigt, das heißt welches DTM-System stellt für die Anwendungen ausreichend Arbeitsspeicher, Festplattenspeicher und Prozessorleistung zur Verfügung?
- sind mit der Software auch in angemessener Zeit größere Datenmengen zu verarbeiten, das heißt, ist die benötigte Software für die Hardwarekategorie verfügbar?
- welche Kartenformate sollen auf dem DTM-System erstellt werden, das heißt, wie müssen Arbeitsspeicher und Festplattenspeicher dimensioniert sein?
- Karten welcher Informationsdichte sollen hergestellt werden?
Dabei erfordert die Herstellung Karten hoher Informationsdichte

mehr Speicherkapazität als die Herstellung von Karten geringer Informationsdichte.

Abbildung 3: Beispiel eines Textsatzes in Microsoft Word

- Die Textplazierung, das heißt der Satz des Textes auf den Seiten des Dokuments (Abbildung 4)

Die Vorteile liegen in der großen Flexibilität bei Textsatz und Plazierung. Auch nach Textsatz und Textplazierung können Schriftgröße oder Seitenlayout verändert werden. Das Ergebnis kann ständig am Bildschirm beurteilt werden. Es stehen eine große Fülle von Möglichkeiten der Schriftmanipulation zur Verfügung, von Schriftart und Schriftgröße über Zeilenabstand bis hin zu Einstellungen für den Zeichenabstand.

3

3. Auswahl von Software und Hardware

Um Kartographie mit Hilfe von Elektronischer Datenverarbeitung (EDV) zu betreiben, stellt sich als erste Überlegung die der Auswahl von Soft- und Hardware. Dabei wird für die Herstellung von Karten an einem EDV-System auch der Begriff Desktop Mapping (DTM) verwendet.

Zunächst sind die Anwendungsprogramme und die dazu passende Geräteausstattung zu beschaffen. Dabei sind folgende Überlegungen zu berücksichtigen.

- welche Arbeitsgänge sollen mit dem DTM-System ausgeführt werden?
- mit welcher Software können diese Vorgänge durchgeführt werden, das heißt welche Software wird benötigt?
- welche Hardwarekategorie (Apple Macintosh, Personal Computer oder Workstation) wird benötigt, das heißt welches DTM-System stellt für die Anwendungen ausreichend Arbeitsspeicher, Festplattenspeicher und Prozessorleistung zur Verfügung?
- sind mit der Software auch in angemessener Zeit größere Datenmengen zu verarbeiten, das heißt, ist die benötigte Software für die Hardwarekategorie verfügbar?
- welche Kartenformate sollen auf dem DTM-System erstellt werden, das heißt, wie müssen Arbeitsspeicher und Festplattenspeicher dimensioniert sein?
- Karten welcher Informationsdichte sollen hergestellt werden?

Dabei erfordert die Herstellung Karten hoher Informationsdichte ¿ mehr Speicherkapazität als die Herstellung von Karten geringer Informationsdichte ¡.

Hierbei ist lediglich die graphische Informationsdichte gemeint, das heißt die Anzahl der graphischen Elemente pro Flächeneinheit.

Abbildung 4: Beispiel einer Satzdatei mit plaziertem Text in PageMaker

- Textformatierung
  Bei der Textformatierung werden die zuvor erstellten Textformate auf den Text angewandt, das heißt Überschriften werden mit dem Format „Überschrift", der Fließtext mit dem Format "Fließtext "belegt.

Abbildung 5: Beispiel einer Satzdatei mit formatiertem Text in PageMaker

4.4 Grafikplazierung

Die Grafikplazieruung ist der nächste Schritt zum Satz des Dokuments. Dabei ist zwischen verschiedenen Optionen für den Textumfluß zu wählen. Auch hier zeigt sich eine große Flexibilität, auch nach der Bildplazierung können Größe und Lage der Bilder verändert werden, der Textumbruch erfolgt automatisch (Abbildung 6). Bei der Grafik plazierung ist zwischen Rastergrafiken und Vektorgrafiken zu unterscheiden. Rastergrafiken werden als Farb-, Graustufen- oder Schwarzweißbild plaziert und in der kurzen Skala oder in schwarzweiß ausgegeben. Vektorgrafiken, wie zum Beispiel Kartenausschnitte mit Echtfarben, die in anderen Programmen erstellt wurden, können mit Echtfarben übernommen oder in 4-Farb-Auszüge umgewandelt werden. Die Grafiken können in Helligkeit, Kontrast, Größe und Proportionen beeinflußt werden, eine Beeinflussung einzelner Elemente des Inhalts ist aber nicht mehr möglich.

> 3. Auswahl von Software und Hardware   Hardware / Geräteausstattung   3
>
> **3. Auswahl von Software und Hardware**
>
> Um Kartographie mit Hilfe von Elektronischer Datenverarbeitung (EDV) zu betreiben, stellt sich als erste Überlegung die der Auswahl von Soft- und Hardware. Dabei wird für die Herstellung von Karten an einem EDV-System auch der Begriff Desktop Mapping (DTM) verwendet.
>
>   Desktop Mapping
>
> Zunächst sind die Anwendungsprogramme und die dazu passende Geräteausstattung zu beschaffen. Dabei sind folgende Überlegungen zu berücksichtigen.
>   Geräteausstattung
>
> - welche Arbeitsgänge sollen mit dem DTM-System ausgeführt werden?
> - mit welcher Software können diese Vorgänge durchgeführt werden, das heißt welche Software wird benötigt?
> - welche Hardwarekategorie (Apple Macintosh, Personal Computer oder Workstation) wird benötigt, das heißt welches DTM-System stellt für die Anwendungen ausreichend Arbeitsspeicher, Festplattenspeicher und Prozessorleistung zur Verfügung?
> - sind mit der Software auch in angemessener Zeit größere Datenmengen zu verarbeiten, das heißt, ist die benötigte Software für die Hardwarekategorie verfügbar?
> - welche Kartenformate sollen auf dem DTM-System erstellt werden, das heißt, wie müssen Arbeitsspeicher und Festplattenspeicher dimensioniert sein?
> - Karten welcher Informationsdichte sollen hergestellt werden?   Informationsdichte der Karten
>
> Dabei erfordert die Herstellung Karten hoher Informationsdichte ① mehr Speicherkapazität als die Herstellung von Karten geringer Informationsdichte ②.
>
> Hierbei ist lediglich die graphische Informationsdichte gemeint, das heißt die Anzahl der graphischen Elemente pro Flächeneinheit.

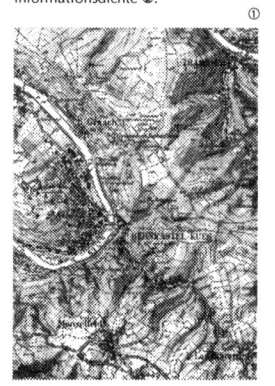

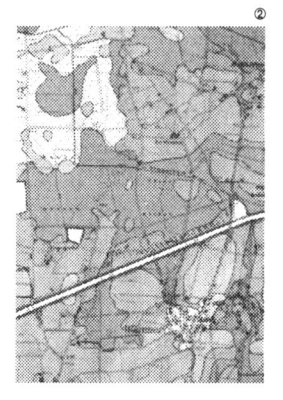

Abbildung 6: Beispiel einer Satzdatei mit plazierten Bildern in PageMaker

4.5 Ausgabe der Filme

Hierbei erfolgt die Ausbelichtung direkt aus dem Programm PageMaker. Es können 4-Farb-Auszüge oder Farbauszüge von Echtfarben ausbelichtet werden. Von besonderer Bedeutung für die Kartographie ist die Möglichkeit der Ausbelichtung von Echtfarbauszügen in Farben, die aus plazierten Grafiken übernommen wurden. Das bedeutet, es können die Farben eines plazierten Kartenausschnitts wahlweise von Echtfarben in Farben der kurzen Skala umgewandelt und als solche ausbelichtet oder als Echtfarben belassen werden. Bei der Ausbelichtung stehen auch Einstellungsmöglichkeiten für die Auflösung der Ausbelichtung und die

Anzahl der auszubelichtenden Farben zur Verfügung. Ebenso können bei ausreichend großem Belichterformat mehrere Nutzen auf einem Bogen plaziert werden, ohne daß Montagearbeiten anfallen.

5. Spezielle Besonderheiten des elektronischen Layouts für größere Publikationen

Insbesondere bei Publikationen größeren Ausmaßes sind folgende Optionen sehr zeitsparend:

5.1 Erstellen von Festlegungen für Textabschnitte gleichen Aussehens. Das heißt es können die Schriftfestlegung für Überschriften, Hervorhebungen und Fließtext gespeichert und als Einheit auf einen Schriftblock angewendet werden.

5.2 Erstellen eines Inhaltsverzeichnisses. Die für das Inhaltsverzeichnis bestimmten Teile (Überschriften etc.) werden durch Zuweisen einer Schriftfestlegung (Schriftformat) in das Inhaltsverzeichnis aufgenommen. Das Inhaltsverzeichnis wird automatisch erstellt und muß lediglich nachbearbeitet werden.

5.3 Erstellen eines Index. Als besonders zeitsparend erweist sich das Erstellen eines Indexes, wie zum Beispiel eines Personen- oder Sachregisters. Dies geschieht in gleicher Weise wie bei Inhaltsverzeichnissen.

6. Einsatzmöglichkeiten des Programms PageMaker im Bereich der Kartenherstellung

Im Bereich der Kartenherstellung ist das Programm Aldus PageMaker vor allem zum Zusammenstellen des Gesamtlayouts eines Kartenblattes aus verschiedenen Karten und zur Kartenrandgestaltung geeignet. Es können dabei beliebige, in anderen Programmen erstellte Karten oder Kartenausschnitte eingefügt und unter Hinzufügung von Kartenrahmen und Kartenrandgestaltung zu einem Kartenblatt vereinigt werden.

7. Fazit

Für den elektronischen Satz und das elelktronische Layout von großen Texten bieten Desktop-Publishing-Programme wie PageMaker enorme Zeitvorteile gegenüber der manuellen Bearbeitungsweise. Im Bereich der Kartographie bietet PageMaker durch die Zusammenstellung von verschiedenen, in anderen Programmen erstellten Grafiken wie zum Beispiel Karten und Kartenausschnitte, gute Möglichkeiten im Layout von Karten vor allem großer Maßstäbe.

Anschrift des Verfassers:
Jörn Schulz
Stellaweg 13
70563 Stuttgart

Einführung in PostScript - Page Description Language

Martin Eisenmann

1. Was ist PostScript?

Einführung

Überall dort, wo DTP betrieben wird ist auch PostScript. Warum ist das so? Weshalb ist PostScript so weit verbreitet? Warum ist PostScript für den „User" weitgehend unsichtbar? Wie kann sich der moderne Kartograph PostScript z.B. in Aldus FreeHand zunutze machen? Dies sind Fragen, die aufgrund der Komplexität und des Umfangs des Themas in diesem Rahmen nur im Ansatz geklärt werden können.

Entwicklung

Die Entwicklung von PostScript begann 1982 mit der Gründung von Adobe Systems Incorporated. Ziel war es, eine Programmiersprache als zur Be-schreibung von Grafiken für zweidimensionale Druckseiten zu gewinnen. Bis 1987 war man soweit, daß Adobe zusammen mit Aldus und Altsys das Encapsulatet PostScript (EPS) definieren konnte. Im gleichen Jahr steigt auch IBM auf den Zug auf und unterstützt PostScript. Damit war der Weg zum Industriestandard, den PostScript heute darstellt, geebnet.

DTP

DTP bedeutet die Verarbeitung von Text und Graphik sowie die Ausgabe von fertig layouteten Druckseiten mit dem Computer als Werkzeug. Hier ist PostScript als Seitenbeschreibungssprache das Bindeglied zwischen Computer und Ausgabemedium. Sei dies nun ein farbfähiges Proofsystem oder ein Laserbelichter zur Erzeugung der Druckfilme.

PostScript-Treiber

Bei dieser Aufgabe bleibt PostScript für den Benutzer unsichtbar, da alle gängigen DTP-Applikationen über PostScript-Treiber verfügen, die das auszugebende Dokument in PostScript-Befehle umwandeln. PostScript beschreibt bei diesem Vorgang den Inhalt einer Druckseite komplett, ehe diese ausgegeben wird. Daher der Name „Seitenbeschreibungssprache".
Die PostScript-Information der zu druckenden Seite muß nach dieser Beschreibung zunächst irgendwo zwischengespeichert werden. Dies kann im Computer selbst geschehen oder aber im Druckerspeicher. Daraus wird ersichtlich, daß reichlich vorhandener Arbeitsspeicher sowohl im Computer als auch im Drucker die Ausgabe des Drucks beschleunigt.

Geräteunabhängigkeit

Im Drucker setzt der PostScript-Interpreter das PostScript-Programm in die für den Drucker spezifische Information um. Das Druckwerk empfängt somit nur noch Steuerdaten in der eigenen Sprache und Auflösung. Dadurch kann jedes PostScript-Programm auf jedem PostScript-fähigen Drucker das gleiche Ergebnis erzeugen und ist somit geräte- und auflösungsunabhängig.

So weit - so gut. In den letzten Jahren wurde jedoch der Ruf nach farbfähigen Proofsystemen laut. PostScript war von Anfang an auf die

Einführung in PostScript - Page Description Language

Verarbeitung von Farbe ausgelegt, hat bis dato aber nur zwei Farbmodelle unterstützt: RGB (Rot, Grün, Blau) und HSB (Hue, Saturation, Brightness) = Helligkeit und Sättigung. In den farbfähigen PostScript-Druckern wird deshalb PostScript Level 2 verwendet, wo nun auch das CMYK (Cyan, Magenta, Gelb, Schwarz)-Farbmodell implementiert ist.

Farbmodelle

Nun könnte PostScript als Druckertreiber verstanden werden. Wie wir sehen werden ist PostScript jedoch eine Programmiersprache, die sowohl Schriften, als auch Vektorgraphik unterscheiden und verwalten kann. Es können wie mit anderen Programmiersprachen eigene Befehlsfolgen und Prozeduren erstellt werden, allerdings mit dem Ziel, das Endergebnis auf einem Drucker oder falls sich Display-PostScript durchsetzen sollte, auch auf dem Monitor auszugeben.

Programmiersprache

2. PostScript zum Anfassen

Erstes Programm

```
/Helvetica findfont
24 scalefont
setfont
100 100 moveto
(Guten Tag, Niederdollendorf !) show
showpage
```

Als Textfile mit einem Downloading-Programm an einen PostScript-fähigen Drucker geschickt, würde folgendes Ergebnis auf einer Seite erscheinen:

Guten Tag, Niederdollendorf !

Was macht dieses Programm? Die einzelnen Schritte sind folgende:

/Helvetica findfont	rufe die Schriftart Helvetica auf
24 scalefont	lege die Schriftgröße fest
setfont	definiere die aktuelle Schrift, die ab jetzt gedruckt wird
100 100 moveto	definiere den Ort
(.............) show	schreibe „Guten Tag, Niederdollendorf"
showpage	drucke die Seite

Im Listing fällt auf, daß die Operanden links vor den Operatoren stehen, also   *100 100 moveto*

Die beiden Zahlen bilden die Operanden, *moveto* ist der Operator. PostScript verwendet damit die sogenannte Postfix-Notation. Dem Einsteiger bereitet diese Schreibweise anfänglich Schwierigkeiten, da unsere Denkweise entgegengesetzte Wege geht (gehe zu 100 100).

Postfix-Notation

20. Arbeitskurs Niederdollendorf '94

Der Stack

PostScript ist eine Stack-orientierte Programmiersprache. Der Stack ist ein Speicherbereich, der dem Programm zur Verfügung steht, um Objekte zwischenzeitlich abzulegen. Dabei gilt das sogenannte LIFO-Prinzip (Last In, First Out). Vergleichbar ist dies mit einem Tellerstapel in der Küche: den zuletzt obenauf gestellten Teller nimmt man zuerst wieder herunter.

Stackoperationen

3. Die Stacks

Beispiel: *2 3 mul*

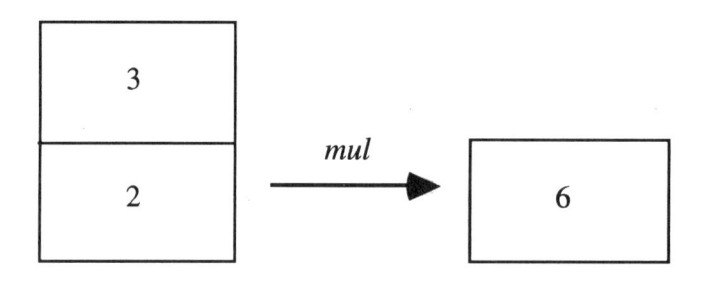

```
┌─────┐
│  3  │
├─────┤       mul      ┌─────┐
│  2  │      ────▶     │  6  │
└─────┘                └─────┘
```

Der Operator *mul* (multipliziere) nimmt sich zuerst die 3 dann die 2 multipliziert und legt das Ergebnis 6 als obersten Eintrag wieder auf dem Stack ab.

Stacks

PostScript verfügt über vier verschiedene Stacks:

        Operand Stack

        Execution Stack

        Graphic State-Stack

        Dictionary Stack

Operanden-Stack:	dort werden alle Werte, Zeichenketten oder Prozeduren abgelegt.
Execution-Stack:	enthält alle Operationen, die gerade abgearbeitet werden. Das oberste Element ist immer der nächste ausführbare Befehl.
Graphic State-Stack:	enthält alle Einstellungen der graphischen Zustände, z.B. welche Schriftart und -größe gerade verwendet wird.
Dictionary-Stack:	dient zur Definition von Variablen und Prozeduren.

Auch zur Manipulation der Stacks gibt es Operatoren, deren Erläuterung hier allerdings zu weit führen würde. Eine weitere wichtige Datenstruktur in PostScript sind Dictionaries, die im Folgenden kurz erwähnt werden sollen, da sie uns bei der Zusatzprogrammierung für FreeHand später wieder begegnen werden.

4. Das Dictionary

Das Dictionary ist eine Datenstruktur, bei der wie in einer assoziativen Tabelle Paare von PostScript-Objekten einander zugeordnet werden. Dabei ist das erste Element des Paares der „Schlüssel" (Key), das zweite Element der „Wert" (Value). PostScript enthält Operatoren, die solche Paare definieren und in einem Dictionary ablegen können. Ein Font-Dictionary stellt beispielsweise die Verbindung zwischen dem Schriftnamen und der graphischen Definition der Schrift her.

Besondere Dictionaries sind das systemdict, das userdict, das statusdict und das errordict. Das *systemdict* liegt dabei ganz unten im Dictionary-Stack und ist im ROM des Druckers untergebracht. Es kann vom Benutzer nicht modifiziert werden und enthält die Definitionen sämtlicher PostScript-Befehle.

Key & Value

Ein Dictionary wird folgendermaßen definiert:

Definition eines Dictionaries

/NewDict 25 dict def	erzeugt ein Dictionary mit 25 Einträgen
NewDict begin	legt das Dictionary ganz oben auf den Dictionary-Stack
{.........}	Einträge bzw. Definitionen
end	entfernt das obenliegende Dictionary vom Stack

Wird nun in einem PostScript-Programm eine Prozedur mit ihrem Namen aufgerufen, die im *NewDict* definiert ist, durchläuft der Suchalgorithmus den gesamten *Dictionary-Stack* bis der Name gefunden ist, übernimmt dann den zugehörigen Wert und bricht die Suche ab.

Soviel zur Struktur von PostScript. Um selbst zu programmieren müssen wir uns nun die „nähere Umgebung" in der sich ein einfaches Programm abspielt genauer betrachten.

5. Programmierung

Das Koordinatensystem, auf welches sich PostScript bezieht, hat eine horizontale x-Achse und eine vertikale y-Achse. Einheit ist 1 Point = 1/72 Zoll. Der Nullpunkt liegt auf der zu bedruckenden Seite links unten. Mit den Opera-toren *rotate* = drehen, *translate* = verschieben und *scale* = skalieren können wir das Koordinatensystem verändern. Man verändert dann die *CTM = Current Transformation Matrix*. Die oben genannten Operatoren sind also *CTM-Opera-toren*. Das folgende kurze Programm erzeugt in einem gedrehten Koordinaten-system eine schräge Linie von links unten nach rechts oben:

Koordinatensystem

Zweites Programm

100 100 moveto
300 100 lineto
45 rotate
stroke
showpage

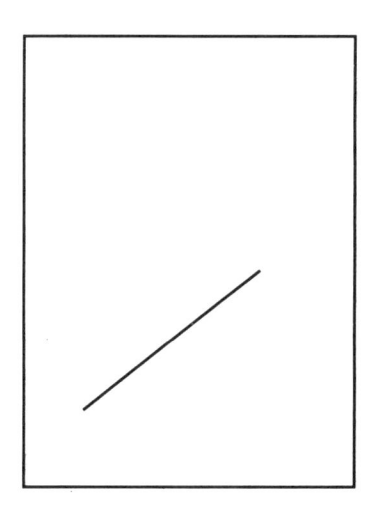

Erläuterung des Programms:

100 100 moveto	setze den aktuellen Punkt auf die Position 100 100
300 100 lineto	erzeuge einen Pfad zwischen dem aktuellen Punkt und dem angegeben Punkt
45 rotate	drehe das Koordinatensystem um 45°
stroke	zeichne den aktuellen Pfad

Der Pfad

Ein Pfad ist in PostScript eine Abfolge von Bewegungen, Linien- und Kurvensegmenten, die als Kontur oder Fläche dargestellt werden sollen. Dieser Pfad bleibt solange „unsichtbar", bis er durch den Painting-Operator *stroke* gezeichnet wird.
Als nächster Schritt soll eine gefüllte Fläche programmiert werden, die folgendermaßen aussieht:

Das Besondere ist jetzt, daß diese Figur später in FreeHand dazu dienen soll, eine Grenzliniensignatur zu erzeugen. Damit die Figur später exakt auf der Mitte der Linie liegt, muß sie um den Nullpunkt des Koordinatensystems aufgebaut werden. Hier das zugehörige Programm:

0 .1 moveto
.3 .1 lineto .3 .25 lineto .5 .25 lineto .5 -.25 lineto
.3 -.2 lineto .3 -.1 lineto -.3 -.1 lineto -.3 -.25 lineto
-.5 -.25 lineto -.5 .25 lineto -.3 .25 lineto -.3 .1 lineto
closepath

gsave
0 setgray
fill

Einführung in PostScript - Page Description Language

grestore
stroke
showpage

Folgende Operatoren kennen wir noch nicht:

closepath	verbindet den aktuellen Punkt mit dem Punkt, auf den der letzte *moveto*-Befehl ausgeübt wurde und muß angewendet werden, damit eine Figur als Fläche dargestellt werden kann.
gsave *grestore*	kapseln die graphischen Attribute ein, die auf den aktuellen Pfad angewendet werden sollen. D.h. nach einem *grestore* ist der Graphikstatus so wie vor dem letzten *gsave*.
setgray	legt den gewünschten Grauwert fest. 0 ist Schwarz, 1 ist Weiß, 0.5 ist 50% Schwarz
fill	füllt die Figur mit dem angegebenen Grauwert.

Die programmierte Signatur soll nun als Prozedur definiert werden, so daß sie bei Bedarf unter ihrem Namen aufgerufen werden kann. Dabei definieren wir zunächst nur den Pfad der Signatur als Prozedur, da der Rest in FreeHand bereits vordefiniert ist.

/grenze
{0 .1 moveto .3 .1 lineto .3 .25 lineto .5 .25 lineto .5 -.25 lineto
.3 -.2 lineto .3 -.1 lineto -.3 -.1 lineto -.3 -.25 lineto
-.5 -.25 lineto -.5 .25 lineto -.3 .25 lineto -.3 .1 lineto}
def

Prozedur definieren

/grenze	legt den Namen der Prozedur fest
{........}	enthält die auszuführende Anweisung
def	definiert die Prozedur

So könnte die Prozedur in FreeHand noch nicht aufgerufen weden. Wir müssen uns deshalb ansehen, wie man am leichtesten PostScriptRoutinen in FreeHand einbinden kann.

5. Eigenen Linienstil für FreeHand programmieren

Am einfachsten ist es, wenn man die sogenannte UserPrep-Datei aus einer älteren FreeHand-Version erweitert bzw. für die neueren FreeHand-Versionen abändert. UserPrep steht dabei für User preparation, also Benutzerdefinitionen.
Die UserPrep-Datei ist ein reiner Textfile, in dem für FreeHand 2.0 Füllungs- und Linienstile vordefiniert wurden, die vom Benutzer aufgerufen werden konnten. Bei den neueren FreeHand-Versionen 3.11 und 4.0 sind diese Füllungs und Linienstile bereits im Dialogfeld „Linie und Füllung" bzw. in der Palette „Zentrale" integriert.

UserPrep-Datei

Man kann sich diese Datei dennoch zunutze machen, weil dort für die Linien und Füllungen Dictionaries definiert sind, die die eigene Programmierarbeit erleichtern. Die PostScript-Effekte, die ins Programm übernommen wurden kann man, um Druckerspeicher zu sparen, getrost löschen. Die eigene Routine muß selbstverständlich in der UserPrep-Datei bleiben.

Das ropedict

Für zusätzliche Linienstile wird das Dictionary *ropedict* (rope = Linie) der UserPrep-Datei verwendet. Dort sind zwei Prozeduren definiert, die wir für unsere Grenzlinie brauchen:

/blocksetup
{gsave colorchoice translate rotate scale newpath}def

und

/blockfinish
{closepath fill grestore}der

dabei kennen wir nur zwei Operatoren noch nicht:

colorchoice   Prozedur, die Vierfarbauszüge ermöglicht.

newpath   beginnt einen neuen Pfad. Der alte Pfad wird verworfen.

Mit diesen beiden zusätzlichen Prozeduren wird die Prozedur der Grenzsignatur geklammert und ist damit komplett:

/grenze
{blocksetup
0 .1 moveto .3 .1 lineto .3 .25 lineto .5 .25 lineto .5 -.25 lineto
.3 -.2 lineto .3 -.1 lineto -.3 -.1 lineto -.3 -.25 lineto
-.5 -.25 lineto -.5 .25 lineto -.3 .25 lineto -.3 .1 lineto
blockfinish}
def

Die Prozedur wird nun in das *ropedict* der UserPrep-Datei kopiert. Die UserPrep-Datei selbst muß sich in dem Verzeichnis des Rechners befinden, in dem sich auch FreeHand befindet. Beim Mac also am besten der FreeHand-Programmordner.

6. Aufrufen der Prozedur

Aus der einzelnen Signatur muß jetzt noch eine Linie gewonnen werden. Dies übernimmt die vordefinierte Prozedur *newrope*, die folgende Parameter erwartet:

{grenze} 5 8 3 [0 1 0 0] newrope

wobei

{grenze}	= Name des Musters
5	= Breite des Musters
10	= Höhe des Musters
3	= Abstand zwischen den Mustern

Einführung in PostScript - Page Description Language

[0 1 0 0]   = Prozentwerte der Vierfarbprozessfarben CMYK

So wird die Prozedur in FreeHand 3.11 über das Dialogfeld „Linie und Füllung" aufgerufen. Farbe und Linienstärke, die oberhalb des PostScript-Codes eingegeben werden, betreffen nur noch die Bildschirmdarstellung. Das Muster selbst ist auf dem Monitor nicht zu sehen, da der Mac nicht über Display-PostScript verfügt. Am Besten definiert man sich jetzt ein FreeHand-Format mit folgenden Einstellungen:

Aufruf aus FreeHand

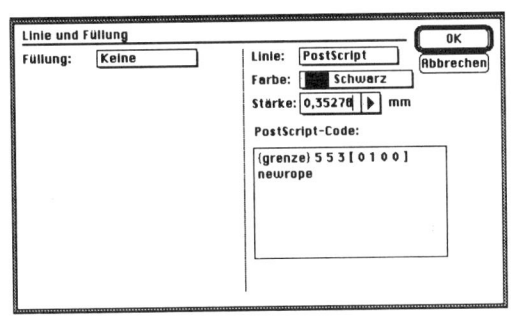

Der gleiche Dialog wird in FreeHand 4.0 in der Palette „Zentrale" eingetragen:

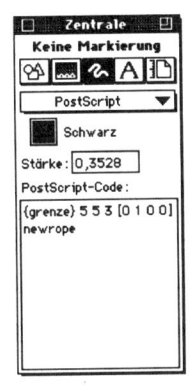

Die Schreibweise des Aufrufs ist dabei zwingend in der oben angegebenen Art vorgeschrieben. Werden Klammern weggelassen oder vertauscht, Groß- und Kleinschreibung nicht beachtet, so erkennt PostScript die definierten Prozeduren nicht und gibt lediglich eine Fehlermeldung aus:

Fehlermeldung

PostScript Error: Offending Command:.............

7. Ergebnis

Nachdem in FreeHand mit einem beliebigen Linienwerkzeug eine Linie gezeichnet wurde, kann das definierte FreeHand-Format wie üblich auf diese Linie angewendet werden:

Fertige Grenzlinie

An dieser Stelle soll der „Schnellkurs für PostScript-Programmierung" zu Ende sein. PostScript läßt sich am Besten mit Übungen und Programmexperimenten lernen. Auf eine Auswahl weiterführender Literatur sei im Anschluß hingewiesen.
In diesem Sinne: viel Spaß beim Experimentieren.

8. Literatur
Adobe Systems Inc.: PostScript. Einführung und Leitfaden. Bonn 1987.
Adobe Systems Inc.: PostScript. Handbuch. Bonn 1988.
Renner, Gerhard: PostScript - Grundlagen der Programmierung: Grafiken und Schriften gestalten. Haar bei München: Markt- u. Technik-Verlag 1990.
Vollenweider, Peter: EPS-Handbuch: encapsulatet PostScript. München, Wien: Hanser 1989.

Adresse des Verfassers:
Dipl.-Ing. (FH) Martin Eisenmann
Supperstraße 26
70565 Stuttgart

Digitale Proof-Systeme und Farbmanagementsysteme

Farbmanagementsysteme

Hans Kern

Farbräume der Commission Internationale de l'Éclairage (CIE)

Die Commission Internationale de l'Éclairage, Internationale Beleuchtungskommission, entwickelte international standardisierte Farbräume, die dem Farbsehen des menschlichen Auges entsprechen. Sie bilden verbindliche Standards für die Farbdefinition, die in den letzten Jahren insbesondere im DTP-Bereich wichtig geworden sind.

CIEXYZ

1931 wurde das CIEXYZ-System geschaffen. Es ist ein dreidimensionaler Farbraum, dessen Achsen X, Y und Z keine intuitive Bedeutung zukommt. Man spricht von einem Normvalenzsystem, zu dessen Festlegung unter anderem ein „farbmetrischer 2-Grad Normalbeobachter" definiert wurde. Das System ist so gewählt, daß die Helligkeit nur zu den Y-Werten beiträgt. Die Y-Achse ist also der Hellbezugswert, was in ähnlicher Weise bei vielen Farbsystemen so gewählt wurde. Diesen Farbraum normiert man mittels $x=X/(X+Y+Z)$, $y=Y/(X+Y+Z)$ und $z=Z/(X+Y+Z)$. Da z jetzt nicht mehr eine unabhängige Variable ist, $x+y+z=1$, reichen zur Beschreibung - neben der Normierungsgröße $X+Y+Z$ - die x- und y-Werte. Sie heißen Normfarbwertanteile und bilden ein interessantes Koordinatensystem. In ihm liegt das „Hufeisen" oder die „Schuhsohle". Die Schuhsohle ist begrenzt einerseits durch den Spektralfarbenzug des Regenbogens von Violett über Blau, Grün, Gelb nach Rot und andererseits durch die Gerade von Violett nach Rot, auf der die nicht im Regenbogen enthaltenen Purpurfarben liegen. Außerhalb der Schuhsohle liegen die unwirklichen, vom menschlichen Auge nicht wahrnehmbaren übersättigten Farben, innerhalb aller dem normalen Auge sichtbaren Farben.

Von Bedeutung ist dieser Farbraum wegen seiner einfachen geometrischen Eigenschaften. Sind A und B zwei Farben, dann liegen alle aus A und B additiv mischbaren Farben auf dem Geradenstück von A nach B. Geht das Geradenstück durch den Unbuntpunkt $U=(1/3,1/3)$, dann sind die Farben A und B komplementär. Ist L eine Farbe und zieht man vom Unbuntpunkt durch L eine Gerade zum Rand der Schuhsohle, dann kann man L auffassen als additive Farbmischung aus Weiß und der Randfarbe. Das Längenverhältnis UL zu URand ist die Sättigung.

Werden zur additiven Mischung drei Primärfarben, zum Beispiel R, G und B, verwendet, dann liegen alle darstellbaren Farben in dem von den Farbörtern der Primärfarben aufgezogenen Dreieck. Das zeigt auch, daß mit drei Farben nicht alle sichtbaren Farben additiv gemischt werden können. Die Normlichtart D65 hat die Koordinaten (0.3127;0.3290). Wichtig sind die MacAdam-Ellipsen, die die als gleich empfundenen Farbabstände angeben. An ihnen wird der Nachteil dieses Systems deutlich. Es ist hinsichtlich der Farbempfindungen nicht gleichabständig

und eignet sich daher nicht gut als System für den täglichen, mehr intuitiven Umgang mit Farben. Das CIEXYZ-System ist Referenzsystem von PostScript Level 2.
Die Vorteile von CIEXYZ sind die Geräteunabhängigkeit, das Gamut Mapping, der valenzmetrische Farbraum, die Trennung von Helligkeits- und Farbinformation und die höhere Qualität der Schärfefilter.

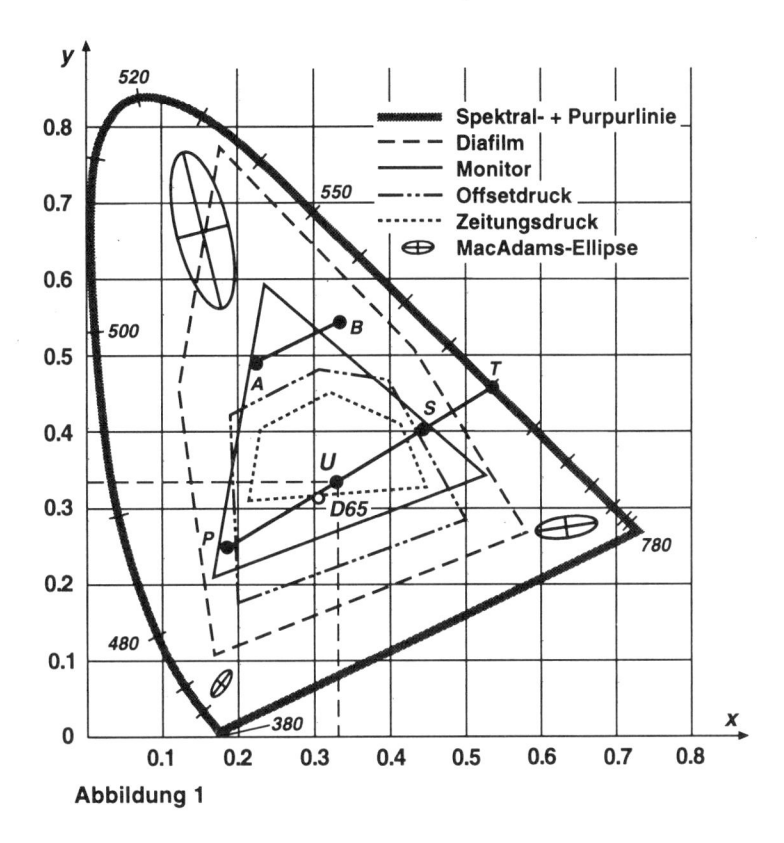

Abbildung 1

CIELab

1976 wurden von der Internationalen Beleuchtungskommission CIELuv und CIELab vorgestellt. Beides sind visuell gleichabständige Farbsysteme, die auf der Empfindungsmetrik aufbauen (CIEXYZ beruht dagegen auf der Valenzmetrik). Insbesondere das CIELab-System hat in das DTP Eingang gefunden. Es ist als Gegenfarbenmodell aufgebaut, bei dem sich die Farben Rot - Grün, Gelb - Blau und Schwarz - Weiß auf den Farbachsen gegenüber liegen. L steht für die Helligkeitsachse, a (Rot-Grün-Achse) und b (Gelb-Blau-Achse) sind Koordinaten für die Farbinformation. Wie das CIEXYZ-System enthält es alle sichtbaren Farben und entspricht dem menschlichen Empfinden. Empfunden - nicht physiologisch wahrgenommen - werden Helligkeit, Sättigung und Farbton. Es ist ein eher intuitiver Farbraum, der intuitive Farbkorrekturen erlaubt und sich damit für die interaktive Farbbearbeitung eignet. Wenn zur Darstellung der Farbkoordinaten nur 8 Bit zur Verfügung stehen, kann man das CIEXYZ-System wegen seiner Ungleichabständigkeit nicht verwenden, daher basieren viele Farbgeräte auf dem CIELab-System.
Aus den Größen a und b werden Chroma, Buntheit, und Hue, Buntton,

abgeleitet: Chroma = sqrt(a*a+b*b) und Hue = arctan(b/a). Siehe auch LCH von Linotype-Hell. Das TIFF-Format von Aldus beruht ebenfalls auf CIELab.

Die Vorteile von CIELab sind die Geräteunabhängigkeit, das Gamut Mapping, der empfindungsgemäße Farbraum, die Trennung von Helligkeits- und Farbinformation, die höhere Qualität der Schärfefilter, die verbesserten Farbkorrekturen und die leichte Erlernbarkeit.

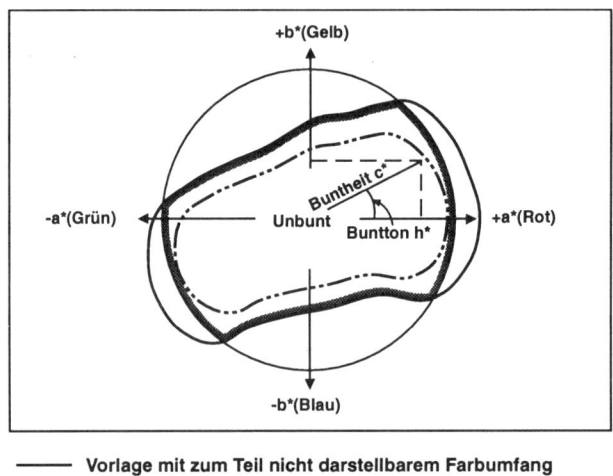

——— Vorlage mit zum Teil nicht darstellbarem Farbumfang
▬▬▬ valenzmetrische Farbanpassung
—·—·— wahrnehmungsmetrische Farbanpassung

Abbildung 2

Additive und subtraktive Farbmischung

Von additiver Farbmischung spricht man überall dort, wo das Licht von selbstleuchtenden, das heißt Licht aussendenden Körpern, den Selbstleuchtern, ausgeht. Beispiel dafür sind: die Sonne, der Fernseher und der Monitor (bei ihnen werden rote, grüne und blaue Phosphore durch einen Elektronenstrahl zum Leuchten angeregt) oder auch mit Farbfiltern versehene Taschenlampen. „Weiß" ist die Addition aller Regenbogenfarben. Umgekehrt wird mit einem Prisma oder im Regenbogen das „weiße" Sonnenlicht in seine Bestandteile zerlegt.

Um subtraktive Farbmischung handelt es sich dann, wenn die Farbwahrnehmung auf der Reflexion einer mit „weißem" Licht beleuchteten Oberfläche beruht. Der farbige Körper absorbiert, filtert aus dem weißen Licht, den vielen Wellenlängen des Regenbogens, einen großen Teil der Wellenlängen, den übrigen reflektiert er und dieser bestimmt die Farbe, unter der er uns die Oberfläche erscheint. Die Farben nennt man Körperfarben. Subtraktiv heißt diese „Mischung", weil beim Hintereinanderschalten solcher Filter aus dem ursprünglichen „Weiß" immer mehr Wellenlängen ausgefiltert, subtrahiert werden.

Wichtig sind für uns die Gerätetypen Scanner, Monitor und Drucker. Um additive Farbmischung handelt es sich beim Scanner und beim Monitor. Beim Scanner wird der Lichtstrahl des Lasers oder der Lampe

Farbmanagementsysteme

von der abzutastenden Oberfläche reflektiert und dann hinter Filtern für Rot, Grün und Blau gemessen und aufgezeichnet. Beim Monitor regt der Elektronenstrahl roten, grünen und blauen Phosphor zum Leuchten an. Die subtraktive Farbmischung bestimmt alle Druckverfahren.

Farben
Als Primärfarben bezeichnet man diejenigen Farben, aus denen sich viele weitere (nicht alle wahrnehmbaren) Farben gewinnen lassen. Primärfarben der additiven Farbmischung sind Rot, Grün und Blau, daher auch RGB-Farbmodell. Primärfarben der subtraktiven Farbmischung sind Cyan, Magenta und Yellow, daher CMY-Farbmodell. Da aber die subtraktive Farbmischung von Cyan, Magenta und Yellow eher einen dunklen Braunton als Schwarz ergibt, wird für den Druck das CMY-Modell um die Druckfarbe BlacK zum CMYK-Modell erweitert. Zwei Dinge müssen hervorgehoben werden: Nicht alle wahrnehmbaren Farben sind aus den Primärfarben durch Mischung erreichbar und Die Bezeichnung als RGB- beziehungsweise CMYK-Modell suggeriert eine Normierung, die aber nicht gegeben ist. Bei den Scannern bestimmt die Art des Lasers oder der Lampe die RGB-Ergebnisse, beim Monitor die verwendeten Phosphore. Beim Druck ist zumindest durch die Europaskala eine gewisse Normung erreicht.

Hingewiesen werden soll an dieser Stelle, daß die Wahrnehmung der Farben abhängig ist von physikalischen, psycholigischen und physiologischen Faktoren (optische Täuschungen). Ob Tageslicht oder Kunstlicht, ob Morgen-, Mittags- oder Abendlicht, das Rot einer Tomate wird immer als gleich empfunden. Für die exakte physikalische Messung der Farben muß aber die Beleuchtungssituation normiert werden. Dazu dient zum Beispiel die Angabe des Referenz-Weiß D65, was einem Selbstleuchter von 6500° K, etwa der Temperatur der Sonne, entspricht.

Farbräume in PostScript
Während in PostScript Level 1 nur einfache Farbräume definiert werden konnten, hat sich mit der Einführung von Adobes PostScript Level 2 seit 1990 die Situation wesentlich verbessert. Es sind jetzt Farbanpassungen auf dem Rechner sehr leicht möglich geworden, wenn die farbmetrischen Eigenschaften der beteiligten Geräte bekannt sind. Insgesamt wurde PostScript Level 2 um folgende Komponenten erweitert: zusammengesetzte Schriften zur Handhabung von zum Beispiel Japanisch und Chinesisch, Display PostScript als interaktives PostScript, Farberweiterungen für insbesondere geräteunabhängige Farb-modelle, Formulare und Formularzwischenspeicherung, Motive und Motivzwischenspeicherung, Datenkompression und -dekompression für die Beschleunigung der Datenübertragung, verbesserte Rasteralgorithmen für Farbauszüge, verbesserte Speicherverwaltung, Bestandsverwaltung fürSchriften, Formulare, Motive und CIE-Lexika und Verbesserungen bei den gerätespezifischen Funktionen. Hier interessieren nur die Farberweiterungen, die im übrigen aufwärtskompatibel vorgenommen wurden, so daß alte Anwendungen weiter lauffähig sind.

20. Arbeitskurs Niederdollendorf `94

Es gibt drei Arten von Farbräumen
   1: Device Color Spaces
   2: CIE-based Color Spaces
   3: Special Color Spaces für patterns, color mapping und Separationen.
Bei allen Farbräumen von PostScript Level 2 unterscheidet man die Auswahl des Farbraumes und der Farben darin (specification) von der Wiedergabe auf einem Ausgabegerät (rendering).

Device Color Spaces von PostScript
Unter Device Color Space oder Device Color Model versteht man den Farbraum eines bestimmten Ausgabegerätes. Die Farbwerte werden direkt oder durch einfache Umrechnungen in physikalische Werte (Tintenmengen, Leuchtintensitäten) umgerechnet. Bei Ausgabe auf verschiedenen Geräten entstehen Farbunterschiede.
Die drei Device Color Spaces sind: /DeviceGray /DeviceRGB und /DeviceCMYK.

Grauwertmodell:
Die Angaben erfolgen als Prozentwerte von Weiß(!) im Intervall 0 bis 1; 0.33 ist 33% Weiß, 0 entspricht 0% Weiß und ist also Schwarz. Das ist konsistent mit der Vereinbarung bei Farben.
Level 1: percent_white setgray
Level 2: Auswahl des Farbmodells (specification) mit /DeviceGray setcolorspace und Setzen des Grauwertes (rendering) mit percent_white setcolor

RGB-Modell:
Es ist ein valenzmetrischer Farbenraum mit additiver Farbmischung. Er läßt sich veranschaulichen durch einen Farbwürfel mit den Achsen R, G und B, wobei die R-, G-, B-Werte im Intervall von 0 bis 1 liegen.
Level 1: percent_red percent_green percent_blue setrgbcolor
Level 2: Auswahl des Farbmodells (specification) mit /DeviceRGB setcolorspace und Setzen der Farbwerte mit percent_red percent_green percent_blue setcolor

HSB-Modell:
Es ist ebenfalls ein additiver Device Color Space, aber ein empfindungsmetrischer Farbenraum, und zwar der einzige der in PostScript Level 1 zugänglich war. Es ist kein eigenständiger Farbraum, sondern der RGB-Farbraum in einem anderen Koordinatensystem. HSB steht für hue saturation brightness. Man veranschaulicht den Farbraum durch einen Farbkegel: Hue wird durch einen Winkel gemessen und bestimmt den Farbton. Saturation ist der Abstand von Ursprung und entspricht der Reinheit des Farbtons. Je näher am Ursprung, also je kleiner der Wert, desto mehr verwässert ist die Farbe. Brightness mit Werten um Null entspricht einer starken Zumischung von Schwarz. Ähnliche Modelle sind HSV (hue saturation value) und HLS (hue lightness saturation).
Level 1: hue saturation brightness sethsbcolor
Level 2: nicht direkt möglich

CMYK-Modell:
Es ist ein Farbraum für die subtraktive Farbmischung. Läßt man den K-Anteil außer Betracht, dann entsteht das CMY-Modell theoretisch aus dem RGB-Modell dadurch, daß man den Koordinatenursprung in die diagonal gegenüberliegende Würfelecke legt. Die theoretische Umrechnung ist also: $c = 1 - r$, $m = 1 - g$ und $y = 1 - b$. Da sich aber c, m und y nicht zu einem tiefen Schwarz mischen, müssen zwei weitere Berechnungen angeschlossen werden, nämlich der Unbuntaufbau (black generation, gray component replacement) zur Bestimmung der K-Komponente und die Unterfarbenbeseitigung (under color removal) zur Korrektur der C-, M- und Y-Werte. Standardmäßig sind der Unbuntaufbau als $K = min(c,m,y)$ und die Unterfarbenbeseitigung als $C = c - K$, $M = m - K$ und $Y = y - K$ definiert. Mit den PostScript-Operatoren setblackgeneration und setundercolorremoval lassen sich eigene Funktionen vereinbaren.
Level 1: cyan magenta yellow black setcmykcolor
Level 2: Auswahl des Farbmodells (specification) mit /DeviceCMYK setcolorspace und Setzen der Farbwerte mit cyan magenta yellow black setcolor

Beschreibung der derzeitigen Situation
Bis vor kurzem wurden die geschlossenen Produktionslinien der Druckvorstufe von einem Systemhersteller farbtechnisch abgestimmt. Color Management Systeme gibt es dort schon seit langem, Beispiele sind Linotype-Hell und Crosfield. Der Anwender hatte damit aber wenig zu tun, denn als Käufer hatte er keine Wahl bei Software oder Geräten. Hochspezialisierte Reprofachleute waren gesuchte und angesehene Mitarbeiter. Die Verschmelzung aller Arbeitsschritte vom Scannen bis zum Drucken machte die Wiederverwendung von Zwischenergebnissen unmöglich. Der Wechsel der Farbskala, zum Beispiel nach SWOP, oder des Druckverfahrens, vom Offsetdruck zum Zeitungsdruck, machte die Neubearbeitung ab Scannen erforderlich.

Heute gibt es gebrauchsfertige Mitnahme-Software und offene Systeme und die Anwender verlangen Color-WYSIWYG-Lösungen, da sie keine hochspezialisierten und erfahrenen Reprofachleute sind. Der Trend geht eindeutig in Richtung Color-Publishing. Bislang bedeutete DTP Text und Layout, heute versteht man darunter mehr und mehr Text, Layout und Repro.

Die Eingabedaten stammen von Trommel- und Flachbett-Scannern, von Photo-CDs, von Video- und Photokameras, von elektronischen Bildarchiven und Online-Datenbanken. Diagramme werden mit Exel und DeltaGraph generiert, Artwork mit Photoshop, Vignetten mit XPress. Die Farben werden am Monitor überarbeitet, die Ausgabe erfolgt auf Farbdruckern, Belichtern und Druckmaschinen. Und insgesamt werden die verschiedensten Programme eingesetzt, alle ohne einheitliche Farbnormierung.

Die übliche Erfahrung ist dann auch, daß das gleiche TIFF-Bild auf dem gleichen Drucker mit dem gleichen Papier nach Import in unterschiedliche Programme, zum Beispiel in XPress oder PageMaker, farblich unterschiedlich ausgegeben wird und daß die gleiche PostScript-Datei trotz Adobe-RIPs auf unterschiedlichen Geräten ebenfalls farblich unterschiedlich ausgegeben wird. Gerätekalibrierung und Farbraumtransformationen sind zur Zeit noch nicht allgemein üblich. Die Komponenten arbeiten noch ohne einheitliche und eindeutige Farbkennzeichnungen.

In einem Reproduktionsprozeß spielen mehrere Farbräume eine Rolle, die zwar eine gemeinsame Schnittmenge haben aber nicht deckungsgleich sind: Es gibt RGB-Farben, die nicht in CMYK darstellbar sind und umgekehrt. Und es gibt sichtbare Farben, die weder in RGB und noch in CMYK darstellbar sind. Jedes Gerät hat seinen eigenen Farbraum. In Europa gibt es einen Standard für den Offsetdruck, dieser ist aber im Zeitungsdruck nicht anwendbar. In den USA verwendet man SWOP, in Canada gibt es Unterschiede zum US-SWOP. Unterschiedliche Standards finden wir in Japan. Und weitere Probleme bereiten Tiefdruck und Flexodruck und 6- oder 7-Farbdruck.

Farbmanagementsysteme
Zur Beherrschung der oben beschriebenen Situation dienen Farbmanagementsysteme, die von Ralf Kuron im Polygraph so definiert werden:

"Color Management Systeme (CMS) haben die Aufgabe, die unterschiedlichen Farbräume aller eingesetzten Ein- und Ausgabesysteme einander anzugleichen, um so eine weitgehend originalgetreue Wiedergabe zu erreichen. Da die verwendeten Komponenten in der Regel mit verschiedenen Farbräumen arbeiten, müssen die Farben des einen Geräts in den Farbraum des anderen transformiert werden. Basis ist dabei ein gemeinsamer geräteunabhängiger Farbraum."

Den Farbraum eines Gerätes nennt die Fachsprache Gamut (Umfang, Skala), das Transformieren eines Farbraumes in einen anderen Gamut-Mapping. Gamut-Alarm ist die Meldung, daß eine Farbe des Ausgangsfarbraumes im Zielfarbraum nicht erzeugt werden kann. Es gibt zwei Methoden zur Farbanpassung: Die farbmetrische Farbanpassung ersetzt jede im Zielfarbraum nicht darstellbare Farbe durch die nächste darstellbare. Dabei wird die Schnittmenge von Ausgangs- und Zielfarbraum unverändert gelassen, während alle Farben des Ausgangsraumes, die nicht im Zielraum liegen, auf den Rand des Zielraumes projiziert werden (Projektionszentrum ist der Unbuntpunkt). Das Verhältnis der Farben zueinander wird also verändert. Dieses Verfahren wird gewählt, wenn bestimmte Farben auf jeden Fall unverändert erscheinen müssen, zum Beispiel die Erkennungsfarbe eines Produktes oder die neue Modefarbe in einem Stoffkatalog. Die wahrnehmungsbasierte Farbanpassung verschiebt alle Farben soweit in

Richtung Weiß, bis alle Farben darstellbar sind. Die Farben werden insgesamt blasser, aber der harmonische Eindruck, das wahrnehmungsmetrische Verhältnis, bleibt bestehen.
Das Farbmanagement kann an drei Orten erfolgen:

1. In der Anwendungssoftware: Agfa FotoFlow, EfiColor, Kodak Precision, PrePress Technologies SpectreCal verfahren so. In Aldus PageMaker 5.0 ist das Precision-System der Kodak Tochter KEPS eigebunden. Erforderlich sind die Farbprofile, mit denen die Ausgabegeräte beschrieben werden. Problematisch ist die Einbindung der Eingabegeräte, sie wird als „Xtension" zu Quark XPress, als „Addition" zu PageMaker oder als „Plug-In" zu Photoshop vorgenommen.

2. Im Betriebssystem: Das ist die eleganteste Lösung, weil sie unabhängig ist von den Geräten und Anwendungsprogrammen. Alle Anwendungsprogramme, die mit Farbe zu tun haben, rufen Routinen des Betriebssystems auf. Es ist vergleichbar zur Handhabung der Fonts bei Apple: weder Anwendungsprogrammierer noch Anwender muß sich um das Schriftmanagement kümmern. Erforderlich ist natürlich, daß die Anwendungsprogramme die Funktionen des Betriebssystems nutzten. Aufbauend auf dem ColorSync 1.0 von Apple wird vom InterColor Consortium ein neuer Standard erarbeitet.. Die Durchsetzung dieses Standards dürfte gesichert sein, da im InterColor Consortium die wichtigsten Soft- und Hardware-Entwickler vereint sind: Adobe, Agfa, Apple, Kodak, FOGRA, Microsoft, SGI, Sun und Taligent. Zur Beschleunigung der aufwendigen Rechenprozesse gibt es Farbtransformationskarten, zum Beispiel die MacCTU-Platine von Linotype-Hell.

3. Im Ausgabegerät: Der RIP des Ausgabegeräts erhält vom Anwendungsprogramm geräteunabhängige Farbbeschreibungen und wandelt sie selbst in gerätespezifische um. Die Entlastung des Rechnersist dabei der Vorteil.

Das Gamut-Mapping erledigen oft sogenannte Profile, Color Tags oder Charakterisierungen. Im Prinzip handelt es sich um Übersetzungstabellen, um die gerätespezifischen Farbwerte in ein geräteunabhängiges System umzurechnen oder umgekehrt. ColorSync 1.0 hat 8 Stützpunkte zur Umrechnung, nämlich die Farben R, G, B, C, M, Y, K, W. Linocolor 3.2 hat bis zu 32 768 Stützpunkte. Es gibt Farbmanagementsysteme, deren Profile von den Herstellern mitgeliefert werden oder dort erworben werden müssen, und solche, deren Profile der Anwender selbst generieren kann.

Für die drei Geräteklassen Scanner, Monitor und Drucker haben Farbmanagementsysteme diese Konsequenzen:
Die Scanner erzeugen nicht mehr RGB-Dateien, sondern über eine Color Lookup Tabelle, CLut, also ein Profil, eine Datei in CIEXYZ oder CIELAB, wobei die Datei selbst im Header die Angabe des farbmetrischen Referenzraumes enthält.

Die Bearbeitung am Monitor - Ausschnitte, Retuschierarbeiten, Farbkorrekturen unter Berücksichtigung von Farbumfang, Dichteumfang und Tonwertzunahme des eingesetzten Druckverfahrens - erfolgt weiterhin in den dem Benutzer vertrauten Bezugssystemen; also zum Beispiel RGB, HSB oder CMYK. Der Benutzer muß nicht Umlernen oder Umdenken.

Bei der Ausgabe sorgt der Drucker- oder Belichtertreiber für die Einbindung zum Beispiel der PostScript Color Rendering Dictionaries.

Anforderungen an Farbmanagementsysteme
- Integration der modularen Komponenten von Scannern, Photo-CD, Rechnern (Monitore), Druckern und Belichtern
- Investition in offene Systeme und Anschluß an Netze und Server Standarddatenformate
- Größtmögliche Farbverbindlichkeit = Farbe perfekt zu reproduzieren = höchste Originaltreue
- Farbliches Angleichung der verschiedenen Ausgabegeräte
- Kein wiederholtes „Ausprobieren"
- Digitaler Farbdrucker als DigitalProof
- Aussagekraft des Monitors als SoftProof-Gerät
- Verwendung eines „intuitiv" bedienbaren Farbraumes
- Simulation eines Gerätes mit kleinem Farbraum auf einem mit größerem
- Einfache Bedienung
- Farbraumtransformationen einschließlich CMYK-Separationen für eine
- Vielzahl von Geräten und Druckverfahren
- Gamut-Mapping
- Andruck (Proofing) und Prüfdarstellung am Bildschirm (Soft Proofing)
- Farbraum zur Archivierung
- Farbraum ohne geographische Begrenzung, international einsetzbar

Storm Colorproof
Das Storm Colorproof System basiert auf CIELab. Die Kalibrierung der eingesetzten Geräte erfolgt so:
Scanner: Eine Standardvorlage (IT8 mit genormten Farbwerten) wird gescannt. Die gescanten Meßwerte werden mit den gespeicherten verglichen und daraus werden Korrekturen berechnet.
Der Monitor wird mit Hilfe eines Monitorcolorimeters kalibriert. Farbtemperatur und Gradation werden korrigiert und gemessen.
Ausgabegeräte: Eine vom Computer generierte Standardvorlage wird ausgegeben und mit dem Spektralphotometer werden 320 Meßpunkte gemessen und wieder in das System eingegeben. Der Punktzuwachs in 6%-Schritten und das densitometrische Verhalten von Mischfarben werden dabei ermittelt. Es werden mehrere Profile bei gleichem Gerät für unterschiedliche Papiersorten aufgenommen. Die Erstellung eines Profils dauert etwa 60 Minuten. Das dazu erforderliche, teure Spektralphotometer kann von Storm geliehen werden.

Linotype-Hell LinoColor 3
Es handelt sich um eine Einzelbild-Verarbeitungssoftware, die häufig mit dem ChromaGraph S2000, einem CCD-Flachbett Scanner, eingesetzt wird. Als offenes Datenformat wird TIFF 6.0 eingesetzt, die Farbräume sind CIELab und CMYK. Derzeit werden 5 Scanner, 2 Monitore, 3 Farbdrucker und 26 Druckverfahren unterstützt.

Eine Beispielskonfiguration könnte so aussehen: Apple Quadra als Rechner, Chromagraph S2000 als Scanner, Linotronic 630 mit RIP 50 als Belichter, Tektronix Phaser III als Layout-Farbdrucker, Hoechst Pressmatch Dry als Film Proof, Ethernet als Netzwerk, Adobe Photoshop als Retuscheprogramm, Quark XPress oder Aldus PageMaker als Layout-Programme.

Das Scannen erfolgt in drei Schritten: Ein Overview-Scan dient zur Definition des Ausschnitts, mit dem Prescan wird das Bild horizontal gestellt und der Weißabgleich vorgenommen, dann erfolgt der Feinscan. Zentraler Bestandteil ist das CMM-System (Color Matching Method) mit den Profilen für Eingabe, Monitor und Ausgabe. Ein besonderes Problem ist die zeitliche Monitorstabilität, die mit dem Calibrator von Barco gelöst wurde. Die Profile wurden von Hell-Linotyp für die weltweit verschiedenen Druckstandards vermessen und sind in der Software enthalten. Mit dem Print Table Editor kann man sie ändern. Der Rechner wird mit einer MacCTU-Platine (Color Transformation Unit) ausgestattet. Es handelt sich um eine NuBus-Karte in der Funktion eines Hardware-Farbrechners. Sie ist mit einem ASIC-Chip (application specific integrated chip) für die tabellengesteuerte Farbtransformation bestückt, womit die RGB-Scan-Daten „on the fly" in CIE oder CMYK umgerechnet werden können. Sie leistet auch die Anpassung des Monitorbildes. Die Bedieneroberfläche heißt LCH (nach lightness, auch luminance = Helligkeit, chroma = Sättigung, auch Buntheit und hue = Farbton). LinoColor 3 enthält die Software ColorAssistant, mit der eine automatische Bildanalyse zur Bestimmung von Weißpunkt (Bildlicht), Tiefenpunkt (Bildtiefe), Kontrastgradation und Farbstich durchgeführt werden kann.

ColorSync 2.0
ColorSync 1.0 ist eine Entwicklung von Apple, die Ausgangspunkt für die Bemühungen des InterColor Consortiums ist, einen Standard für Farbmanagementsysteme zu setzen. Als ColorSync 2.0 entspricht es dem augenblicklichen Stand der Vereinbarungen. Die Zielsetzungen von ColorSync sind:
1. Es läuft auf Betriebssystemebene, wie das Schriftmanagement von Apple auch. Alle Anwendungen und Geräte benutzen das gleiche Schema für Farbanpassungen beim Scannen, beim Display, bei der Manipulation und beim Druck.
2. Es unterstützt bestehende Anwendungen, ist also aufwärtskompatibel.
3. Es ist offen für Dritte für spezielle Lösungen. Firmen wie Kodak und EFI können ihr Wissen einbringen ohne das Schema ersetzen zu müssen.

Das Farbreferenzsystem von ColorSync ist CIEXYZ. Jedes Gerät erhält ein „Profil" als Teil des Gerätetreibers, mit dem die Umrechnung aus dem oder in das Referenzsystem CIEXYZ erfolgt.
ColorSync bietet Unterstützung hinsichtlich der Farbtreue beim Druck, hinsichtlich der Farbtreue beim Display und beim Softproof durch Gamut Mapping und Gamut Alarm. ColorSync bietet Möglichkeiten zur Farbkalibrierung: alle Ein- und Ausgabegeräte verändern sich im Laufe der Zeit, außerdem gibt es Farbabweichungen bei sonst gleichen Modellen.

Zentrale Stellung haben die Color Matching Methods (CMMs), mit denen eine Anpassung eines Farbraumes an einen anderen unter unterschiedlichen Zielsetzungen vorgenommen werden kann:
Die Anpassung kann wahrnehmungsorientiert sein. Dann bleiben wahrgenommene Farbunterschiede erhalten. Das ist in der Regel bei gescannten Photos wichtig.
Eine colorimetrische Anpassung wählt man, wenn einzelne Farben auf Kosten ihrer wahrgenommenen Unterschiede erhalten bleiben sollen. Das wird für Spotfarben gebraucht.
Wenn die Anpassung sättigungsorientiert ist, wird die Sättigung auf Kosten des Kontrasts erhalten. Das ist die Methode der Wahl bei vom Rechner erzeugten Graphiken.
Eine Anpassung kann schließlich auch rechenzeitorientiert sein, wenn ein schneller Kompromiß zwischen Photo und Computer-Graphik gesucht ist.

Kodak und EFI bieten CMMs an, die über Tabellen gesteuert sind. Sie haben große CLUTs, bringen sehr gute Ergebnisse, sind schnell, haben aber einen hohen Speicherbedarf. Es wird jeweils eine Tabelle für eine Kombination aus Scanner, Display und Drucker eingesetzt.
ColorSync mit Standard CMM braucht 70 K Speicher, ein Profil erfordert 5 K Speicher. Ein Bild von der Größe 3 auf 5 inch wird auf einem Mac IIci in 40 Sekunden umgewandelt, mit Tabellen in weniger als einer Sekunde. Weitere Beschleunigungen wird es mit Hardware-Lösungen geben.

Anschrift des Verfassers:
Prof. Dipl.-Math. Hans Kern
Rotensoler Straße 32
76359 Marxzell

Agfa CristalRaster Technologie

Rainer Kirschke

Dreihundert Jahre nach dem ersten frequenzmodulierten Rasterverfahren, das damals als Mezzotinto-Verfahren bezeichnet Halbtöne durch unterschiedlichste Rasterpunktformen drucktechnisch umsetzen konnte, stehen wir heute vor der Realisierung dieser Rasterfunktionalität in breiter Ebene. Die stochastische, zufallsverteilte oder eben auch als frequenzmodulierte Rasterung bezeichnete Methode Vorlagen oder Scaninformationen ohne die bekannten starren Parametern der konventionellen Rasterung (dem Rasterwinkel, der Weite und Punktform) wiederzugeben, hat sich über die Jahrzehnte zur Produktionsreife entwickelt. Forschungen auf elektronischer Basis in den 70er und 80er Jahren brachten die Theorie zur Reife ohne aber die Praxis mit rentablen Ergebnissen in bezug auf Rechenzeitverhalten und Produktionskosten zu bestätigen.

Im Jahre 1992 erreichte die Firma Vignold (Essen-Ratingen) mit ihrer CristalRaster-Lithographie ein Qualitätsniveau, das sowohl in Theorie als auch in Praxis Produktionsbetriebe mit rasterlosen Filmen begeistern konnte. Die positive Erfahrung und der Erfolg der CristalRaster-Lithographie veranlaßte Agfa-Gevaert Anfang 1993 dazu, die weltweiten Rechte an dieser Technologie zu erwerben und sie als Agfa CristalRaster der breiten PostScript-Anwenderwelt zur Verfügung zu stellen und weiter zu entwickeln.

Die Abgrenzung des frequenzmodulierten CristalRaster zum konventionellen Raster ist schnell gesetzt. Die rasterlosen Lithographien führen zur Vermeidung jeglicher Moiré-Erscheinungen beim Übereinanderdruck separierter Farben. Fehlende Rasterparameter wie die Rasterweite und der -winkel eröffnen eine Wiedergabequalität, die die Reproduktion strukturierter Vorlagen wie z. B. Textilien, Holzmaserungen etc. störungsfrei und ohne Strukturmoiré erlaubt. Die Detailfeinheiten können mit dieser frequenzmodulierten Rastermethode ebenfalls in bisher nicht erreichter Brillanz reproduziert und gedruckt werden und entsprechen einer maximalen Rasterfeinheit von über 700 Linien pro Zentimeter. So gedruckte Abbildungen erhalten ein fotorealistisches Aussehen, das bei dem konventionellen Reproduktionsweg nicht zu realisieren ist. Für die Kartographie entsteht so die Möglichkeit, noch mehr Informationen und Details zu realisieren und nach dem Druckprozess diese unverfälscht dem Leser zu vermitteln.

Wie entstehen nun diese kleinen Punkte, die derzeit den großen Bereich Druckindustrie beschäftigen? Die Punktverteilungen werden durch einen Rechenprozeß (den Algorithmus) gesteuert. Dabei werden stets gleich große bzw. gleich kleine Punkte in Abstimmung mit den digitalen Inhalten der Vorlage auf das Ausgabemedium Film gesetzt. Ganz so zufällig wie die zufallsverteilte Rasterung bezeichnet wird, geht es bei

der Verteilung der Punkte doch nicht zu. Eine optimale Verteilung muß
so gesteuert sein, daß Regelmäßigkeiten, die sich zufällig ergeben,
ausgeschaltet werden und dennoch glatte Töne eine Regelmäßigkeit
erhalten, die zu keiner Runzel- oder Wolkenform führen kann. Dies ist
in sich irgendwie ein technischer Wiederspruch, erklärt aber so, daß bei
dieser Anforderung sich nur sehr wenige Methoden wie z.B. der
CristalRaster herauskristalisieren konnten. Der Markt wird zur Zeit mit
sehr vielen frequenzmodulierten Rastern überschwemmt, die zwei klare
Schwächen zeigen. Entweder ist die Punktverteilung nicht sauber
(Körnigkeit, Wolkigkeit) oder die Erzeugung des Rasters ist aufwendig
und langsam. Das Ergebnis dieser frequenzmodulierten Rasterausgaben
ist stets ein Kompromiß zwischen Qualität und Produktivität. Agfa bietet
mit dem CristalRaster die optimale Technologie an, die höchste Produktivität, beste Punktverteilung und einfache Anwendung vereint.

Neben dem CristalRaster-Algorithmus ist das eingesetzte Material (RIP,
Belichter, Film und Chemie) qualitätsentscheidend. Punkte von 14 µ,
21 µ oder 28/31µ müssen in Größe, Homogenität und Plazierung
höchste Reproduktionsansprüche erfüllen. Agfa erzeugt diese Punktgrößen mit einer Methode, die OptiSpot genannt wird und per Blenden
den Laserstrahl und damit die belichteten Punktgrößen auflösungsabhängig steuert. Um die Punktgeometrie und die Plazierung über das
gesamte Belichtungsformat konstant zu halten, kommt nur ein Trommelbelichter der Agfa SelectSet Serie für den Einsatz in Frage. Belichter
ohne stehendes Material und ohne konstante optische Pfade sind für die
Belichtung so feiner Rasterpunkte in diesem High-End Qualitätsbereich
nicht geeignet. Homogenität erreicht man erst bei der Belichtung von
Feinstrasterpunkten, die sich aus mindestens vier Einzellaserpunkten
zusammensetzen. So werden bei der Agfa SelectSet Ausgabe mit
Quartettpunkten (z.B. 4 x 7 µ) 14µ, 21µ oder 28/31µ Punkte erzeugt. In
Abstimmung auf optimales Belichtungsmaterial werden so flankensteile
und dichtehomogene Feinstrasterpunkte aufgebaut. Selbstverständlich ist
eine weitere Vergrößerung solcher Feinstrasterpunkte z. B. für Sieb-,
Flexo- oder Zeitungsdruck in Projektionen möglich. Es muß jedoch
bedacht werden, daß die feine, beim CristalRaster als blaues oder
unsichtbares Rauschen bezeichnete Punktverteilung mit zunehmender
Punktgröße zu einem sichtbaren, die Inhalte zerstörenden Rauschen,
führen kann. Der Rechenprozeß selbst wird von Original Adobe Soft-
und Hardware-RIP´s übernommen und ist von Rasterbeschleunigern
unterstützt je nach den Dokumentinhalten gering langsamer oder
teilweise sogar schneller als die konventionelle Rasterberechnung.

Hat man nun ein CristalRaster Vierfarbsatz in der Hand, beginnt der
Produktionsweg, der bisher nur Standardisierungen für konventionelle
Rasterungen kennt. Kopiertechnisch müssen CristalRaster Filme anders
als konventionelle Filme im Bereich eines 60er Rasters behandelt
werden. Das bedeutet statt Kontrollelemente mit 10 bis 12µ stehenden
Linien auf die Druckplatte zu übertragen, müssen die Lichtwerte bei der
Kopie eines CristalRaster Films mit annähernd 8µ übertragenen Linien

eingestellt werden. Wer schon jetzt mit feineren Rasterweiten als dem 60er Raster arbeitet, muß sich hier weniger umstellen. Nach dem einmaligen Justieren der Lichtwerte bei der Kopie kann mit den ermittelten Werten standardisiert gearbeitet werden. Die spezifische Gradationsanpassung für die Tonwertübertragung der digitalen Daten auf Film, Platte, Gummituch und Papier wird ebenfalls einmalig vorgenommen, so daß - angefangen vom Tampon-, Flexo-, Sieb-, und Offsetdruck - stets eine optimale Tonwertdarstellung gewährleistet ist.

Aber nicht nur der fehlende Standard kann den Erfolg einer Rastermethode zu Fall bringen, auch die falschen Produktionsmittel tun ihr übriges. Doch wie der Feinmechaniker eine Mikrometerschraube und keine Rohrzange verwendet um Detailarbeiten zu erledigen, so existieren auch im Bereich konventioneller/frequenzmodulierter Feinstraster geeignete Materialien, die eine Produktionsumgebung sichern können. Bereiche wie Kontakt- oder Duplikatfilm, Proofmaterialien, Kontaktrahmen, Druckplatten, Papier und Farbe sind nicht unüberwindbare Hindernisse, die schon heute von innovativen Betrieben beherrscht werden. So können besonders die Firmen Erfolge verbuchen, die neben der engen Bindung von Druckvorstufe und Druck eine lückenlose Bestückung mit optimierten Materialien vorweisen können. Über 400 CristalRaster Anwender sind derzeit in der Lage, fotorealistische Druckvorlagen auf höchstem Qualitätsniveau zu produzieren. Eine optimale Kommunikation zwischen Belichtungsservice und Druckerei ist dabei Voraussetzung um den hohen Qualitätsstandard bei der Weiterverarbeitung der Filme aufrecht zu erhalten. Da diese Kommunikation noch nicht auf breiter Ebene vorhanden ist, wird die Verbreitung der frequenzmodulierten Raster langsam aber stetig vonstatten gehen. Nur vermehrte Bündnisse von DTP-Service - Repro und Druck können zu einer noch schnelleren Verbreitung führen. Die drucktechnische Verarbeitung von CristalRaster ist als unkritisch zu bezeichnen. Bestehende Druckplatten Typen finden ihre Verwendung wobei die Lichtwerte bei der Kopie wie bereits beschrieben an den CristalRaster angepaßt werden müssen. Auf Sauberkeit in der Produktionsumgebung ist zu achten. Der »klinisch reine« Raum ist jedoch eine Fabel. In der Praxis werden Produktionsräume feucht gewischt, was wohl die kostengünstigste Möglichkeit für Sauberkeit bei der Verarbeitung von Feinstrastern darstellt. Der Druckvorgang ist im Gegensatz zu den kursierenden Gerüchten als unkritisch zu bezeichnen. Schwankungen im Farbauftrag werden vom CristalRaster ohne größere Auswirkungen in der Tonwertwiedergabe kompensiert. Die Dreivierteltöne und Tiefen bleiben offen, auch wenn auf stark saugenden Papieren mit höherem Farbauftrag gearbeitet wird. Strukturierte oder geprägte Papiere können ebenso bedruckt werden wie Zeitungspapiere. Ferner ist es auch möglich, konventionelle und frequenzmodulierte Raster zu mischen. Sofern dies anfällt, muß bei der Plattenkopie der Lichtwert auf den CristalRaster abgestimmt werden. Unzählige Praxisbeispiele (mit bis zu 200 Seiten in CristalRaster reproduziert) sollten die Zweifler an dieser Technologie wachrütteln, um sich etwas stärker mit dieser Entwicklung zu befassen. Ignoranz führt häufig sehr schnell ins Abseits!

Woher stammt der Druck im Markt, sich mit Feinstrastern bzw. dem CristalRaster auseinander zu setzen? Für die verbreiteten Drucktechniken, angefangen beim Flexodruck bis zum Offsetdruck, erwarten die Betriebe eine Verbesserung der Wiedergabequalität und damit ein Hervorhebungsmerkmal gegenüber den im Wettbewerb stehenden Firmen. Werbeagenturen und Kreative können ihren Angebotsraum für Druckobjekte ebenfalls qualitativ erweitern. Hersteller von Druckmaschinen und die Zulieferer der dazu gehörenden Produktionsmittel (Platte, Papier, Farbe etc.) werden mit neuen Technologien herausgefordert, den hohen Qualitätsstandard ihrer Produkte unter Beweis zu stellen. Und schließlich erhalten die Endkunden ein verbessertes Qualitätsniveau in der Darstellung der Druckinhalte, die den Leser oder Betrachter noch realistischer und genauer informieren. Also ist die frequenzmodulierte Rasterung nicht nur für die Druckerei von Interesse, sondern angefangen vom Fotografen, der Werbeagentur, dem Einkäufer, der Reproanstalt/dem Lithoservice, der Druckerei bis zu dem Kunden/ Leser ein Mittel, um zu besserer Qualität, mehr Profit und besserer Wettbewerbsfähigkeit zu kommen.

Die Hersteller der neuen Rastertechnologien müssen ein Ziel verfolgen: Ein standardisiertes Arbeiten mit den frequenzmodulierten Rastern in Zusammenarbeit mit den Institutionen BVD und FOGRA zu entwickeln, die Zulieferer der Druckindustrie in diese Forschungen mit einzubinden und dem Endanwender Pro und Contra frequenzmodulierter Rasterung offen und ehrlich darzulegen.

Anschrift des Verfassers:
Dipl.- Ing. Rainer Kirschke
c/o Agfa-Gevaert AG
Postfach 10 01 42
50441 Köln

IRIS-Farbproof zum Einsatz für kartographische Anwendungen

Hans Walla

Über den digitalen Proof als Alternative zu analogen Proofmöglichkeiten bei der Produktion qualitativ anspruchsvoller Drucksachen wird seit einigen Jahren intensiv diskutiert. Dieser Beitrag soll kurz die Technologie der IRIS-Tintenstrahldrucker darstellen und darüberhinaus die Zusammenarbeit von Scitex mit System Brunner würdigen. Wir sind der Auffassung, daß diese Kooperation der Technologie des kontinuierlichen Tintenstrahldrucks den entscheidenden Durchbruch auf dem Feld des digitalen Proofs für die Druckvorstufe sichern wird. Die Verbindung der hohen Präzision und Farbqualität der IRIS-Drucker mit dem Know-how von System Brunner wird aus dem »De-facto«-Standard, den IRIS schon heute aufgrund der installierten Gerätebasis setzt, einen echten Industriestandard machen.

Der digitale Proof wird sich gegenüber analogen Proofverfahren auf die Dauer durchsetzen. Dies gilt nicht nur deswegen, weil seine Vorteile offenkundig sind, sondern die Tendenz wird durch zwei technologische Trends deutlich verstärkt, deren Auswirkungen wir schon heute erleben und die auf der DRUPA im kommenden Frühjahr die Technologiediskussion beherrschen werden. Im einzelnen sind dies:
- Lösungen, die auf die Verarbeitung von Film verzichten. Also die direkte Belichtung der Druckplatte (Computer-to-Plate) und, darüber hinausgehend, der komplett digitale Druck kleiner und mittlerer Auflagen (Computer-to-Press, wie die bereits im Markt eingeführte Heidelberger GTO-DI oder digitale Druckmaschinen wie Xeikon, ChromaPress oder Indigo). Scitex hat funktionierende und bereits in der Praxis eingesetzte Lösungen für die Direktplattenbelichtung – den Scitex Raystar CtP für Druckformate bis zum Heidelberger MO und den Scitex DoPlate für die Belichtung von Platten im GTO-Format. Und Scitex arbeitet an einer digitalen Druckmaschine. Aus diesem Grund ist im vergangenen Jahr nach der der Übernahme der Dayton Division von Kodak die Scitex Digital Printing Company geschaffen worden.

- Zweitens neue Rasterverfahren, die eine deutliche Qualitätssteigerung beim Druck erlauben, aber zugleich immense Schwierigkeiten für den herkömmlichen analogen Proof auf Basis von Filmen bieten – ich meine die sogenannten frequenzmodulierten oder stochastischen Rasterverfahren wie Kristallraster, Diamond Screening, Scitex Fulltone und so weiter. Nicht nur, daß die technischen Schwierigkeiten bei Plattenkopie und analogen Proofverfahren den digitalen Proof hier überlegen machen: ein oft gehörter Einwand gegen digitale Proofverfahren wird bei diesen Rastertechnologien obsolet. Dieser Einwand hieß: Aber man sieht ja dabei keine Rasterpunktstruktur. Meine Damen und Herren, frequenzmodulierte Raster haben nicht mehr die traditionellen, der Autotypie angemessenen Rasterpunkte und Rasterwinkelungen! Auf dem Münchener Fogra-Symposium im Frühjahr des letzten Jahres haben die Referenten, die zum Thema frequenzmodulierte Raster sprachen, einhellig auf IRIS als die adäquate und effizienteste Prooflösung hingewiesen.

Zunächst kurz zur Technologie der IRIS-Drucker:
Das Empfängermaterial wird entweder automatisch oder manuell auf eine Trommel gespannt. Die Trommel rotiert, und an der Trommel vorbei werden parallel zur Längsachse vier Tintenstrahldüsen geführt, die einen kontinuierlichen Strom von Tinte abgeben. Im Unterschied zu anderen Tintenstrahlverfahren arbeiten die IRIS-Drucker mit je einer Düse pro Farbe. Die Farben sind ungiftig und ökologisch unbedenklich. Es sind sozusagen »Wasserfarben«, und zwar die Prozeßfarben des Drucks – Cyan, Magenta, Gelb und Schwarz.

Durch den kontinuierlichen Tintenstrom und die konstante Vorwärtsbewegung erzeugen die Düsen auf dem Trommelumfang eine Punktreihe nach der anderen, so daß es zur Flächenfüllung kommt. Die winzigen Tropfen strömen in hoher Folge aus den Düsen – gleichsam wie Perlen auf einen Bindfaden. Ein Quarzkristall innerhalb der Düse steuert den Tintenfluß mit einer Frequenz von einem Megahertz. Dabei kommt es zu der fast unvorstellbaren Abgabe von einer Million Tropfen je Düse in der Sekunde, also insgesamt vier Millionen Tropfen. Diese Rate ist mehr als hundertmal höher als die eines Bubble-Jet-Druckers!

Wie kann ein Bild von bestimmter Größe und mit vielen Farbnuancen entstehen, wenn der Tintenfluß nicht unterbrochen wird und die Trommel sich stetig dreht? Die Farbtöne werden durch anteiliges Vermischen der Prozeßfarben erzeugt. Der kontinuierliche Tintenstrom nicht benötigter Farbtröpfchen wird dazu abgelenkt und in eine Auffangvorrichtung geleitet, bevor er auf der Trommel auftreffen würde.

Die winzigen Farbtröpfchen von 15 µ Durchmesser sind ein Hilfsmittel, um die Pixelgröße zwischen einem und 32 Tröpfchen pro Pixel zu variieren. Deswegen führt die »fotorealistische« Qualität der IRIS-Proofs immer wieder dazu, daß verblüffte Betrachter meinen, ein Foto vor sich zu haben und nicht einen Ausdruck. Die physikalische Auflösung der IRIS-Drucker beträgt ja nur 300 dpi – Sie alle kennen die unbefriedigende Sägezahnqualität der ersten 300-dpi-Laserdrucker. Dank der überlegenen Technologie erreichen wir eine visuelle oder effektive Auflösung von 1700 bis 1800 dpi.

Daß IRIS-Drucke qualitativ bestechend anmuten, ist eine Sache. Die entscheidende Frage lautet: Können sie einen farbverbindlichen Proof für den Offsetdruck darstellen?

Die positiven Erwartungen an den Digitalproof sind klar:
- Kostenreduzierung gegenüber dem Analogproof oder Andruck. Dies gilt besonders für die Filmkosten und die Kosten für das Proofsystem und die dabei eingesetzten Materialien, aber auch für Arbeitskosten.
- Bessere Kontrolle der Ergebnisse. Das bedeutet vor allem einen geschmeidigeren, stromlinienförmigen Arbeitsablauf, bei dem zum Beispiel schon

nach dem Scannen geprooft werden kann, um festzustellen, ob das Bild entweder neu gescannt oder aber durch Retusche korrigiert werden muß.

- Schnellerer Durchsatz. Die Belichtung von Filmen für die Proofs entfällt, der Zeitaufwand für das manuelle Proofen entfällt ebenso.

- Die Akzeptanz beim Kunden als Vertrags- oder Kontraktproof. Wenn der Kunde einen Digitalproof als »gut zum Druck« oder »Imprimatur« annimmt, ist diese Technologie der Gewinner. Erinnern Sie sich an die Anfänge von Cromalin, meine Damen und Herren? Seinerzeit gab es auch Einwände gegen das Verfahren, und manche Kunden wollten am Andruck festhalten. Hier ist der Punkt, wo System Brunner ins Spiel kommt, um dem IRIS-Digitalproof durch Referenzmethoden und Kontrollelemente die Abstimmung auf das Druckergebnis zu erlauben und den Prozeß zu standardisieren.

- Und schließlich muß es möglich sein, von unterschiedlichen Plattformen aus zu proofen. Hinsichtlich der Anschlußfähigkeit decken die IRIS-Drucker den breitesten Computerbereich ab. Dabei ist es gleichgültig, in welcher »Welt« der Anwender arbeitet. Ob offene PC- oder Macintosh-Umgebungen, ob dedizierte Systeme wie Scitex oder Hell oder UNIX-Plattformen von IBM, Silicon Graphics oder Sun, ob komplexe, gemischte Produktionssysteme – IRIS-Drucker stehen für alle diese Umgebungen als Proofsysteme zur Verfügung.

Ein Blick auf die dynamische Entwicklung, die IRIS seit seiner Gründung erlebt hat, scheint an dieser Stelle angebracht:
Dreieinhalb Jahre nach der Unternehmensgründung im April 1984 hat IRIS Graphics im September 1987 die Technologie des kontinuierlichen Tintenstrahldrucks eingeführt, vielleicht besser bekannt unter der englischen Bezeichnung »continuous variable-dot inkjet«. Seit dieser Zeit hat sich der IRIS 3024-Drucker weltweit als erster digitaler Halbton-Drucker durchgesetzt. Auf Grundlage der gleichen Technologie wurde im September 1989 der großformatige IRIS 3047 auf der IGA in Tokio vorgestellt. Die ersten Systeme wurden 1990 ausgeliefert, und in diesem einen Jahr 1990 hat IRIS die Vertriebsziele für den 3047-Drucker um 100% übertroffen.

Im März 1990 hat Scitex IRIS Graphics für 31,25 Millionen Dollar übernommen. Dieser Erwerb war strategisch geplant, denn Scitex hatte klar erkannt, welches zusätzliche Wertpotential und welche ideale Ergänzung die IRIS-Produktlinie für das bestehende, qualitativ hochwertige Scitex-Equipment darstellt. Im August 1990 kam der weitgehend automatisierte IRIS SmartJet 4012 auf den Markt; die ersten Auslieferungen an Kunden erfolgten im Januar 1991.

Den SmartJet 4012 hat die Fachzeitschrift MacWorld im April 1992 mit dem begehrten »Editor's Choice« unter einer Auswahl aus 25 Farbdruckern ausgezeichnet.

Gegenwärtig, im Jahre 1994, ist IRIS voll im Markt etabliert und genießt einen ausgezeichneten Ruf als Lieferant einer konkurrenzlosen Produktlinie.

Wie ist es denn dazu gekommen, muß man sich fragen, daß die IRIS-Drucker quasi zum De-Facto-Industriestandard für hochwertige Farbdrukker geworden sind? Was unterscheidet die IRIS-Technologie von allen anderen im Markt verfügbaren Verfahren?

Der Unterschied beruht auf drei wesentlichen Voraussetzungen, die ein Farbdrucker mitbringen muß, um als Farbproofsystem anerkannt zu werden. Diese drei Voraussetzungen sind:

1. Großer Farbumfang
Der große Farbumfang – Colour Gamut – und der ausreichend große Farbraum – Colour Space – sind notwendig, um das gedruckte Endresultat eines beliebigen Druckverfahrens simulieren zu können. In anderen Worten: Der benötigte Farbraum muß zum Beispiel über den Farbraum des Offsetdrucks hinausgehen, wenn der Offsetdruck durch Kalibration eingrenzend simuliert werden soll.

2. Wiederholbarkeit
Vielleicht stellt dieses inhärente Merkmal der IRIS-Technologie ihren größten Vorteil dar. Ein IRIS-Drucker generiert, kontrolliert und plaziert vier Millionen Tintentröpfchen in jeder Sekunde, die durch die vier Düsen des Druckkopfs aufs Papier gesprüht werden. Um hochauflösende Farbbilder mit fotorealistischer Qualität produzieren zu können, müssen die Tintentropfen mit größtmöglicher Präzision aufs Papier gebracht werden. Diese hohe Präzision garantiert auch die unerreichte Wiederholbarkeit von einem Ausdruck zum anderen. Für ein digitales Proofsystem bedeutet Wiederholbarkeit der Druckergebenisse gewissermaßen eine conditio sine qua non.

3. Kontrolle der Farbe
Für ein digitales System, das die vollständige Kontrolle über 256 Graustufen pro Farbe erlaubt, lassen sich sehr flexible und leistungsstarke Algorithmen entwickeln, um das Ergebnis des IRIS-Outputs zu steuern. Großer Farbraum und Farbumfang, hohe Wiederholbarkeit und die Kontroll- und Steuerungsmöglichkeiten der Farbausgabe machen die IRIS-Drucker nicht nur zu hochwertigen Farbdruckern, sondern zu wirklichen kompletten Farbproofsystemen.

Das IRIS-Farbproofsystem ist darüberhinaus wegen einer äußerst wichtigen Eigenschaft für Anwender interessant: wegen seiner Konsteneffizienz. Ein IRIS-Proof kostet zehnmal weniger als ein Proof vom Kodak Approval-System und sogar 15mal weniger als ein Analogproof. Der Nutzen nach einer bestimmten Anzahl von Proofs pro Tag, tagaus, tagein, wöchentlich, im Monat usw. liegt für die inzwischen mehr als 3000 IRIS-Anwender als bares Geld auf der Hand.

Weder Scitex noch Brunner System haben entschieden, daß IRIS-Drucker zum Industriestandard werden. Diese Entscheidung haben Sie getroffen – es ist die Entscheidung des Marktes. Die installierte Geräte-Basis spricht für sich selbst. Die Kooperation zwischen Brunner System und IRIS zielt darauf ab, die IRIS-Technologie auf das höchstmögliche Niveau zu heben, und zwar dadurch, daß für die Kalibrierung der IRIS-Systeme die gleichen Methoden zur Anwendung kommen wie für Offsetdruckmaschinen.

Mit einer Instrument-Flight-Kalibrierung ist das folgende Szenario denkbar: unterschiedliche Druckmaschinen an unterschiedlichen Druckorten weltweit, und gleichermaßen unterschiedliche IRIS-Drucker an unterschiedlichen Standorten – alle jedoch auf den eng definierten Brunner-Standard kalibriert. Aus diesem Grund liefern sie alle identische visuelle Ergebnisse.

Die Bewegung der grafischen Industrie weg von gewissermaßen »privaten«, hauseigenen Standards hin zu einem weithin akzeptierten industriellen Standard mit IRIS als Referenzdrucken kommt einer Revolution gleich. Auch die Bewegung vom ursprünglichen Andruck über den Analogproof zum Digitalproof stellt eine Revolution dar. Wir danken Ihnen, unseren bestehenden und künftigen Anwendern, dafür, daß Sie diese Revolution ausgelöst haben.

Mit welchem Nachdruck sich Scitex der Inkjet-Technologie verschrieben hat, beweisen die personellen und finanziellen Ressourcen, die wir gegenwärtig in IRIS Graphics und in andere Inkjet-Technologieprojekte investieren. Mehr als 250 bei IRIS Graphics beschäftigte Menschen entwickeln mit voller Arbeitskraft neue Produkte, neue Tinten, neue Substrate usw. Die Verbindung von IRIS Graphics mit der neuerworbenen Scitex Digital Printing Company – einem Hersteller von schnellen Druckern auf Basis von Inkjet-Arrays – bringt Scitex für die Zukunft in eine noch bessere Ausgangsposition, um dem Markt modernste, noch schnellere und dabei kostengünstigere Produkte anbieten zu können.

Weder Scitex noch Brunner System haben entschieden, daß IRIS der Industriestandard ist. Diese Entscheidung haben Sie getroffen: sie kommt aus dem Markt. Die installierte Basis spricht für sich selbst. Die Kooperation zwischen Brunner System und IRIS zielt darauf ab, die IRIS-Technologie auf das höchstmögliche Leistungsniveau anzuheben, und zwar dadurch, daß sie mit den gleichen Methoden kalibriert wird, die für Offset-Druckmaschinen zur Anwendung kommen.

Unter Voraussetzung einer Instrument Flight-Kalibration läßt sich folgendes Szenario vorstellen: unterschiedliche Druckmaschinen an unterschiedlichen Druckorten in der ganzen Welt und dementsprechend auch unterschiedliche IRIS-.Drucker an unterschiedlichen Einsatzorten – aber alle nach dem genau definierten Brunner-Standard kalibriert und somit alle mit einheitlichem visuellem Ergebnis.

Die Bewegung, die gegenwärtig in der grafischen Industrie vorgeht, kommt einer Revolution gleich: und zwar weg von hauseigenen, sozusagen »privaten« Standards, und hin zu einem allgemeinen, breit akzeptierten industriellen Standard. Der Übergang vom Andruck zum Analgoproof und schließlich jetzt zum Digitalproof stellt eine weitere Revolution dar. Ihnen, unseren gegenwärtigen und künftigen Kunden, haben wir es zu verdanken, daß diese Revolution stattfindet.

Einen Beweis für die Verpflichtung, die Scitex hinsichtlich der Inkjet-Technologie eingegangen ist, stellen die personellen und finanziellen Ressourcen dar, die wir augenblickblick in IRIS Graphics und in andere Inkjet-Technologien investieren. Mehr als 250 Menschen bei IRIS Graphics arbeiten kontinuierlich an der Entwicklung neuer Produkte, neuer Tinten, neuer Substrate usw. Die Kombination des Know-Hows bei IRIS Graphics mit der neuerworbenen Scitex Digital Printing Company – einem Hersteller sehr schneller Drucker auf Basis von Inkjet-Arrays – bringt Scitex für die Zukunft in eine noch bessere Ausgangsposition, um dem Markt neueste Technologie, noch schnellere Systeme und dabei zu geringeren Einstandskosten anzubieten.

Wir danken Brunner System ausdrücklich für das gemeinsame Engagement in der digitalen Revolution, die unsere Industrie gegenwärtig verändert.

Anschrift des Verfassers:
Hans Walla, Marketing Manager
c/o Scitex Deutschland GmbH
Stahlgruberring 30
81829 München

Hardware - Ein- und Ausgabe -

**Farbiges Kopieren und Drucken im Netzwerk:
Die Farbkopiersysteme von Canon**

Frank Tiemann

Wer neue, unbekannte Wege gehen will, braucht Mut und Risikobereitschaft. Besser noch: Er hat eine möglichst aktuelle Karte. Das gilt für Wanderer, Autofahrer und für Kapitäne zur Luft oder zur See.
In der modernen Informationsgesellschaft bauen auch die seit alters her mit dem Kartenzeichnen vertrauten Fachleute - die Kartographen- auf die Hilfe des Computers. Desk Top Mapping ersetzt zunehmend Zeichenstift, Kupferstich oder die Karto-Lithographie. Denn eines der

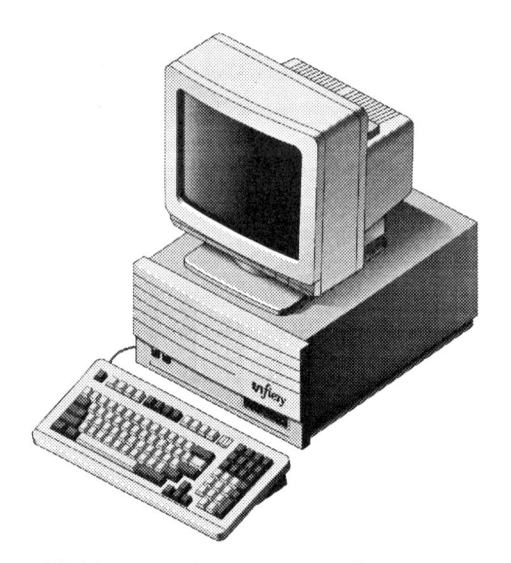

Abbildung 1: Efi Fiery-Controller

entscheidenden Merkmale einer guten Karte ist ihre Aktualität für den Betrachter und ihre leichte Veränderbarkeit für den Kartographen. Sie erinnern sich sicherlich noch an die Zeiten, als das Autobahn-Blau einer bestimmten Tankstellenkette aufwendig in das Autobahn-Rot-Gelb der Konkurrenzmarke geändert werden mußte. In Aldus Freehand auf dem Macintosh ist das heute nur ein Mausklick. Aber wie überprüfen Sie, ob wirklich nur die Autobahn und nicht auch ein See in leuchtendes Rot getaucht worden ist? Die Karte muß zwischendurch immer wieder ausgedruckt werden, um Fehler erkennen zu können. Es ist also eine schrittweise Optimierung erforderlich.

Digitale Vollfarbkopierer haben hier in den letzten Jahren für neue Impulse im Druckbereich gesorgt. Im Zuge dieser Entwicklung sind auch die Anforderungen der Anwender an ihr Reproduktionssystem gestiegen. Gefragt sind nicht nur eine originalgetreue Wiedergabe von Farbvorlagen, sondern mehr und mehr die Fähigkeit digitaler Kopiersysteme, auch als Vollfarbdrucker eingesetzt zu werden. Neuester Stand der Entwicklung sind Farbkopiersysteme, die produktiv zur

Dokumentenerstellung eingesetzt werden können: Beidseitiges Kopieren und Sortieren von kompletten Kopiensätzen sind nun in den neuen Systemen von Canon Standard-dem CLC 700 und dem CLC 800. Der CLC 800 ist das erste Farbkopiersystem der Welt mit einer Duplexeinheit, also der Möglichkeit automatisch beidseitige Kopien oder Drucke zu erstellen.

Neu konzipiert wurde auch die Benutzerführung. Eine auf der Fuzzy-Logik basierende Steuerung ermittelt selbständig den für das Original optimalen Kopiermodus. Der Anwender wählt dazu lediglich aus, ob es sich um ein Foto, eine Zeichnung, um Text oder eine Karte handelt. Ein spezieller Chip verhindert dabei die Moirébildung.

Für eine Qualitätssteigerung sorgt auch die Selbst-Kalibrierung des CLC 700 und CLC 800. Damit ist von der ersten bis zur hundertsten Kopie eine gleichbleibende Qualität sichergestellt. Der superfeine Laserstrahl mit einer extrem kurzen Wellenlänge führt somit zu brillanten Farbkopien.

Mit dem Interfacemodul EfI Fiery-Controller wird aus dem CLC 700 oder CLC 800 ein netzwerkfähiges DIN A3-Farbdrucksystem, das mittlerweile schon Einzug in viele Betriebe der Druckvorstufe gehalten hat, um dort Proofs oder Kleinauflagen zu erzeugen.

Der Fiery-Controller ist ein Raster Image Prozessor, der Adobe PostScript Level 2 versteht und diese Daten für den CLC aufbereitet. Dabei stehen für die Netzwerkeinbindung die Protokolle Ethertalk, TCP/IP und IPX(Novell) zur Verfügung. So können Sie vom Macintosh, von Unix-Rechnern und von Windows-PC auf das CLC-System zugreifen, auch im

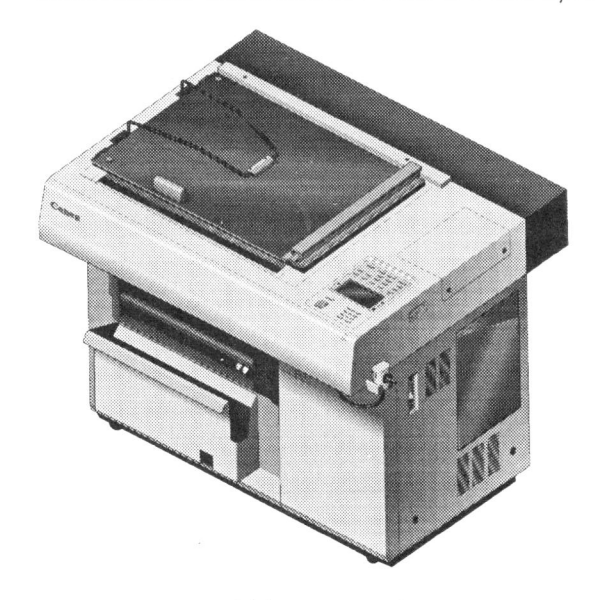

Abbildung 2: Bubble Jet BJ A1 S

gemischten Netzwerk. Bei einer Auflösung von 400x400 dpi und 24 Bit Farbtiefe bleiben nur wenige Wünsche offen. Die Kombination CLC mit Fiery-Controller läßt Millionen von Farbnuancen zu, wobei auf Apple

Macintosh ein Farbmanagementsystem genutzt werden kann, das den Ausdruck in nahezu Proof-Qualität ermöglicht. Eine wichtige Rolle spielt auch die enorme Geschwindigkeit, so daß erste Kartenausdrucke auf DIN A3 innerhalb weniger Minuten möglich sind.

Für Großformate bis DIN A1
Wenn es um Format und Formate geht, überzeugt der große Bruder der CLC-Systeme, der Bubble Jet A1 S. Der Name spricht für sich: Mit der von Canon patentierten Bubble Jet-Technologie (Tintenstrahlverfahren) kopiert und druckt der BJ A1 S bis zum Format DIN A1, darüber hinaus in Multiblattkopien von mehreren Bahnen bis zur Plakatwandgröße. Auch der BJ A1 S arbeitet mit 400x400 dpi und 24 Bit Farbtiefe, auch er kann über eine optionale Schnittstelle zum Drucker und Scanner erweitert werden.
Ein norddeutsches Landesvermessungsamt arbeitet bereits mit diesem Kopier- und Drucksystem. Neben dem eigenen Bedarf werden auch für andere Behörden die Dienste des BJ A1 angeboten. So werden für Gemeinden Bebauungspläne, für die städtischen Versorgungsunternehmen Pläne mit Gas-, Wasser- und Stromleitungen kopiert.

Wir informieren Sie gerne über weitere Farbsysteme und Anwendungen von Canon, sprechen Sie mit uns.

Anschrift des Verfasserrs:
Frank Tiemann
c/o Canon Deutschland GmbH
Niederlassung Karlsruhe
Nobelstraße 20
76275 Ettlingen

Die Bedeutung von Standards und Normen bei der Beschaffung von integrierten GEO - Systemen

Wolfram Richter

1. Situation
Die Kartographie befindet sich in einer Phase der Neuorientierung. Die digitale Kartographie löst traditionelle Werkzeuge und Herstellungswege ab und eröffnet somit völlig neue Perspektiven für die Anwender.

Nicht nur die Digitalisierung der Druckvorstufe, sondern sogar die des Druckens selbst macht so dramatische Fortschritte, daß vielerorts von einer „Revolutionierung der Kartenherstellung" gesprochen wird.

1.1 Neue Technologien
Die digitale Kartographie („Digital Mapping") fordert ein Umdenken bei uns bisher vertrauten Herstellern: um Partner der Kartographie zu bleiben, müssen diese die Zäsur von der Opto- und Feinmechanik zur Elektronik technologisch bewältigen.

Hier, im Bereich der Elektronik, trifft die Kartographie - sowie deren bisherige Zulieferer - in verstärktem Maß auf völlig neue Namen, Mitbewerber und bisher nicht gekannte KnowHow - und Leistungspotentiale.

1.2 Beim Druck läuft alles zusammen
In der Vergangenheit haben die unterschiedlichen Arbeitsbereiche(z.B. eines Landesvermessungsamtes) - je nach Aufgabenstellung - ihre Ausstattung jeweils separat beschafft. Nicht selten war es so, daß die Öffentlichkeitsarbeit nichts von den Installationen der Kartographie und die Photogrammetrie nichts von der EDV wußte. Warum auch? Eines verband die Arbeitsbereiche aber in jedem Fall miteinander: in der Druckerei fanden sie sich alle wieder. Denn - und die Duckereileiter unserer Ämter werden es zum Teil leidvoll erfahren haben - gedruckt werden sollte schließlich (fast) alles, ob Schrift, Linie, Halbton oder Farbe. Mit höchsten Anforderungen an Präzision und Authentizität.

1.3 Perspektive
Jetzt, im Zeitalter des Digital Mapping, haben unsere Drucker eigentlich allen Grund zur Freude. Denn: viele mühselige, manuelle und mechanische Eingriffe, um die Vorstufen-Ergebnisse unter einen Hut (sprich: das gewünschte gedruckte Resultat) zu bekommen, werden jetzt sauber - sozusagen: auf Knopfdruck - erledigt.

Machen wir uns nichts vor: so einfach ist es nicht. Aber wir können uns die Arbeit tatsächlich wesentlich erleichtern.
In welchem Maße - das haben wir zum großen Teil selbst in der Hand. Die Forderungen der Kartographie insgesamt an die Elektronik lauten - wie eh und je: Wir wollen qualitativ hochwertig

- Satz, Schrift, Öffentlichkeitsarbeit
- thematische Kartographie
- Kartographie und
- Photogrammetrie

realisieren. Außerdem soll Farbe reproduziert werden und: wir wollen miteinander kommunizieren.

Wenn die Elektronik das leistet, wenn sie dazu den Sachverstand unserer Anwendungen hat, dann kann sie ein ernstzunehmender Partner der Kartographie sein.
Mittlerweile wissen wir: die Elektronik deckt viele unserer Forderungen ab. Unterschiedlichste Hersteller (alte und neue) bieten uns Hardware, Software und mehr oder weniger brauchbaren Sachverstand an.

Zugegeben: wir sind so gut wie alle in einer Phase, in der wir - wenn wir denn den Kartographen ein ernstzunehmender Partner sein wollen - viel voneinander lernen können.

2. Neue Prämissen für künftige Entscheidungen
Der Technologiewandel in der Kartographie trifft uns zu einem Zeitpunkt nicht gerader randvoller Kassen. Andererseits besteht der Zwang, neue Technologien einzusetzen. Nationales Zusammenwachsen, internationale Vereinbarungen und (im Osten) das „Begradigen" von Altsünden aus der Zeit der politischen Blöcke.

Unsere Entscheider sind wahrlich nicht zu beneiden: Unter dem Menetekel der knappen Gelder sich mit neuen, bisher unbekannten Technologien vertraut zu machen, Leistungsaspekte zu analysieren und dann die richtige, zukunftssichere Auswahl zu treffen. Außerdem soll die Investition mit der hausinternen EDV und vorhandenen CAD-Systemen harmonieren.
Immer öfter ist die Rede vom Zwang zu Integration.

2.1 Integration und Systembeschaffungen
Ideal wäre: einen einzigen Partner zu haben, der
1. unsere Sprache spricht und versteht, das heißt: über das KnowHow unserer vielfältigen Anwendungen verfügt,
2. die Produkte anbietet, die wir brauchen,
3. innerhalb eines kommunizierenden Gesamtsystems zeitlich versetzt (oder gleichzeitig) die Teilsysteme installiert und integriert., ohne Schnittstellenprobleme
4. schult, unterstützt, wartet,
5. die Gesamtverantwortung für unser System übernimmt.

Gibt es unter den vielen Anbietern überhaupt einen, der
- Digitalisieren / Scannen
- Satz, Schrift, DTM (DeskTop-Mapping)
- CAD / Kartographie
- Photogrammetrie

- Hybride
- Netzwerke, Datenbanken
- interne / externe Fremddaten
- Informationsabgabe
- Proof und Druck

(Hard- und Software) integriert und das mit der von uns gewünschten Qualität, Professionalität und Ergonomie?

2.2 Normen und Standards

Sowohl betriebs- als auch zukunftssicher ist eine solche Integration nur über Normen und Standards zu erreichen.

Wenn wir uns darauf einigen, daß die Einzelsysteme in den unterschiedlichen Arbeitsbereichen der Kartographie Teile eines Gesamtsystems sein können (und sollten), gelten ab sofort ganz bestimmte Regeln für unsere Beschaffungen: Wir befinden uns mitten im Systemgeschäft.

Mit den enormen Nutzen-. und Mehrfachnutzen-Vorteilen- bedingt durch den hohen Integrationsgrad solcher Systeme. Das ist es, was ein Gesamtsystem wirtschaftlicher macht, als mehrere voneinander unabhängig operierende Satelliten-Systeme.

2.3 Vorteile von Systemtechnologien

Gelingt es uns, aus einer einzigen, kompetenten Hand zu beschaffen, lösen wir die technischen Schnittstellenprobleme vermutlich eleganter. Dennoch erreichen wir gleichzeitig über Normen und Standards die Unabhängigkeit von einem bestimmten Hersteller. Weiterhin sichern wir uns die Konnektivität, das heißt: die Verbindung mit anderen
- zuliefernden oder abfragenden - externen Informationssystemen.

In welchem Teilbereich des integrierten Gesamtsystems auch immer Daten erfaßt werden, wir können sie an jede beliebige Stelle unseres Systems transportieren, sie dort weiterverarbeiten, auslagern oder ergänzen. Die Funktionen der Teilsysteme werden so wieder transparenter, der Nutzen der bislang nicht integrierten Teilprozesse erhöht sich durch Re-Integration in das Gesamtsystem. Der bislang verbreitet hohe Aufwand, die einzelnen Arbeitsbereiche in Ämtern, Firmen, Instituten so zu koordinieren, daß keine Abhängigkeiten entstehen, reduziert sich durch Re-Integration auf ein Minimum.

Jede (dazu berechtigte) Stelle ruft die von ihr benötigten Informationen über das Netz bzw. aus den elektronischen Archiven ab, ohne einer anderen Abteilung bezüglich Zeitpunkt und/oder Kapazität „in die Quere" zu kommen. Kompatibel über standardisierte Hard- und Software-Schnittstellen und Datenformate.

In einer solchen standardisierten Umgebung erzielen wir den höchsten Grad an Sicherheit. Außerdem können wir auf ein großes Angebot an Standard-Werkzeugen zurückgreifen. Und das senkt Kosten.

3. LINOTYPE-HELL als Anbieter integrierter Gesamtlösungen für die digitale Kartographie

Durch strategische Allianzen mit kompetenten Partnerfirmen ist die Linotype-Hell AG der derzeitig wohl einzige Hersteller, der in diesem Umfang für alle Bereiche der Kartographie als Anbieter auftritt.

3.1 Die Produkte

Gepaart mit dem weltweit anerkannten Fachwissen für die gesamte Druckvorstufe (Scanner, Typographie, Grafik, Halbton, Reprotechnik/ Farbe bis zu Ausgabe großformatiger Druckvorlagen) werden die Bereiche

- Satz + DTP, Schrift, kartographische Schriften, Öffentlichkeitsarbeit
- DTM (DeskTop- Mapping)
- thematische Kartographie
- Photogrammetrie

inklusive der entsprechenden Vernetzung hard- und softwareseitig abgedeckt.

3.2 Die Philosophie

Linotype-Hell faßt die Produktlinie für die Kartographie mit dem Begriff MERKARTOR (= **M**odulares **E**DV- und **R**ekorder-System für **Kar**tographie, **T**ypographie und **Or**thophotos) zusammen.

Dies ist das Markenzeichen für: integrierte kostengünstige Gesamtlösungen hoher Professionalität. So, wie sie sich bei einer Vielzahl von Anwendern unterschiedlichster Art täglich in der Kartographie bewähren.

Basis für Hard- und Software sind Standards, die eingesetzten Schnittstellen sind definiert und offen. Die Funktionalität ergibt sich aus Kompetenz und KnowHow.

Diese Philosophie zieht sich streng und konsequent durch die Bereiche Eingabe, Verarbeitung / Archivierung, Ausgabe: Im- und Export von Daten on- und off-line, Integration von Informationen aus CAD-Systemen und deren typographisch hochwertiger Ausgabe, Scan- / Bilddaten und -formate, Verbindung zur Elektronischen Bildverarbeitung und nicht zuletzt: die Farbverarbeitung selbst. Basierend z.B. auf dem Standard-Farbraum CIE...

Die On-line-Kommunikation erfolgt über genormte Netzwerke mit definierten Protokollen und Schnittstellen.

Datenausgabe: Standard PostScript.

3.3 Sicherheit, Flexibilität, Wirtschaftlichkeit

Linotype-Hell hat die Bedeutung des kartographischen Marktes erkannt. Die Aktivitäten für dieses Segment sind im Bereich „Marketing + Vertrieb GEO-Informationssysteme" in Kiel konzentriert.

Hier werden Anforderungen geprüft und Lösungen koordiniert. Immer mit der Option eines Gesamtsystems für alle Aufgabenbereiche der Anwender.

Der hohe Integrationsgrad, das minimierte Schnittstellenrisiko und die Qualität der praxiserprobten Produkte bieten ein hohes Maß an Sicherheit, Flexibilität und Funktionalität für alle Bereiche der Kartographie bei nachweislicher Wirtschaftlichkeit.

4. Zusammenfassung

Weiter oben, im Absatz 2.1, hatten wir den Wunsch geäußert, in dieser Zeit der „Revolutionierung der Kartenherstellung" einen einzigen sachkundigen Partner zu haben, der den Weg zu neuen, technologischen Lösungen in der Kartographie engagiert und zuverlässig mitgeht.

Wir können also feststellen daß es mit der Linotype-Hell AG und deren Vertragsfirmen, zumindest einen solchen Wunschpartner gibt.

Anschrift des Verfassers:
Dipl.-Volkswirt Wolfram Richter
c/o Linotype-Hell AG, Geschäftsstelle Nord
Heidenkampsweg 44
20097 Hamburg

Scannen und Plotten mit dem LSP 2012

Leonidas Apostolidis

1. Warum sind Scanner für die Kartographie interessant?

Auf einfache und schnelle Weise können vorhandene Kartenoriginale in digitale Rasterdaten umgewandelt werden. Rasterdaten sind die Grundlage für die EDV-gestützte Weiterverarbeitung in der Kartographie.

2. Welche Anforderungen muß ein Scanner erfüllen, um den Ansprüchen der Kartographie zu genügen?

- Auflösung min. 32 Linien/mm
- Genauigkeit min. 0,1 mm
- Vorlagenformat min. DIN-A0 oder größer
- schonende Vorlagenbehandlung
- unterschiedliche Vorlagendicke
- Echtfarbenfähigkeit
- Farberkennung und Selektion

Diesen hohen technischen Ansprüchen ist mit der Entwicklung eines ausgesprochen schnellen Trommel-Scanners und Plotters der Fa. Lüscher Maschinenbau Rechnung getragen, der über die Fa. MapSys GmbH in der Bundesrepublik vertrieben wird. In einem Zeitraum von knapp einem Jahr hat man hier das Kombinationsgerät Lüscher ScannerPlotter zur Marktreife gebracht, das durch seine technischen Daten besticht.

Der Lüscher ScannerPlotter 2012

Scanner	Vorlagenformat max.	1220 x 2180 mm
	Drehzahl der Trommel, max.	1000 Upm
	Wiederholgenauigkeit	5 mm
	Auflösung	25 - 1600 dpi stufenlos
	Optik	RGB-Farboptik mit Photomultiplier
Plotter	Filmformat, max.	1220 x 2180 mm
	Drehzahl der Trommel, max.	1000 Upm
	Wiederholgenauigkeit	5 mm
	Belichtungsauflösung	1600 oder 3200 dpi
	Wellenlänge des Lasers	660 nm
	Belichtungssystem	LED mit 12 oder 24 Strahlen
	Halbton-Rasterung	mittels Hardware-Rasterrechner

Umfangreiche Scan-, Plott-, und Bearbeitungssoftware

Scannen und Plotten mit dem LSP 2012

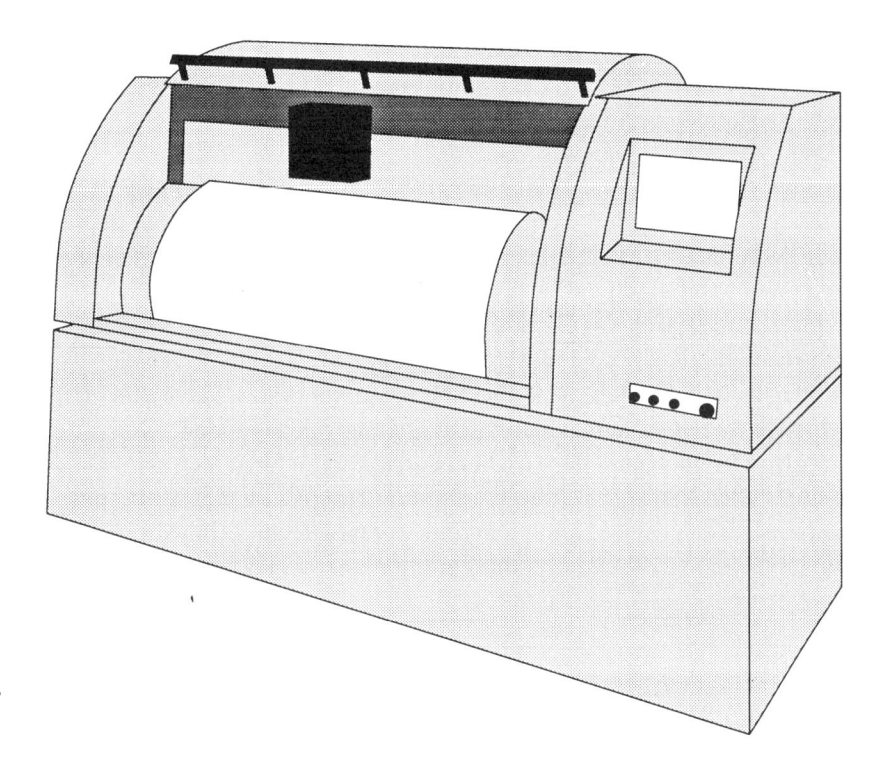

3. Fotomultiplier und LEDs

Der Lüscher ScannerPlotter scant und plottet in Kombination. Damit reduziert sich der Platzbedarf gegenüber Geräten, die nur eine Funktion erfüllen, auf die Hälfte. Beim Scannen beleuchtet eine Xenon-Lichtquelle die Vorlage. Das von ihr reflektierte Licht wird in seine Grundfarben zerlegt und drei Fotomultipliern (Verstärkerelemente) zugeführt. Sie setzen die variablen Lichtintensitäten in analoge elektrische Spannungen um, die anschließend digitalisiert werden.

In der Scanfunktion bietet das Gerät eine maximale Auflösung von 1600 dpi (stufenlos), beim Plotten sind es 1600 oder 3200 dpi (dots per inch = „gelesene" oder auf Reprofilm belichtete Bildpunkte pro Zoll). Das gesamte Format wird in der maximalen Auflösung in 76 Minuten gescannt und in 40 Minuten geplottet.

Nicht immer ist beim Plotten eine Auflösung von 3200 dpi erforderlich, wie sie zum Beispiel sehr feine Raster benötigen. Daher läßt sich das Gerät auf geringere Auflösungen einstellen, was die Plotgeschwindigkeit gegebenenfalls erhöht. Beim Plotten werden als Lichtquelle 12 oder 24 LEDs (Light Emission Diodes) verwendet. Im Falle der niedrigeren Auflösung (1600 dpi) belichten je 2 Dioden parallel. Hieraus ergibt sich eine Verdoppelung der Plotgeschwindigkeit.

Der Lüscher ScannerPlotter ist mit einer Vakuumeinrichtung zur Vorlagen- und Filmbefestigung auf der Trommel ausgerüstet. Die Vakuumtechnik ermöglicht ein völlig planes Aufliegen von Vorlage oder Film auf der Trommel, so daß sie stets im Fokusbereich der Optik stehen. Gleichzeitig werden Vorlage und Film auch bei hoher Drehzahl der Trommel sicher gehalten. Erst hierdurch läßt sich die volle Trommeldrehzahl auch wirklich nutzen, ohne daß die Gefahr besteht, daß sich Vorlage oder Film infolge der Zentrifugalkraft von der Trommel lösen.

In das Gerät kann ferner eine automatische Ausgabe des Reprofilms (Filmdipenser) integriert werden, die das gewünschte Filmformat selbsttätig berechnet und schneidet. Hierdurch wird ein Hantieren mit Schere und Bandmaß bei schwacher Dunkelkammerbeleuchtung unnötig. Schließlich läßt sich das Gerät mit einer Paßlocheinrichtung zur präzisen Positionierung des Films auf der Trommel ausstatten. Mittels der Paßlochtechnik können die fertigen Filme zu Kontrollzwecken viel schneller und vor allem genauer übereinandergelegt werden. Selbstverständlich paßt der Lüscher ScannerPlotter bezüglich seiner Schnittstellen in die gewohnte Workstation-Umgebung dieses Herstellers (Sun Microsystems) und kann aufgrund der möglichen Datenkonvertierung mit Fremdgeräten problemlos zusammenarbeiten.

Anschrift des Verfassers:
Leonidas Apostolidis
c/o Firma MapSys GmbH
Industriestraße 3
76870 Kandel

Einführung in heterogene Rechennetze

Wilhelm Fries

Übersicht

- Notwendigkeit von Rechnernetzen
    - Kommunikation (Datenaustausch)
    - Kooperation (gemeinsame Datennutzung)
    - Ressourcen Sharing (gemeinsame Ressourcennutzung)
- Rechnernetze aus der Sicht der Benutzer
    - Netztransparenz
    - Netzdienste
    - Netzsicherheit
- Rechnernetze aus der Sicht der Netzbetreiber
    - Netzhardware
    - Netzsoftware

Kommunikation

Mit Hilfe eines Rechnernetzes können folgende Daten zwischen den angeschlossenen Rechnern ausgetauscht werden

- Dateien
- Programme
- Nachrichten interaktiv
- Nachrichten asynchron

Kooperation

Mit Hilfe eines Rechnernetzes kann auf folgende Daten eine Kooperation der angeschlossenen Rechner erfolgen:

- Datenbanken
- Softwareversionen
- Electronische „schwarze" Bretter

Ressourcen Sharing

Mit Hilfe eines Rechnernetzes können folgende Ressourcen gemeinsam genutzt werden:

- Drucker/Plotter
- Plattenkapazität
- CPU-Leistung
- Softwarelizenzen
- Datenbanken und Informationssysteme
- Spezialhardware

Einzelarbeitsplätze

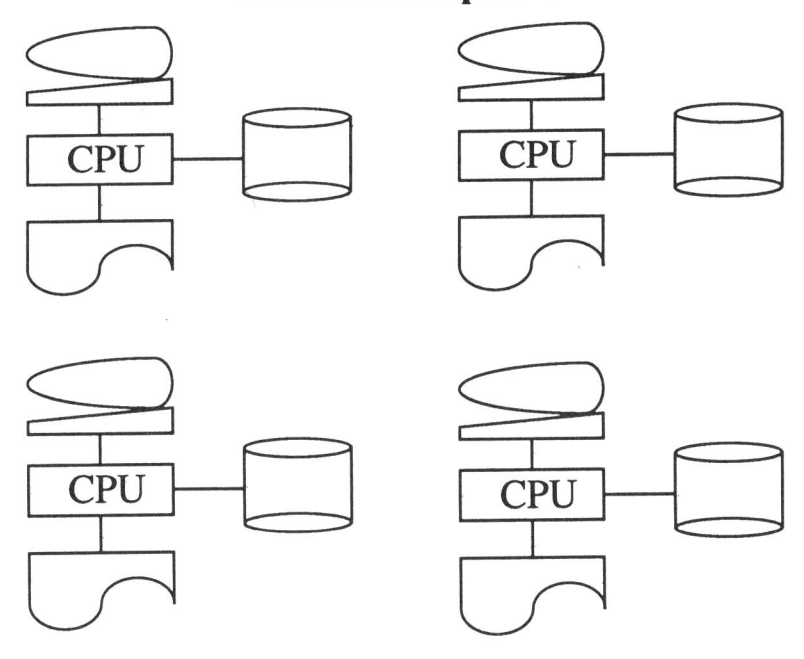

Vernetzte Arbeitsplätze

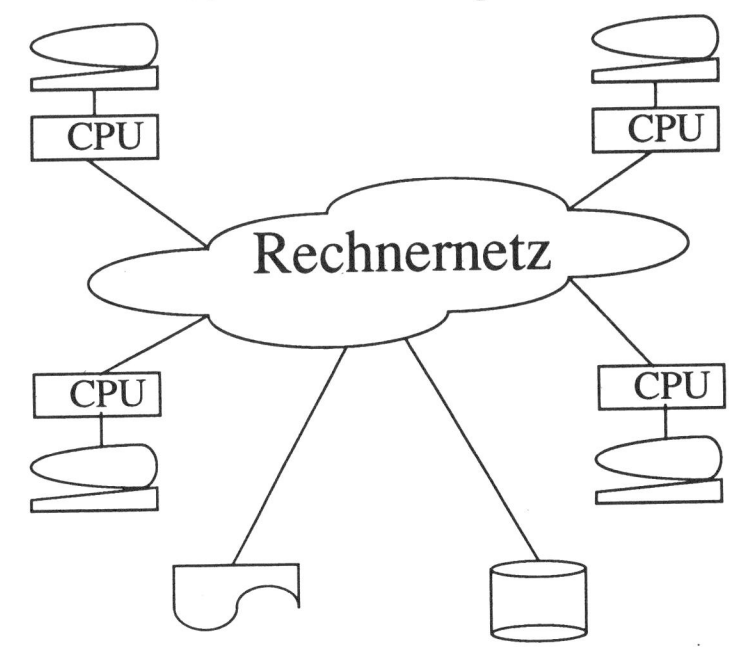

Rechnernetz

Netztransparenz

- **Das beste Netz ist ein Netz, das man nicht merkt !!!**
  D.h. der Benutzer brauscht keine Kenntnisse über
  - Eigenheiten der angeschlossenen Geräte
  - Verkabelungsart und -wege
  - eingesetzte Komponenten

  und
  - Die Bedienung der Applikationen sollte immer gleich sein
  - Neue Befehle sind nur zur Netzkommunikation (neue Applikation) notwendig

  Dies setzt voraus
- hohe Verfügbarkeit
- ausreichend dimensionierte Bandbreite
- Einsatz von standardisierter Software

Netzdienste

In einem Rechnernetz kann es u. A. folgende Dienste geben:

- TELNET

Zum Einloggen auf einen Fremdrechner (Host). Dadurch kann z.B. die CPU-Leistung des Hosts genutzt werden.

- FTP (File Transfer Protokoll)

Dadurch können Dateien zwischen den Rechnern übertragen werden.

- NFS (Network File System)

Dadurch kann ein Rechner virtuelle Platten von einem Host „mounten".

- E-Mail (Electronic Mail)

Netzsicherheit

- Zugangskontrolle

Schutz vor unberechtigtem Zugang zu einem Rechner

- Zugriffskontrolle

Schutz vor unberechtigtem Zugriff auf Dateien

- Abhörsicherheit

Schutz vor dem „Mithören" auf dem Netz

- Authentifizierungskontrolle

Nachweis, daß z.B. Nachrichten tatsächlich vom angegebenen Absender stammen

Verkabelungsarten (Netztopologie)

- Sternförmige Verkabelung

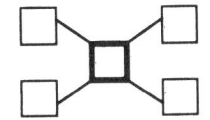

- Busförmige Verkabelung

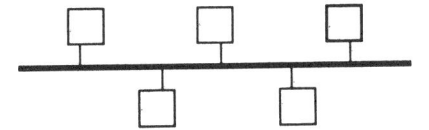

- Ringförmige Verkabelung

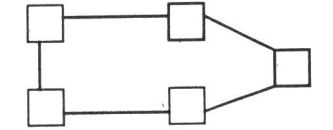

Verkabelungsmedien

- Koaxial Kabel

Thin/Thick, entspricht 10base2 bzw. 10base5

(max. Länge 185m bzw. 500m)

- Shielded/Unshielded Twisted Pair

STP/UTP, entspricht 10baseT

(max. Länge 100m-1000m)

- Lichtwellenleiter

LWL, entspricht 10baseF

(max. Länge 2Km-10Km)

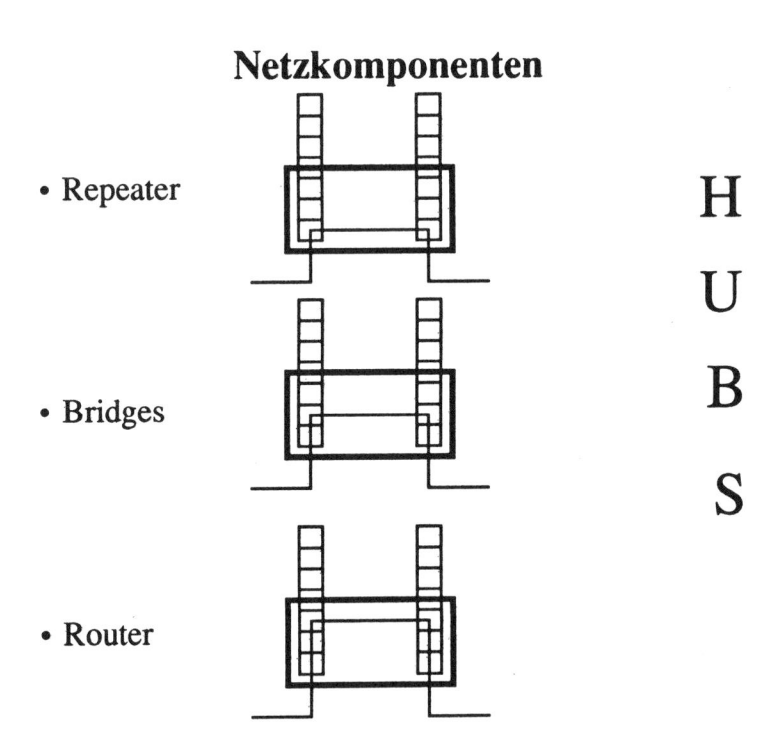

Netzkomponenten

- Repeater

- Bridges

- Router

H U B S

7-Schichten ISO-Refferenzmodell

L7	Verarbeitungsschicht	Anwendungs-system
L6	Darstellungsschicht	
L5	Kommunikationssteuerungsschicht	
L4	Transportschicht	Transport-system
L3	Vermittlungsschicht	
L2	Sicherungschicht	
L1	Bituebertragunsgschicht	

Bitübertragungsschicht

- 10base2
- 10base5
- 10baseT
- 10baseF
- FDDI
- ...

Sicherungsschicht

- Ethernet (802.3)
- Token Ring (802.5)
- FDDI
- ATM
- ...

Vermittlungsschicht

- IP
- IPX
- AppleTalk
- DECNet
- Windows NT/ - for Workgroups
- ...

Transportschicht

- TCP
- UDP
- IPX

Kommunikationssteuerungs-, Darstellungs- und Verarbeitungsschicht

- TELNET
- FTP
- NFS
- SMTP
- IPX
- AppleTalk
- Windows NT / - for Workgroups
- ...

Anschrift des Verfassers:
Dipl.- Inf. Wilhelm Fries
c/o Universität Karlsruhe,
Rechenzentrum
Postfach 6980
76128 Karlsruhe

Elektronische Karten und ihre Herstellung

Fred Christ

1. Einführung
Bei Betrachtung der heutigen Einsatzgebiete der rechnergestützten Kartographie lassen sich drei Systembereiche unterscheiden, die teilweise miteinander kombiniert sind:

AMS, DTMS
Systeme für die automatisierte Kartenherstellung
(Automated Mapping Systems, Desktop Mapping Systems)

GIS, LIS, AM/FMS, RIS, UIS, FIS
Systeme für die GeoInformationsverarbeitung
(Geoinformationssysteme, Landinformationssysteme, Automated Mapping/Facility Management Systems, Rauminformationssysteme, Umweltinformationssysteme, Fachinformationssysteme)

EMS
Systeme für die elektronische Präsentation von Karten und GeoInformationen,
(Electronic Mapping Systems).

Systeme für die automatisierte Kartenherstellung und die GeoInformationsverarbeitung werden bereits seit Jahren eingesetzt, Systeme für die elektronische Präsentation von Karten und GeoInformationen bilden dagegen einen relativ neuen Systembereich der rechnergestützten Kartographie. Sie sind im Zuge der Entwicklung der Multimedia-Systeme ab ca. 1985 entstanden und verbreiten sich in Europa und Deutschland seit etwa 1990.

2. EMS, elektronische Karten und Atlanten
EMS dienen der Herstellung und dem Betrieb von elektronischen Karten und Atlanten sowie von GeoInformations-Anzeigesystemen. Elektronische Karten, Atlanten und GeoInformations-Anzeigesysteme werden heute im privaten Bereich, bei kommerziellen Unternehmen, sowie bei zivilen und militärischen Einrichtungen angewendet.

Im privaten Bereich ergänzen sie die herkömmlichen gedruckten kartographischen Produkte wie Handatlas, Autokarte, Stadtplan, Reiseführer und Luftfahrtkarte. Im kommerziellen Bereich werden elektronische Straßen- und Länderkarten sowie Stadtpläne für die Routenplanung und Flottensteuerung sowie als elektronische Bürokarten für Standort-, Gebiets- und Objekteintragungen benutzt. Bei zivilen und militärischen Institutionen werden sie für Leitsysteme des Polizei-, Feuerwehr-, Krankentransport- und Katastropheneinsatzes sowie zur Land-, Luft- und Seefahrzeugnavigation eingesetzt. Die Bezeichnung „elektronische

Karte" entstammt der Multimedia-Terminologie und markiert den Unterschied zur digitalen Karte, der darin besteht, daß eine elektronische Karte zusätzlich Text-, Video- und Audio-Informationen enthalten kann.

Anders als bei den Systemen für die automatisierte Kartenproduktion oder die GeoInformationsverarbeitung werden Electronic Mapping Systems überwiegend als lauffähige Anwendungen einschließlich aller Daten geliefert oder herausgegeben. Der Einsatz von EMS zur Herstellung eigener elektronischer Karten oder GeoInformations-Anzeigesysteme ist heute noch auf Softwarefirmen, Forschungseinrichtungen und Hochschulinstitute begrenzt. Teilweise kooperieren große kartographische Verlage bei der Produktion elektronischer Karten und Atlanten mit Softwarefirmen, die auf die Entwicklung von Multimedia- und Informations-Anzeigesysteme spezialisiert sind.

Die Grundlage für die Herstellung von anwendungsreifen Systemen für die elektronische Präsentation von Karten, Atlanten und GeoInformationen bilden bisher fast ausschließlich vorliegende Kartenwerke, die gescannt oder vektordigitalisiert werden, digitale oder in Listenform vorliegende Sachdaten sowie digitale Bilddaten. Die digitalen Bilddaten werden teils durch Scannen von Photographien oder vollautomatisches Digitalisieren von Videobildern mit Multimedia-Hard/Software wie z.B. ScreenMachine gewonnen. Andererseits liegen die Bilddaten in Form digitaler Luft- und Satellitenbilddaten vor.

Die Basisfunktionen eines gebrauchsfertigen Electronic Mapping Systems sind die Selektion und Bildschirmanzeige von gespeicherten Karten, besonderen Kartenobjekten, thematischen Sachdaten, Bildern, Texten und optional auch die Ausgabe gesprochener Informationen. Hinzu kommen anwendungsspezifische Systemfunktionen, wie Routensuche, Distanzbestimmung, Straßensuche, Ortssuche, Global Positioning System-Anbindung zur Standortbestimmung und Fahrzeugnavigation, Anfertigung graphischer Overlays, Dateneingabe, Drucken oder Plotten der Bildschirmanzeige usw. Die Bedienung eines EMS erfolgt über Menüs, Schaltflächen, einzelne als Schaltflächen programmierte Kartenobjekte, sowie über Führungsworte in Text- und Datenfeldern.

EMS für die Eigenentwicklung von elektronischen Karten, Atlanten oder GeoInformations-Anzeigesystemen verfügen darüberhinaus über Autorenfunktionen für den Import von Graphik-, Bild- und Textdaten in verschieden Datenformaten, für die Generierung von Kartenfenstern, Atlasseiten, Schaltflächen, Text- und Datenfeldern, Kartenobjekt-Animation sowie für die Programmierung von Scripten und Regiesequenzen bzw. die automatische Aufzeichnung von Aktionen des Autors. Außerdem weisen sie eine Systemfunktion zur Ausgabe von gebrauchsfertigen EMS, sogenannten Runtime-Versionen auf. Diese können entweder auf Disketten oder nach Übertragung auf CD-ROMs an andere Anwender weitergegeben werden.

EMS - Hardware
Die Hardware-Konfiguration eines Systems für die elektronische Präsentation von Karten und GeoInformationen ist verglichen mit der für AMS und GIS benötigten Hardware relativ klein, insbesondere da die meisten bisherigen Anwendungen auf PCs und MACs basieren. Workstation-Konfigurationen und vernetzte Hardware sind fast ausschließlich nur bei professionellen EMS-Anwendern und Behörden im Einsatz.

Grundsätzlich sind für die Benutzung von Elektronischen Karten und für deren Herstellung zwei im Umfang verschiedene Hardware-Konfigurationen erforderlich. Während Benutzer nur einen PC, MAC oder einen Workstation-Computer mit Graphikdisplay, einem CD-ROM-Laufwerk und eventuell einen Farbdrucker benötigen, sind für die Herstellung von elektronischen Karten zusätzlich eine Farbscanner, eventuell ein Vektordigitizer und ein CD-ROM-Recorder sowie ein Datentransfer- und Archivierungsgerät DAT (Digital Audio Tape) oder MOD (Magnetic Optical Disk) erforderlich.

CD-ROMs sind die derzeit für die Speicherung und den Vertrieb von elektronischen Karten und Atlanten üblichen Datenträger. Die CD-ROM-Fertigung wird meistens Service-Firmen übertragen, denen die Daten und Software der elektronischen Karten auf DAT oder MOD geliefert werden. Die Fertigungskosten einer CD-ROM betragen derzeit ca. 300,—DM und für jedes weitere Exemplar bei einer Auflage von mindestens 1000 Stück ca. 7,— DM ohne Disk-Rohling.

Beispiel für eine PC EMS-Hardware-Konfiguration
(Hardware zur Herstellung elektronischer Karten)

PC 486 DX 33 Mhz
8 MB RAM
340 Harddisk
16 Zoll Graphik-Disdplay
CD-ROM
DIN A3 Farbscanner
DIN A2 graphisches Tablett
Inkjet-Farbdrucker
MOD oder DAT
mit Betriebssystem und Driver-Software
ca. DM 25.000,-
mit zusätzlichem CD-ROM-Recorder plus Recorder-Software
ca. DM 45.000,—

EMS - Software
EMS-Software umfaßt einerseits die Software zur Herstellung von elektronischen Karten, Atlanten und GeoInformations-Anzeigesystemen und andererseits Software in Form von Run Time Versionen mit Daten als benutzungsbereite Produkte. Der größte Teil der EMS-Software wird auf den Systemplattformen PC und MAC betrieben, ein kleinerer Teil der professionell eingesetzten Software auf Workstations.

Elektronische Karten und ihre Herstellung

Beispiele für EMS - Software
(Software zur Herstellung von elektronischen Karten)
AED AIS, ALDUS SUPERCARD, ASYMETRIX TOOLBOOK, AUTODESK ANIMATOR, CLARIS HYPERCARD, DORNIER GEOGRID, MACROMEDIA DIRECTOR.

Eine weltweite Marktübersicht über die Software für diesen jungen Systembereich ist bisher noch nicht erschienen. Die Preise der Software für die Herstellung von EMS liegen zwischen ca. DM 1 000,— und DM 20.000,—.

(Software mit Daten als benutzungsbereite elektronische Karten)
CIS CITY GUIDE, Dornier/ Mair's Elektronische Generalkarte, DELORME GLOBAL EXPLORER, DORNIER MISSION PLANNING SYSTEM, RV COM-CART, M&T AUTOROUTE DEUTSCHLAND und EUROPA, M&T PC GLOBE, MSPI PC TOURIST EUROPA.

3. Herstellung elektronischer Karten

3.1 Allgemeines Verfahren
Die Grundlage für die Herstellung elektronischer Karten und Atlanten bilden vorliegende, konventionell hergestellte Karten, digital hergestellte Karten und zukünftig auch digitale Karten und Fachdaten aus GeoInformationssystemen. Die digitalen Daten der elektronischen Karten können als Vektordaten, Rasterdaten oder hybride Daten erzeugt, gespeichert und benutzt werden. Elektronische Karten auf Rasterdatenbasis wie CIS CITYGUIDE, MAIR's GENERALKARTE oder RV Verlag COMCART umfassen meist ein mehrere Hundert Megabyte großes Datenvolumen und müssen daher auf CD-ROMs gespeichert und vertrieben werden. Dagegen reichen für einfachere, in Vektordatenform erzeugte elektronische Karten wie AUTOROUTE DEUTSCHLAND oder PC GLOBE meist eine bis drei Disketten High Density mit 1,4 MB Speicherkapazität als Datenträger aus.

Bisher werden am häufigsten Rasterdaten als Kartengrundlage eingesetzt. Bei der Rasterdigitalisierung (Scannen) konventionell hergestellter Karten werden entweder Drucke oder farbgetrennte Folien der Karten gescannt. Wobei im letzteren Falle die originalgetreue mehrfarbige Bildschirmwiedergabe der elektronischen Karte eine vorherige digitale Farbkombination der Rasterdaten der gescannten Folien erfordert.

Die in Rasterdatenform vorliegende Kartengrundlage wird in Form von Kartenausschnitten, Teilkarten eines Kartenwerkes oder Seiten eines Atlasses gespeichert und auf dem Bildschirm angezeigt. Zur Beschleunigung des Lesens der umfangreichen Rasterdaten eines Kartenwerkes von dem relativ langsamen Massenspeicher CD-ROM werden Verfahren zum kachelartigen Nachladen der Daten von CD-ROM in den schnellen Zusatzspeicher des Computers angewendet.

Dabei wird die als Rasterbild angezeigte Karte von vektordigitalisierten Kartenobjekten und von Schaltflächen, Text- und Datenfeldern überlagert, welchen durch Programmierung oder Aufzeichnung Funktionen, Aktionen, Animationen und Text-, Bild- sowie gesprochene Informationen zugeordnet werden. Für die Bedienung der elektronischen Karte werden außerdem Menüleisten am oberen oder seitlichen Rand angefügt. Die Programmierung erfolgt in einer sogenannten Scriptsprache. Für die Präsentation elektronischer Karten in bestimmter Zeitfolge und die Kombination mit gesprochener Information, Klängen, digitalisierten Videobildern, gescannten Photos, digitalen Luft- und Satellitenbildern werden Regiesequenzen programmiert. Diese Programmierung erfolgt an einem Regiepult der graphischen Benutzeroberfläche der verwendeten Multimedia-Software.

3.2 Herstellung elektronischer Karten an der TFH Berlin
An der Technischen Fachhochschule Berlin wird für Herstellung von elektronischen Karten im Rahmen von Studien- und Diplomarbeiten die Multimedia-Software ASYMETRIX TOOLBOOK auf IBM-kompatiblen PCs unter MS DOS und WINDOWS eingesetzt und auf Apple-Macintosh Mikrocomputern die Multimedia-Software MACROMEDIA DIRECTOR und ALDUS SUPERCARD.

Die TOOLBOOK-Vollversion ist zum Preis von ca. DM 2300,- bei der Firma Softline GmbH, Renchenerstraße 3, 77704 Oberkirch, Tel. 07802-924222, zu beziehen. Der Preis von ALDUS SUPERCARD liegt unter DM 1000,-. Die Software MACROMEDIA DIRECTOR, erhältlich z.B. von der Firma Prisma Computertechnologie, Neumann-Reichardstraße 27, 22013 Hamburg , Tel. 040-688600, kostet ca. DM 2900,- .

Für das Scannen der Kartendrucke oder farbgetrennten Folien einer Karte wird teilweise ein DIN A3 Farbscanner der Firma Sharp mit der Scanner- und Bildbearbeitungssoftware CIRRUS am Apple Macintosh eingesetzt. Vektordaten werden mit der Software ALDUS FREEHAND digitalisiert. Am PC unter DOS und WINDOWS wird zur Vorverarbeitung der gescannten Karten die Bildbearbeitungssoftware IPHOTO PLUS verwendet. Eine Vorverarbeitung der Scandaten ist teilweise zur Kontrastverstärkung, Datenkompression und Ausschnittbildung erforderlich. Die beste Bildqualität bei der Anzeige elektronischer Karten auf heutigen Graphikdisplays mit einer Bildschirmresolution (Dot Pitch) von 0,28mm bzw. 0,3mm wird bei einer Auflösung der Rasterdaten von 0,085mm (300 dpi) und 256 Farben erzielt. Die vorverarbeiteten Scandaten werden über Importfilter, z.B. TIFF und PCX, von der Multimediasoftware eingelesen. Nach einem manuell erstellten Layout werden dann am Bildschirm mit der Multimedia-Software die einzelnen Kartenteile einer Gesamtkarte oder Seiten eines Atlasses durch Anlegen von Text- und Datenfeldern, Schaltern, Menüs usw. gestaltet. Hierzu dienen Werkzeugleisten, Farbpaletten und Menüfelder der Multimedia-Software. Die vorgenommenen Gestaltungsmaßnahmen des Bearbeiters können von der Software automatisch aufgezeichnet und in Form von Scripten gespeichert werden. In komplizierten Fällen werden Scripte direkt am Bildschirm in der Scriptsprache der Multimedia-Software programmiert. Die Bedienung der Multimedia-Software bei der Gestaltung der elektronischen Karte erfolgt hierbei auf einer sogenannten Autorenebene. Der Anwender und Benutzer der elektronischen Karte bedient diese dann später auf einer sogenannten Leserebene, die Interaktionen zur unerwünschten Veränderung der Karte ausschließt aber z.B. die Hinzufügung von kartographischen Objekten oder textlichen Informationen gestattet. Die Bezeichnungen Autor und Leser entstammen der Software TOOLBOOK. Bei anderen Multimedia-Softwareprodukten werden teilweise hiervon abweichende Begriffe verwendet.

An der TFH Berlin und zum Teil in Kooperation mit Firmen wurden bisher folgende elektronische Karten als Prototypen bearbeitet: Stadtinformationssysteme Oman und Celle, elektronischer Atlas Oman, elektronische Luftfahrtkarte für Hubschrauber, Öffentlicher Personennahverkehr Berlin, Topographische Übersichtskarte 1:200000, Deutschlandkarte 1:1Million, elektronisches Kartenverzeichnis des Instituts für Angewandte Geodäsie, elektronische Wetter- und Klimakarte MeteoInfo.

3.3 Herstellung elektronischer Karten auf der Basis der Rasterdaten der Topographischer Landeskartenwerke

Die deutschen Landesvermessungsämter und das Institut für Angewandte Geodäsie halten heute neben den analogen gedruckten Landeskartenwerken digitale Rasterdaten dieser Kartenwerke in verschiedenen Auflösungen, z.B. in 100 L/cm (254 dpi oder R = 0,1mm), 200 L/cm (508 dpi oder R = 0,05mm), 320 L/cm (812 dpi oder R = 0,03mm) bereit. Diese Rasterdaten sind als Dateien entsprechend den einzelnen analogen Folien der Kartenwerke sowie als ein- und mehrfarbigen Kombinationen der Folien organisiert. Die Dateien können in mehreren gängigen Datenformaten, z.B. TIFF, PCX, Intergraph RLE, SNI-Hell usw. geliefert werden. Diese Rasterdaten der Topographischen Landeskarten können als Grundlage für elektronische Karten aller Art dienen und mit Bildbearbeitungs- und Multimedia-Software auf schnelle und relativ kostengünstige Weise mit thematischen Overlays, Text- und Datenfeldern, Schaltern und Bedienungsmenüs versehen werden. Sie eignen sich damit ausgezeichnet für kommerzielle Lizenznehmer, Behörden und Verbände zur Herstellung elektronischer Karten für spezielle Themenbereiche. An der TFH Berlin wurden mehrere Testdatensätze des Niedersächsischen Landesverwaltungsamtes - Landesvermessung - von Ausschnitten aus den Topographischen Karten 1:25000, 1:50000, 1:1000000 und aus der Übersichtskarte von Niedersachsen 1:500000 in die Multimedia-Software TOOLBOOK importiert und als einfache elektronische Kartenserie bearbeitet. Dabei zeigte sich, daß die Rasterdaten hinsichtlich der Scan-Qualität, Auflösung und Farbcodierung eine ausgezeichnete graphische Qualität aufweisen.

4. Ausblick

Die Zahl der heute verfügbaren elektronischen Karten und Atlanten ist noch relativ niedrig und die zu ihrer Herstellung erforderliche Multimedia-Systemtechnik in der Kartographie noch nicht weit verbreitet. Technische Probleme bereitet zum Teil noch der schnelle Zugriff auf die sehr umfangreichen Rasterdaten gescannter Karten, digitaler Luft- und Satellitenbilddaten bei Verwendung weniger leistungsfähiger PCs und Apple Macintosh Mikrocomputern. Es ist jedoch zu erwarten daß die Herstellung elektronischer Karten, Atlanten und kartenbasierter Informationssysteme mit dem weiteren Fortschreiten der multimedialen Informations- und Kommunikationstechnik zukünftig ein bedeutendes Aufgabengebiet der Kartographie bilden wird. Bei vielen Anwendungen werden GeoInformationssysteme kombiniert mit Systemen zur elektronischen Präsentation von raumbezogenen Informationen in Form elektronischer Karten zur Anwendung gelangen. Die standardmäßige Ausrüstung von PCs, Macs und Wokstationcomputern für Multimedia-Anwendungen sowie die für die nächsten Jahre prognostizierte Verfügbarkeit noch handlicherer Datenträger wie Speicherkarten mit großer Speicherkapazität und flacher, leichter Graphikdisplays wird die Verbreitung des Einsatzes von elektronischen Karten voraussichtlich weiter beschleunigen.

Adresse des Verfassers:
Professor Dipl.-Ing. Fred Christ
c/o Technische Fachhochschule Berlin
Luxemburger Straße 10
13353 Berlin

Analoge / Digitale Reproduktion

Bedeutung der DIN 16 509 - Farbskala für den Offsetdruck - bei der digitalen Kartenherstellung

Walter Leibbrand

1. Vorgeschichte

Beim Druck einer Karte stellt sich immer wieder die Frage nach der Farbwiedergabe auf dem Druckträger. Die Frage ist nicht neu; schon beim Druck mehrfarbiger Karten zu Beginn dieses Jahrhunderts wurde damit begonnen, mehrfarbige Auflagenducke herzustellen. Solange die Farbigkeit auf Linienelemente und Farbflächen begrenzt war, konnten Farben entsprechend gemischt werden. Erst mit der Möglichkeit Farbtöne bezüglich der Farbdichte mit Hilfe entsprechender Raster zusätzlich zu variieren, kam in der Mitte der 30er Jahre der Gedanke auf, diese „Farb-Mischungen" in einer Farbskala zu definieren und festzulegen.

Im Auftrag des Normenausschusses „Farbe in Druck und Photographie" hat 1949 E. J. Neugebauer die Grundlage zu einer Farbskala geschaffen, aus der dann 1954 die erste deutsche Normskala DIN 16 508 für den Buchdruck und 1955 die DIN 16509 für den Offsetdruck entstanden ist. Durch Verfeinerung der reproduktionstechnischen Verfahren wurden diese Normen zwischenzeitlich fortgeschrieben.
Dazu kam dann im September 1969 der Entwurf für die „Europäische Farbskala für den Offsetdruck; Normalfarbendruck" DIN 16539.

2. Die kartographischen Farbtafeln

Auch in der Kartographie wurde vom Arbeitskreis Praktische Kartographie, hier besonders von Ingo Folkers, über die „Kurze Skala" diskutiert und an Problemlösungen, wie diese Frage für den Kartendruck gelöst werden könnte, gearbeitet. So sind im Laufe der Jahre dazu folgende Vorschläge, die Aufzählung ist nicht vollständig, von verschiedenen potenten Stellen erarbeitet und veröffentlicht worden:

Farbtafel der DIN-Farbskala 16509 des Militärgeographischen Amts, 1966

Farbskala nach DIN 16 509 in 6 Stufen der Reprostelle des Landesamts für Flurbereinigung und Siedlung Baden-Württemberg, XII. 1971

Farbskalen für den Offsetdruck mit gleichbleibenden Rastertonwerten, entwickelt und herausgegeben vom Vermessungsamt der Freien und Hansestadt Hamburg, Mai 1972. Dieses Tafelwerk hat der Arbeitskreis Praktische Kartographie, anläßlich des 21. Deutschen Kartographentages 1972 in Düsseldorf, den Tagungsteilnehmern überreicht.

Farbskalen für den Offsetdruck unter Verwendung der Kurzen Skala, Stadt Bochum, Bauverwaltung, Vermessungs- und Katasteramt 1972

Farbatlas für Kartenentwurf und Kartenreproduktion nach Fogra-Standards und Euroskala CEI 13-67, *Wolfgang Plapper, Peter Waibel*, 1987

Bedeutung der DIN 16509 - Farbskala für den Offsetdruck - bei der digitalen Kartenherstellung

Den Bedarf in der Kartographie an standardisierten Farbskalen belegen die oben angeführten „selbstgestrickten" Farbtafeln hinreichend. Es wird unterstellt, daß auch noch anderweitig über den farbigen Kartendruck und über „bessere" Abstufungen der Farbtafeln nachgedacht und diskutiert wird.

3. Der Elektronische Farbatlas
Mit dem Farbatlas der Agfa, dem „PostScript Process Colour Guide", liegt nun ein Farbatlas vor, der auf dem Einsatz der elektronischen farbigen Bildverarbeitung aufgebaut ist. Mit dem Einsatz dieser Technik hat sich nun vieles geändert.

Während der Kartenbearbeitung und erst recht am Schluß jeder mehrfarbigen digitalen Kartenherstellung steht der Prüfdruck, die farbige Wiedergabe der kartographischen Arbeit. Soweit dieser einfarbig angelegt ist, läßt sich dieser auf einem Tintenstrahl- oder Laserdrucker herstellen.Durch den Einsatz von Farblaser- und Tintenstrahldruckern, mit denen Farben gedruckt werden können, ergeben sich nun auch für die Kartographie Möglichkeiten, vom Kartenbild umgehend entsprechende farbige Andrucke herstellen zu können.

Das Farbsystem auf den Rechner zu übernehmen, ist problematisch, da der Rechner und der Drucker entsprechend den Farbwerten kalibriert werden müssen.

Für den Farblaserdrucker als auch für den Tintenstrahldrucker bietet sich hier ein einfaches Verfahren an: Übernahme der Werte der DIN Skala nach 16 509 auf eine Diskette. Mit dieser Diskette wird dann ein Ausdruck auf dem zur Verfügung stehenden Drucker hergestellt, dann dieser Ausdruck visuell mit der gewünschten Farbe verglichen und Anschließend dann der entsprechende Farbwert auf dem Rechner kalibriert.

Soweit Interesse besteht, kann eine in FreeHand formatierte Diskette, auf der die Werte nach DIN 16 509 gespeichert sind, über den Arbeitskreis Praktische Kartographie gegen Unkostenersatz bezogen werden

Literatur
Deutsche Normen - Farbskala für den Offsetdruck, DIN 16509, Juli 1965, Beuth-Vertrieb GmbH, Berlin und Bonn.
Walter Leibbrand, Richard Berkemer, Otto Maguolo und Alfred Schüfer: Kartenreproduktion nach DIN 16 509 - kurze Skala - für den Vier-Farbendruck. - In: Kartentechnische Arbeitstagung München 1968. Ergebnisse der Tagung vom 1. bis 3. April 1968 bei der Firma Hausleiter und Co, *Walter Leibbrand. (Hrsg.):* Firma Hausleiter und Co, München XII. 1968.

Zeitvergleich zwischen analoger und digitaler Kartenherstellung

Walter Leibbrand

1. Arbeitsorganisation und Kalkulation
Die Arbeitsorganisation sowie die Kalkulation, jeweils in analoger und digitaler Form, wird anhand der Herstellung der Karte „Unteres Remstal, Mittlerer Neckar und Stuttgarter Bucht" im Maßstab 1:100 000 dargestellt und beschrieben.

Für den Bereich Unteres Remstal, Mittlerer Neckar und Stuttgarter Bucht wird für ein Flurnamenbuch eine Übersichtskarte, in der der oben beschriebene naturräumliche Raum abgebildet ist, benötigt. Die Karte soll auf der geometrischen Grundlage der württembergischen Landesvermessung von 1820/45 aufgebaut sein und im Karteninhalt die seinerzeitige topographische Situation - um 1800 - darstellen.
Karteninhalt:
 Beschriftung der Siedlungen - Städte, Gemeinden,
  Weiler - mit Siedlungsflächen,
 Gemeinde- und Oberamtsgrenzen,
 Straßen und Wege,
 an Vegetation nur der Wald sowie Park,
 Gewässer und
 sonstige topographische Objekte.

Kartengrundlage: Kopien der Entwurfsblätter 1:25 000, die seinerzeit für die Bearbeitung des topographischen Atlasses 1:50 000 für das Königreich Württemberg auf der Grundlage der württembergischen Landesvermessung ab 1825 hergestellt wurden.

Der 5-farbige Kartendruck ist gegliedert in:
 Schwarz für Schrift, Kartenrand, Straßen und Wege, sowie
  sonstige topographische Objekte,
 Grau für Gemeinde- und Oberamtsgrenzen,
 Rot für Siedlungsflächen,
 Grün für Wald sowie Park und
 Blau für Gewässer und Gewässerschrift.

Ein Arbeitsablauf / eine Arbeitsdisposition läßt sich entweder in einer Arbeitsanweisung, also „mit einer Textbeschreibung" oder mit Hilfe von Piktogrammen - ein Piktogramm ist nach Duden „ein formelhaftes graphisches Symbol mit festgelegter Bedeutung" - darstellen. Bei der verbalen Darstellung geht der Arbeitsverlauf unter, da die reine „Beschreibung" den „Fluß" der Gedanken hemmt. Durch die Darstellung mit Piktogrammen entsteht ein Flußdiagramm des Arbeitsablaufs, dem das Auge folgen kann und durch das die Verfahrenszusammenhänge erhalten bleiben. Besonders wichtig ist dies auch im Hinblick auf die Arbeitszeit-, Material- und Kostenkalkulation und die Endabrechnung. Zur Darstellung der kartentechnischen Arbeiten wurden Piktogramme,

Zeitvergleich zwischen analoger und digitaler Kartenherstellung 229

die in der nachstehend abgebildeten Zeichenerklärung dargestellt sind, verwendet.

2. Pictogramme für den Arbeitsablauf

2.1 Analoger Arbeitsablauf

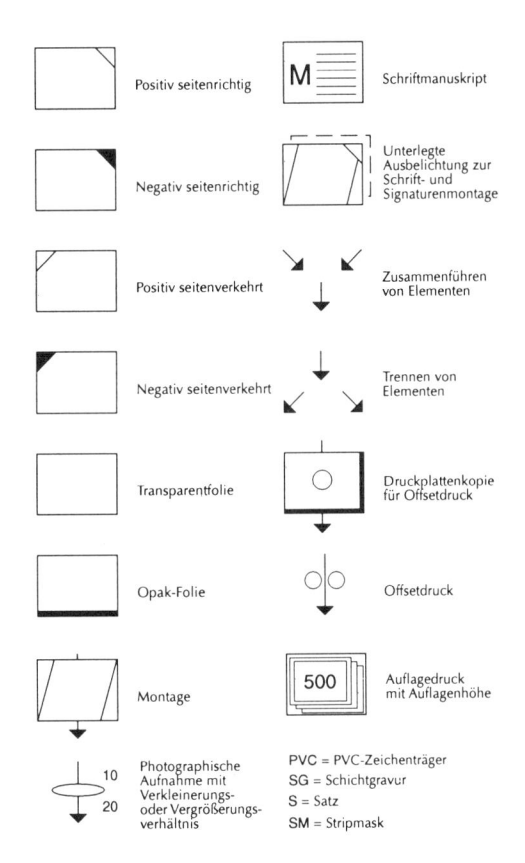

☐	Positiv seitenrichtig	M≡	Schriftmanuskript
☐	Negativ seitenrichtig	▱	Unterlegte Ausbelichtung zur Schrift- und Signaturenmontage
☐	Positiv seitenverkehrt	↘↙ ↓	Zusammenführen von Elementen
☐	Negativ seitenverkehrt	↓ ↙↘	Trennen von Elementen
☐	Transparentfolie	▢	Druckplattenkopie für Offsetdruck
☐	Opak-Folie	○|○	Offsetdruck
▱	Montage	500	Auflagedruck mit Auflagenhöhe
10/20	Photographische Aufnahme mit Verkleinerungs- oder Vergrößerungsverhältnis		PVC = PVC-Zeichenträger SG = Schichtgravur S = Satz SM = Stripmask

20. Arbeitskurs Niederdollendorf '94

2.2 Digitaler Arbeitsablauf

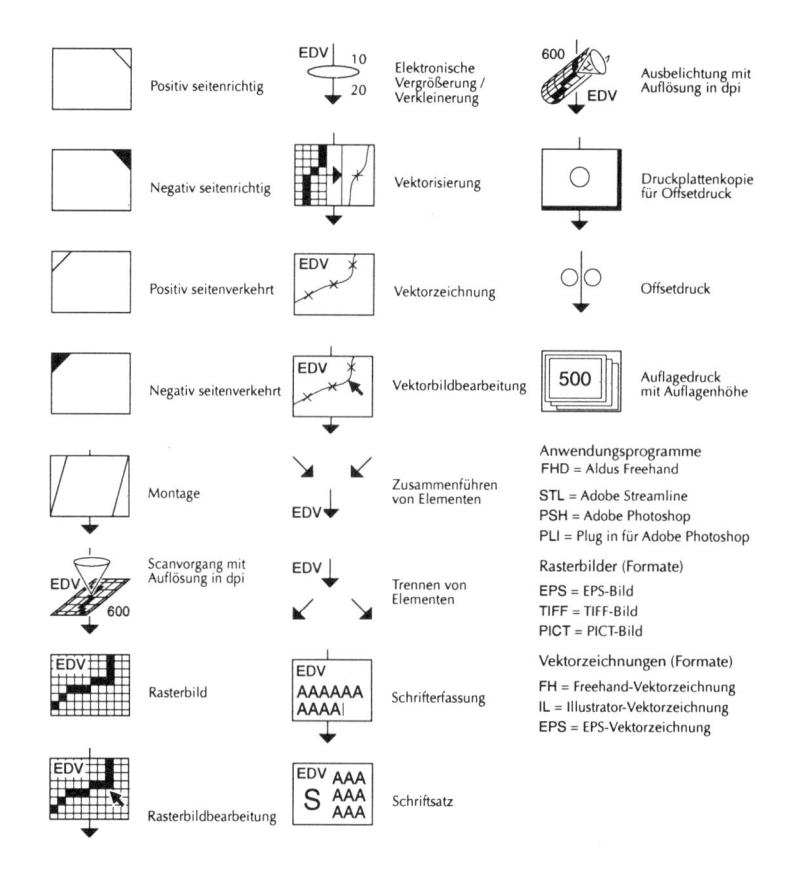

Symbol	Bezeichnung	Symbol	Bezeichnung	Symbol	Bezeichnung
	Positiv seitenrichtig	EDV 10/20	Elektronische Vergrößerung / Verkleinerung	600 / EDV	Ausbelichtung mit Auflösung in dpi
	Negativ seitenrichtig		Vektorisierung		Druckplattenkopie für Offsetdruck
	Positiv seitenverkehrt	EDV	Vektorzeichnung		Offsetdruck
	Negativ seitenverkehrt	EDV	Vektorbildbearbeitung	500	Auflagedruck mit Auflagenhöhe
	Montage	EDV	Zusammenführen von Elementen		
EDV 600	Scanvorgang mit Auflösung in dpi	EDV	Trennen von Elementen		
EDV	Rasterbild	EDV AAAAAA AAAA|	Schrifterfassung		
EDV	Rasterbildbearbeitung	EDV AAA S AAA AAA	Schriftsatz		

Anwendungsprogramme
FHD = Aldus Freehand
STL = Adobe Streamline
PSH = Adobe Photoshop
PLI = Plug in für Adobe Photoshop

Rasterbilder (Formate)
EPS = EPS-Bild
TIFF = TIFF-Bild
PICT = PICT-Bild

Vektorzeichnungen (Formate)
FH = Freehand-Vektorzeichnung
IL = Illustrator-Vektorzeichnung
EPS = EPS-Vektorzeichnung

3. Analoge Kartenbearbeitung

3.1 Arbeitsablauf für den Kartenentwurf

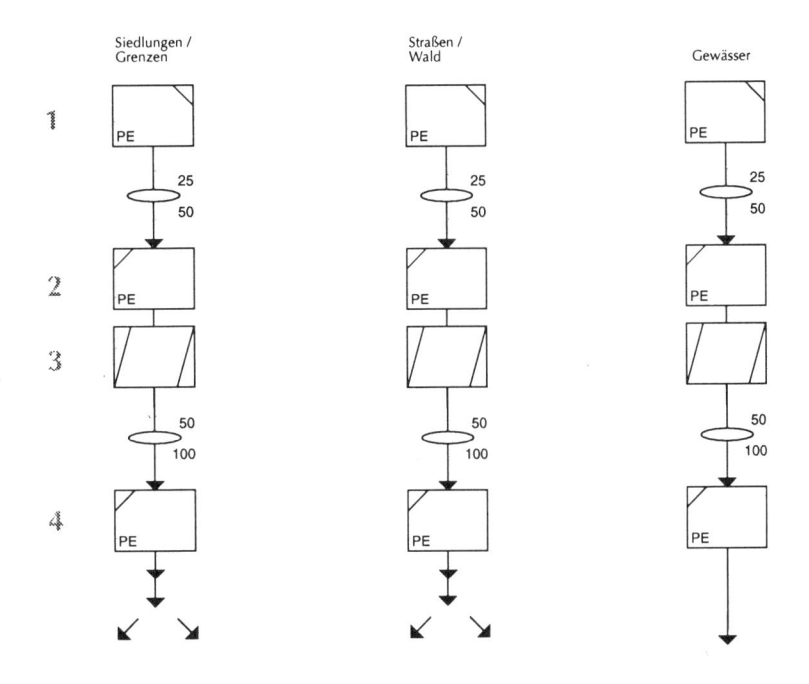

1 = Hochzeichnung der Entwurfsblätter 1:25 000 auf Polyesterfolie unter Berücksichtigung der Sollmaße

2 = Photographische Verkleinerung 1:25 000 in 1:50 000

3 = Montage der Filme 1:500 000 auf Standbogen mit Maßeinteilung

4 = Photographische Verkleinerung 1:50 000 in 1:100 000

3.2 Arbeitsablauf für die Kartenoriginalherstellung und die Kartenreproduktion

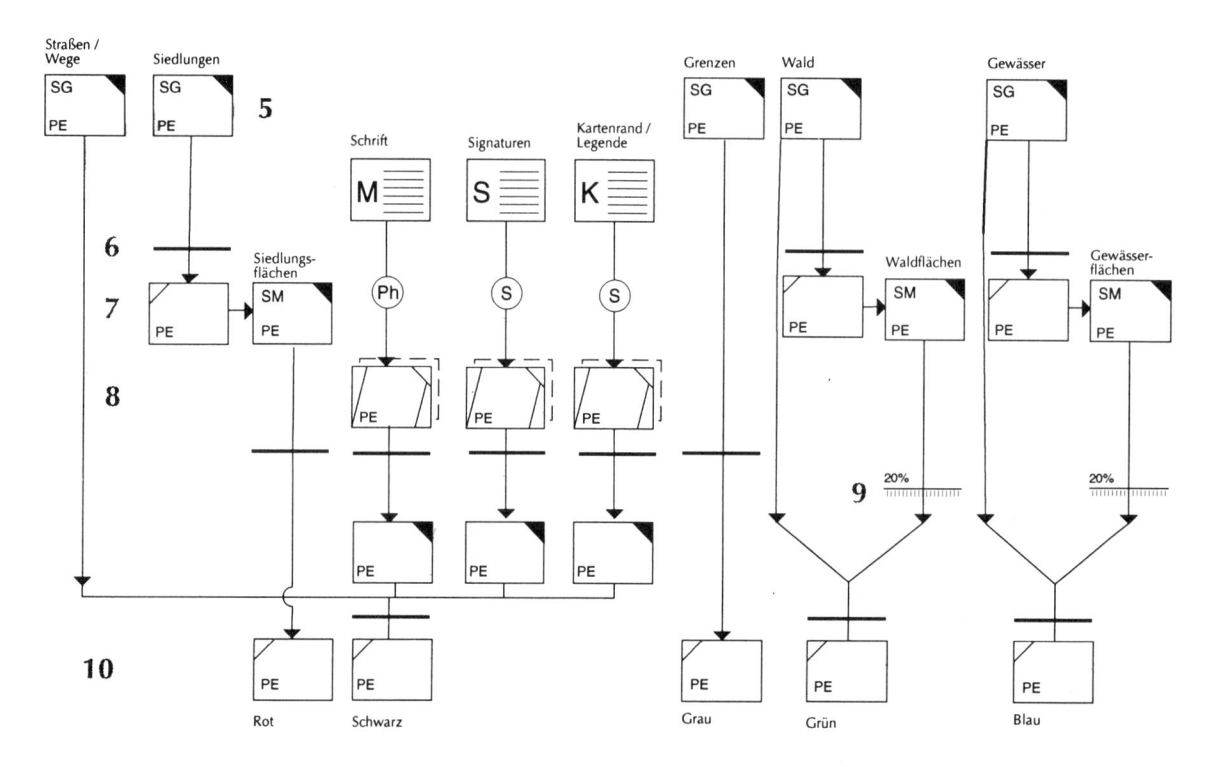

5 = Anhaltekopie der Folien 4 auf Gravurfolie, gesplittet in Siedlungen, Grenzen, Straßen, Wald und Gewässer Schichtgravur

6 = Positiv-Film der Gravurfolie

7 = Stripp Mask für Siedlungen, Waldflächen und Gewässerflächen

8 = Montage der Schrift und Signaturen

9 = Aufrasterung der Wald- und Gewässerflächen

10 = Additionskopie für Grundriß mit Schrift, Kartenrand und Legende, Straßen und Siedlungskonturen, Wald mit gerasterten Waldflächen und Gewässer mit gerasterten Gewässerflächen

3.3 Kartenvervielfältigung

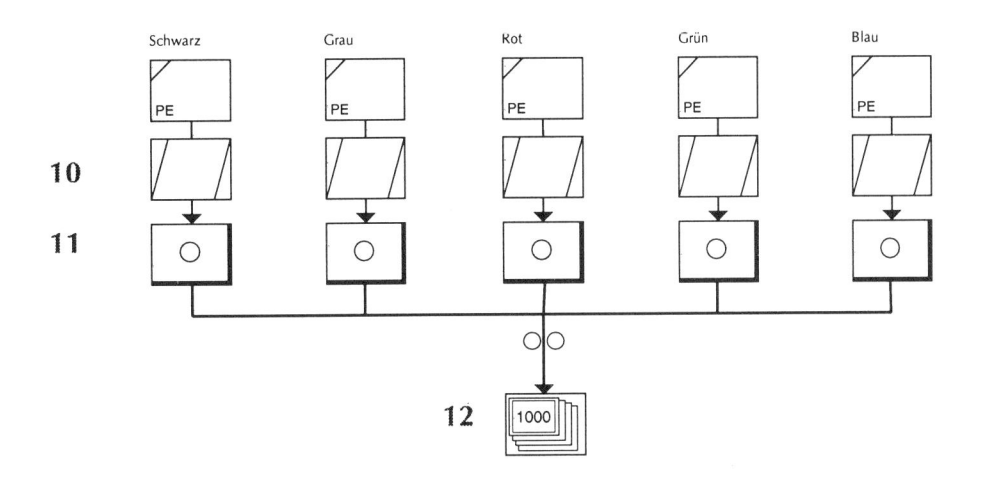

11 = Standbogenmontage der Additionskopien für den Offsetdruck

12 = Druckplattenkopie

13 = Offsetdruck

4. Digitale Kartenbearbeitung

4.1 Arbeitsablauf für den Kartenentwurf

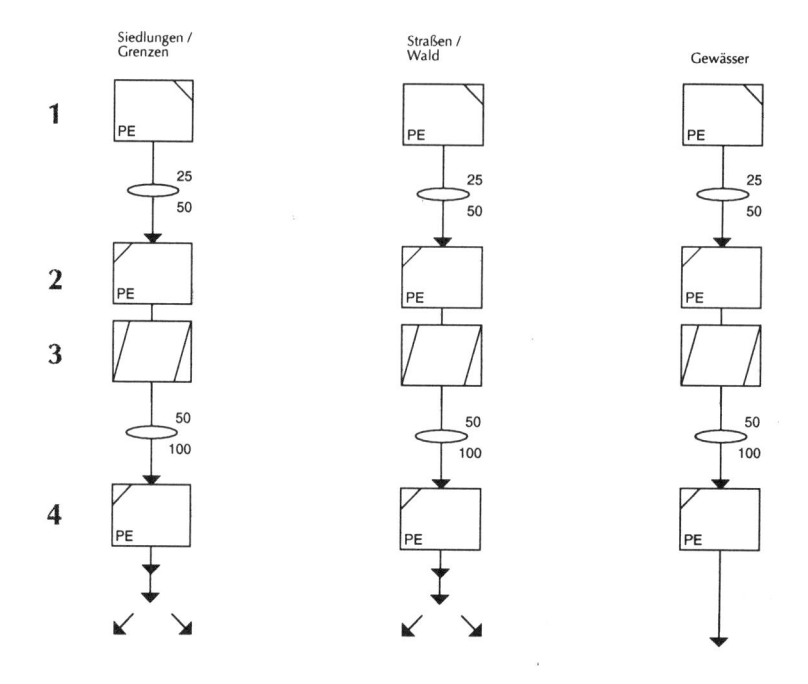

1 = Hochzeichnung der Entwurfsblätter 1:25 000 auf Polyesterfolie unter Berücksichtigung der Sollmaße

2 = Photographische Verkleinerung 1:25 000 in 1:50 000

3 = Montage der Filme 1:50 000 auf Standbogen mit Maßeinteilung

4 = Photographische Verkleinerung 1:50 000 in 1:100 000

Zeitvergleich zwischen analoger und digitaler Kartenherstellung

4.2 Arbeitsablauf für die Kartenoriginalherstellung

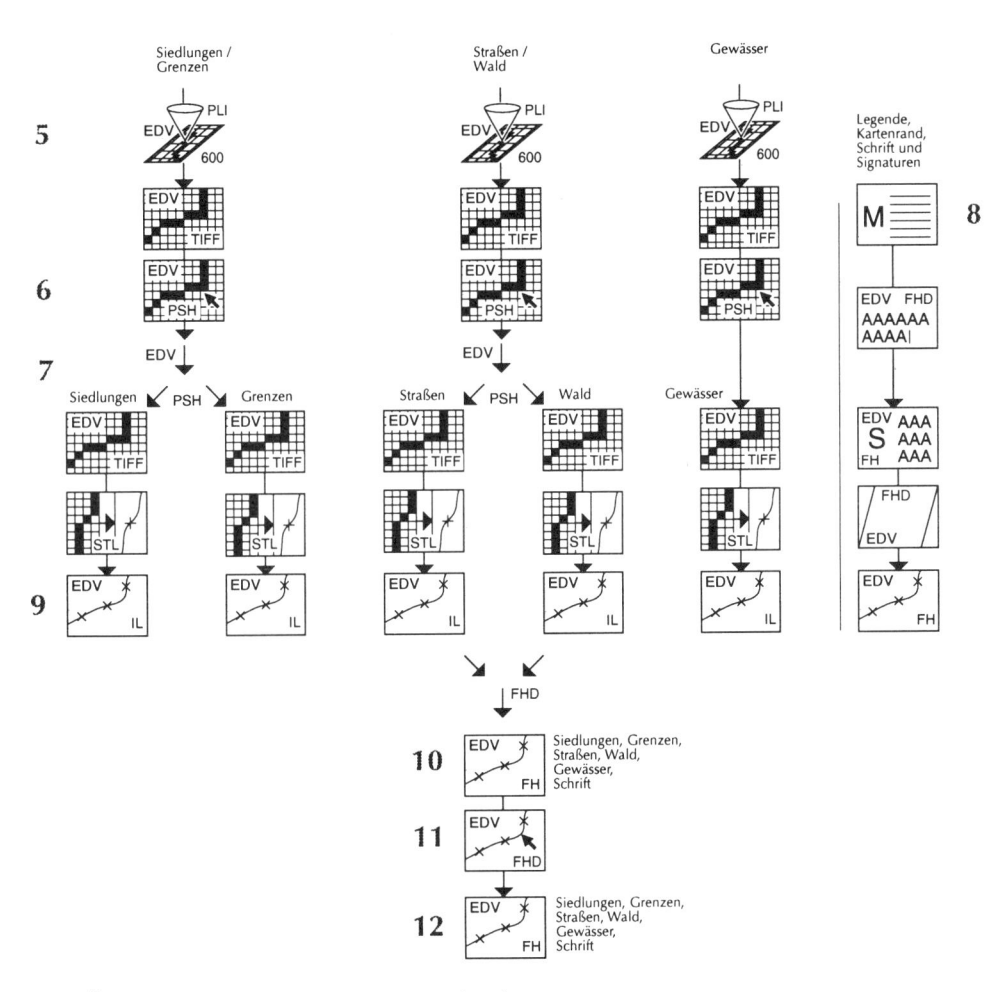

5 = Übernahme der analogen Daten durch Scannen

6 = Bearbeitung der gescannten Daten zu Rasterdaten

7 = Übernahme der Rasterdaten, Umwandlung der Rasterdaten in Vektordaten, Bearbeitung der Vektordaten, getrennt nach Bearbeitungsebenen

8 = Schrift- und Signaturensatz mit Schrift- und Signaturenplazierung

9 = Arbeitsergebnis - Vektordaten

10 = Zusammenführung der vektorisierten Daten

11 = Kartographische Bearbeitung mit FreeHand

12 = Ergebnis der elektronischen Kartenbearbeitung

20. Arbeitskurs Niederdollendorf '94

4.3 Kartenreproduktion und Kartenvervielfältigung
Ausbelichtung der Filme für den Offsetdruck

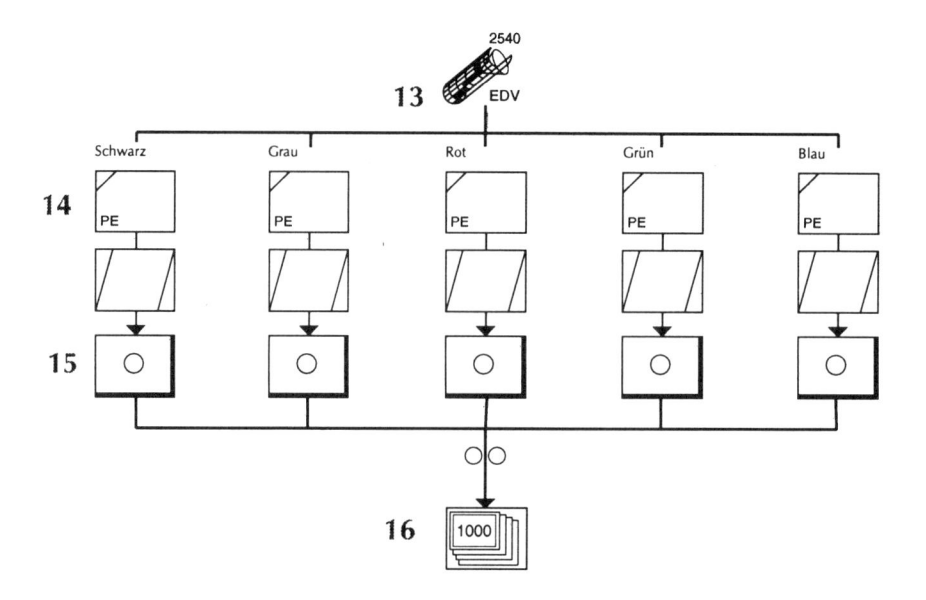

13 = Ausgabe der Offsetfilme
14 = Standbogenmontage
15 = Offsetkopie
16 = Offsetdruck

5. Digitale Kartendvervielfältigung - Digital Total
Kartenvervielfältigung mit elektronischem Druck
mit Farb-Laser-Kopierer oder mit Tintenstrahldrucker

13 = Elektronischer Bild- und Textaufbau für den Druckvorgang
14 = Laser- oder Tintenstrahldruck

6. Zeitberechnung für die Bearbeitung
In der Zeitberechnung wurden keine Arbeitszeitwertkosten eingesetzt.

6.1 Der Zeitrahmen
In der nachstehenden Aufstellung sind die Zeitvorgaben für die einzelnen analogen Arbeitsvorgang aufgelistet. Die Zeitwerte für die einzelnen Arbeitsvorgänge beruhen auf Erfahrungswerten, allen Werten liegt eine vergleichenden Kalkulationsebene zu Grunde.
Diese Werte werden in den einzelnen Betrieben, je nach Größe und Ausstattung, variieren.

Arbeitsvorgang	Maßeinheit	Fertigungszeit für eine Maßeinheit in Minuten
1. Kartenentwurf		
1.1 Grundlagenbeschaffung	kann nicht kalkuliert werden	
1.2 Kartenentwurf und -generalisierung	kann nicht kalkuliert werden	
2. Kartenoriginalbearbeitung		
2.1 Kartenoriginalherstellung		
2.1.1 Analoge Kartenoriginalherstellung		
2.1.1.1 Gravieren		
Topographischer Grundriß	100 Zentimeter	185
Gewässer	100 Zentimeter	40
2.1.1.2 Klebetechnik		
Signaturen	100 Signaturen	40
2.1.1.3 Stripp-Technik	100 Zentimeter	5
2.1.1.4 Schriftsatz	100 Buchstaben	12
2.1.1.5 Montage	100 Schnittstellen	200
2.1.2 Digitale Kartenoriginalherstellung		
2.1.2.1 Bildbearbeitung	100 Zentimeter	30
2.1.2.2 Trennen von Elementen	100 Zentimeter	30
2.1.2.3 Vektorisierung	100 Zentimeter	10 / 30 / 60
2.1.2.4 Schriftsatz- und montage	100 Worte	75
2.1.2.5 Zusammenfügen von Elementen	1 Ebene	30
2.1.2.6 Vektorbearbeitung	100 Zentimeter	20 / 25 / 30
2.2 Kartenreproduktion		
2.2.1 Analoge Kartenreproduktion		
2.2.1.1 Photographische Aufnahme	1 Stück	15
2.2.1.2 Kontaktkopie	1 Stück	10
2.2.1.3 Kontaktkopie mit Rasterung	1 Stück	15
2.2.1.4 Kontaktkopie / Zusammenkopie	1 Stück	15
2.2.2 Digitale Kartenreproduktion		
2.2.2.1 Scannen	100 Quadratzentimeter	10
2.2.2.2 Ausbelichtung	10 000 Quadratzentimeter	121
3. Kartenvervielfältigung		
3.1 Offsetkopie		
3.1.1 Druckfilmmontage	1 Druckfilm	15
3.1.2 Druckplattenkopie	1 Druckplatte	10
3.2 Offsetdruck	1 Druckfarbe	60

6.2 Zeiten für die analoge Bearbeitung

	Arbeitsvorgang	Feststellung des Karteninhalts	Maßeinheit	Fertigungszeit für eine Maßeinheit in Minuten	Zeit für die Karte in Minuten
	1. Kartenentwurf				
	1.1 Grundlagenbeschaffung				
	1.2 Kartenentwurf und -generalisierung				
1	1.2.1 Kartenentwurf	27 Folien	1 Folie	60	1620
2	1.2.2 Photographische Aufnahme	27 Stück	1 Stück	5	140
3	1.2.3 Montage	27 Stück	1 Stück	3	81
4	1.2.4 Photographische Aufnahme	3 Stück	1 Stück	10	30
	2. Kartenoriginalbearbeitung				
	2.1 Kartenoriginalherstellung				
	2.1.1 Analoge Kartenoriginalherstellung				
5	2.1.1.1 Gravieren				
	Grenzen	1236 Zentimeter	100 Zentimeter	200	2472
	Siedlungen	333 Zentimeter	100 Zentimeter	250	830
	Straßen	961 Zentimeter	100 Zentimeter	185	1780
	Gewässer	650 Zentimeter	100 Zentimeter	40	260
	Wald	741 Zentimeter	100 Zentimeter	185	1370
8	2.1.1.2 Klebetechnik				
	Signaturen	80 Stück	100 Signaturen	40	32
7	2.1.1.3 Stripp-Technik	1200 Zentimeter	100 Zentimeter	5	60
8	2.1.1.4 Schriftsatz	1310 Buchstaben	100 Buchstaben	12	160
8	2.1.1.5 Montage	626 Worte	1 Wort	2	524
	2.2 Kartenreproduktion				
	2.2.1 Analoge Kartenreproduktion				
6	2.2.1.2 Kontaktkopie	9 Stück	1 Stück	10	100
9	2.2.1.3 Kontaktkopie mit Rasterung	2 Stück	1 Stück	15	30
10	2.2.1.4 Kontaktkopie / Zusammenkopie	3 Stück	1 Stück	15	45
	3. Kartenvervielfältigung				
	3.1 Offsetkopie				
11	3.1.1 Druckfilmmontage	5 Filme	1 Druckfilm	15	75
12	3.1.2 Druckplattenkopie	5 Druckplatten	1 Druckplatte	10	50
13	3.2 Offsetdruck	5 Druckfarben	1 Druckfarbe	60	300
					9959 Minuten = 166 Stunden

6.3 Zeiten für die digitale Bearbeitung

	Arbeitsvorgang	Feststellung des Karteninhalts	Maßeinheit	Fertigungszeit für eine Maßeinheit in Minuten	Zeit für die Karte in Minuten
	1. Kartenentwurf				
	1.1 Grundlagenbeschaffung				
	1.2 Kartenentwurf und -generalisierung				
1	1.2.1 Kartenentwurf	27 Folien	1 Folie	60	1620
2	1.2.2 Photographische Aufnahme	27 Stück	1 Stück	5	140
3	1.2.3 Montage	27 Stück	1 Stück	3	81
4	1.2.4 Photographische Aufnahme	3 Stück	1 Stück	10	30
	2. Kartenoriginalbearbeitung				
	2.1 Kartenoriginalherstellung				
	2.1.1 Digitale Kartenoriginalherstellung				
	2.1.2 Digitale Kartenoriginalherstellung				
6	2.1.2.1 Bildbearbeitung	3 Dateien mit 3921 cm Elementen	100 Zentimeter	10	392
6	2.1.2.2 Trennen von Elementen	3 Dateien mit 3921 cm Elementen	100 Zentimeter	30	100
7	2.1.2.3 Vektorisierung				
	1 Datei Grenzen	1236 cm	100 Zentimeter	60	750
	1 Datei Siedlungen	333 cm	100 Zentimeter	30	100
	1 Datei Straßen	961 cm	100 Zentimeter	30	290
	1 Datei Gewässer	650 cm	100 Zentimeter	30	200
	1 Datei Wald	741 cm	100 Zentimeter	30	230
8	2.1.2.4 Schriftsatz- und montage	626 Worte	100 Worte	75	200
10	2.1.2.5 Zusammenfügen von Elementen	5 Dateien	1 Datei	30	150
11	2.1.2.6 Vektorbearbeitung				
	1 Datei Grenzen	1236 cm	100 Zentimeter	25	310
	1 Datei Siedlungen	333 cm	100 Zentimeter	30	100
	1 Datei Straßen	961 cm	100 Zentimeter	20	200
	1 Datei Gewässer	650 cm	100 Zentimeter	20	130
	1 Datei Wald	741 cm	100 Zentimeter	25	190
	Kartenrahmen	1 Stück	1 Stück	30	30
	Mustervorlage	1 Stück	1 Stück	60	60
	Zeichenerklärung	1 Stück	1 Stück	60	60
	2.2 Kartenreproduktion				
	2.2.2 Digitale Kartenreproduktion				
5	2.2.2.1 Scannen	5 Stück à 295 qcm = 1477 qcm	100 Quadratzentimeter	10	150
13	2.2.2.2 Ausbelichtung	5 Filme à 2475 qcm	10 000 Quadratzentimeter	121	150
	3. Kartenvervielfältigung				
	3.1 Offsetkopie				
14	3.1.1 Druckfilmmontage	5 Filme	1 Druckfilm	15	50
15	3.1.2 Druckplattenkopie	5 Druckplatten	1 Druckplatte	10	50
16	3.2 Offsetdruck	5 Druckfarben	1 Druckfarbe	60	300
					6063 Minuten = 102 Stunden

7. Der Materialaufwand

Die Berechnung des Materialaufwands ist wiederum getrennt in den analogen und den digitalen Aufwand ohne Angabe der einzelnen Preise.

7.1 Material für den analogen Arbeitsablauf

	Arbeitsmaterial	Fläche einer Einheit in qcm	Stückzahl	Gesamtsumme in qm
	1. Kartenentwurf			
1	Polyester für Hochzeichnung 1:25 000	3000	27	8,1
2	Film für Verkleinerung 1:25 000 in1:50 000	1500	27	4,1
3	Montagefolie	8000	3	2,4
4	Film 1:50 000 in 1:100 000	3000	3	0,9
	2. Kartenoriginalbearbeitung			
5	Gravurfolie	3000	5	1,5
7	Stripmaskverfahren	3000	3	0,9
8	Film für Schriftsatz	630	4	0,3
8	Schriftmontage (Copyproof)	630	4	0,3
8	Montagefolie	3000	1	0,3
6 + 9	Filme für Auskopien / Zusammenkopien	3000	11	3,3
10	Diazo Kopien	3000	1	0,3
	3. Kartenvervielfältigung			
11	Montagefolien für Druckplattenkopie	5000	5	2,5
12	Druckplatten		5	

7.2 Material für den digitalen Arbeitsblauf

	Arbeitsmaterial	Fläche einer Einheit in qcm	Stückzahl	Gesamtsumme in qm
	1. Kartenentwurf			
1	Polyester für Hochzeichnung 1:25 000	3000	27	8,1
2	Film für Verkleinerung 1:25 000 in1:50 000	1500	27	4,1
3	Montagefolie	8000	3	2,4
4	Film 1:50 000 in 1:100 000	3000	3	0,9
	3. Kartenvervielfältigung			
13	Film der digitalen Ausbelichtung	5000	5	2,5
14	Montagefolie für Druckplattenkopie	5000	5	2,5
15	Druckplatten		5	

8. Betriebskosten / Gemeinkosten
Bei den Betriebskosten werden die Kosten zusammengefaßt, die zum Beispiel für Geräte-/ Maschinenenabschreibung anfallen, ausgewiesen. Gemeinkosten umfassen im allgemeinen die Kosten, die summarisch für die kaufmännische Abwicklung erforderlich sind; diese werden in der Regel prozentual erfaßt.

9. Zusammenfassung
Der Zeitvergleich zwischen analoger und digitaler Kartenherstellung stellt eine Zusammenfassung der im Arbeitsbereich Planung, Steuerung und Kontrolle der Kernbereich schlechthin ist. Ohne eine exakte Abrechnung dieser Kosten, die hier nur bewußt in Form eines Zeitvergleichs vorliegen, ist eine präzise Betriebsführung nicht zu gewährleisten.

In diesem Zusammenstellung wurden keine Preisangaben gemacht, da diese Angaben Zeitwerte sind, die entsprechend variieren.

Literatur
Leibbrand, Walter: Arbeitsorganisation und Kostenerfassung in der Kartographie und in der kartographische Reproduktionstechnik.. In: Kartentechnische Arbeitstagung München 1968. Ergebnisse der Tagung vom 1. bis 3. April 1968 bei der Firma Hausleiter und Co, *Leibbrand, Walter (Hrsg.):* Firma Hausleiter und Co, München XII. 1968.

Leibbrand, Walter: Planung, Steuerung und Kontrolle in der Kartographie. 13. Arbeitskurs Niederdollendorf 1980.

Leibbrand, Walter: Die Kartenherstellung und ihre Technik. In: Kartographische Nachrichten, Heft 2, 1985, Seite 81 - 88.

Leibbrand, Walter: Vorlesungsmanuskript „Arbeitsdisposition und Kalkulation" in der Kartographie über 18 Semester Vorlesungen an der Fachhochschule Karlsruhe, Fachbereich V/K, Studiengang Kartographie, ab WS 82/83 bis SS91.

Schulz, Jörn: Manuskriptauszug: Arbeitsdisposition und Kalkulation IX./ 1994.

Anschrift des Verfassers:
Dipl.-Ing. Walter Leibbrand
Römmelesweg 22
71394 Kernen-Stetten im Remstal

Digital Total, von der Seitenmontage zur Druckplattendirektbelichtung und zum digitalen Druck.

Peter Schwarz

Erstmals seit Gutenberg, also seit über 550 Jahren, sind wir in der Lage mit einer beweglichen flexiblen Druckform farbige Drucke zu erstellen. Bisher mußten wir erst mit großer Anstrengung und hohen Kosten eine Druckform erstellen, die alsdann durch entsprechend hohe Auflagen kostengünstiger wurde. Der digitale Druck arbeitet jedoch ohne Druckform und ermöglicht erstmals ohne hohe Grundkosten den ersten Druck zu fertigen.
Der Kreis schließt sich!

1. Digitale Fotografie
Mit Hilfe des digitalen Drucks und der digitalen Fotografie sind wir in der Lage komplett und ohne analoge Unterbrechung eine Druckproduktion zu steuern. Dies bedeutet: das Dia entfällt bei der Fotografie, das Scannen erfolgt direkt mit der Bilderfassung, damit wird ein wesentlicher Arbeitsschritt übersprungen. Auch wenn die Technik noch nicht alle qualitativen Möglichkeiten bietet, die von der Fotografie verlangt werden, so können wir erwarten, daß die nächste Generation die letzten Zweifler überzeugen wird.

2. Die CD, das digitale Fotoarchiv
Gibt es ein geordnetes, nicht chaotisches Fotoarchiv? Nein! Kann es theoretisch gar nicht geben, da ständig irgend welche Bilder bei irgend einer unbekannten Person in der Schublade liegen. Also wird unsere vordringlichste Arbeit sein, diese Archive zu digitalisieren und somit jedermann zugänglich machen um unnötige Doppelarbeit zu vermeiden. Wenn mit dieser Basisarbeit ein weiterer Nutzen entsteht, so wie wir ihn für einen Kunden herausgefunden haben, daß nämlich die Digitalisierung als Grundlage für alle Drucksachen dient, dann ist diese Investition gut angelegt.

3. Die digitale Druckformherstellung
Elektronisches Layouten geschieht beim Grafiker am Bildschirm, die Übergabe für den Seitenaufbau in der Repro erfolgt per Datenträger. Alle arbeiten inzwischen auf den gleichen Plattformen, die da heißen: PageMaker, X-Press, Freehand, Photoshop usw. Gleiches gilt auch hier für die Kartografie. Tatsache ist, daß Tätigkeiten von anderen Bereichen übernommen werden können, da die Werkzeuge eine Anwendung, die früher hohe Spezialisierung bedeutete, leichter ermöglichen. So kann heute der Kartograf problemlos den Text hinzufügen, Reproduktionen einbauen und den Seitenaufbau selbst gestalten. Mit dieser Methode ist es möglich, direkt bis zum Druck, sprich Verteilung der Information vorzustoßen.

4. Die filmlose (direkte) Druckplattenbelichtung
Wenn wir, wie oben beschrieben, konsequent digital produzieren, dann helfen wir Kosten sparen und können mit den Daten, sofern sie im PostScript-Format erstellt sind, direkt auf die Offsetplatte belichten, sparen also den Film und die Bogenmontage. Bisher sind es noch wenige fortschrittliche Druckereien, die dieses Angebot machen, da die Produktivität dieser Anlagen noch nicht sicher genug ist. Tatsache aber ist, daß diese Produktionsverbesserung stattfinden muß, damit der Offsetdruck auf die digitale Herausforderung reagieren kann.

5. Der Digital-Druck in Fortdruckqualität
Seit Juni 1993 wissen wir es: die ersten digitalen Drucksysteme von dem belgischen Hersteller XEIKON sind in der Lage: 4-farbig, beidseitig, größer DIN A3 mit einer ansprechenden Leistung zu drucken. Inzwischen sind bereits 10 Systeme in der Bundesrepublik im Einsatz, sie haben ihre Bewährungsprobe überstanden und auch viele Kritiker von der Qualität überzeugt, daß neben den bestehenden Techniken, noch ein weiteres Druckverfahren Platz findet.
Die ideale Anwendung dieser Technik ist bei kleinen Auflagen, die farbig zu erstellen sind. Also auch häufig in der Kartenherstellung. Ausgangsbasis ist in jedem Fall eine PostScript-Datei, wo auch immer erstellt.

6. Non-Print? Eine Alternative ist die interaktive CD-ROM
Ausgangsmaterial bietet die digitale Produktion von Text, Bild und Grafik, um ergänzend zur Druckproduktion in Zukunft auch die digitale Verbreitung von Informationen zu ermöglichen. Natürlich müssen die Daten entsprechend dem Medium anders aufbereitet werden, damit das Suchen leicht fällt.

7. Folgerung
In allen Bereichen in denen Informationen zu verarbeiten sind, wird mit den gleichen Techniken, Programmen und Methoden gearbeitet. Tätigkeiten fließen von einer Gruppe zur anderen, jeder kann eigentlich alles selbst machen. Spezialisten werden rarer. Generalisten überwiegen. Logische, wirtschaftliche Prozesse werden bisherige Arbeitsweisen weiter verbessern.

8. Beispiel
Kartenausschnitt aus der Karte "Unteres Remstal und Stuttgarter Bucht", digital gedruckt auf der XEIKON DCP-1 bei Schwarz und Partner.

Anschrift des Verfassers:
Peter Schwarz
Geschäftsführer der SCS Schwarz Gruppe
Stadionstraße 1-3
70771 Leinfelden-Echterdingen

20 Niederdollendorfer Arbeitskurse des Arbeitskreises Praktische Kartographie

Walter Leibbrand

Der Gedanke, für den praktisch tätigen Kartographen ein Forum zu schaffen, geht auf den I. Internationalen Kurs für Landkartendruck und -reproduktion zurück, der vom 3. bis 8. September 1956 in der Technischen Hochschule München unter starker reproduktionstechnischer Präsenz durchgeführt wurde. Erster Auslöser dazu war eine Diskussion zwischen *Heinz Bosse* und *Walter Leibbrand* darüber nachzudenken, inwieweit eine Informationsbörse besonderer Art auch der sich im Wiederaufbau befindlichen deutschen Kartographie dienlich sein könnte. In mehrfachen Kontaktgesprächen mit bei diesem Kurs anwesenden Kollegen vertiefte sich dann der Gedanke, in der Bundesrepublik Deutschland für den vor Ort tätigen Kartographen eine Plattform zu schaffen, auf der er besonders seine praktischen Erfahrungen in der Kartographie, vorrangig die der Kartentechnik, einbringen und verbreiten könnte.

1. Der Aufgabenbereich des Arbeitskreises

Zum Aufgabenbereich des Arbeitskreises Praktische Kartographie gehören, unter Berücksichtigung der stufenweise Zeit-Fortschreibung seit der Gründung des Arbeitskreises im Jahr 1952, heute folgende Aufgaben:

1. Kartengestaltung
   - Verfahren für die Kartengestaltung bezüglich Punkt, Linie und Fläche in Form und Farbe,
   - Schrift,
   - Gestaltungselemente,
   - Generalisierung,
   - Geländedarstellung;
2. Kartenentwurf
   - Kartengrundlagen/Quellenmaterial,
   - Entwurfs- und Bearbeitungsrichtlinien,
   - Luftbild- und Satellitenkarten,
   - Rechnergestützte Methoden;
3. Kartentechnik
   - Kartenoriginalherstellungsverfahren, Beurteilung, Pflege und Erprobung,
   - Kartenreproduktionsverfahren, Beurteilung, Pflege und Erprobung,
   - Rechnergestützte Verfahren, auch Luftbild- und Satellitenkarten;
4. Reproduktionstechnik/Verfahren zur Druckvorlagenherstellung
   - Erprobung und Beurteilung der Verfahren auf ihre Eignung für den Einsatz in der Kartenherstellung,
   - Kopierverfahren,

- Schriftsatz,
- Technische Photographie,
- Elektronische Bildverarbeitung;
5. Druck- und Weiterverarbeitung
    - Erprobung und Beurteilung der Verfahren auf ihre Eignung für den Einsatz in der Kartenvervielfältigung,
    - Beobachtung der Entwicklungen im Bereich der graphischen Industrie,
    - Drucktechnik,
    - Papierverarbeitung;
6. Arbeitsorganisation
    - Planung,
    - Arbeitsdisposition, Kalkulation,
    - Steuerung,
    - Abrechnung, Nachkalkulation.

Diese Auflistung des Aufgabenbereichs war und ist auch heute noch Leitfaden für die Aufgaben im Arbeitskreis und in den von ihm eingerichteten Arbeitskursen.

Ein dann im Februar 1956 stattgefundenes Treffen von *Heinz Bosse, Gerhard Pöhlmann* und *Walter Leibbrand* in Stuttgart war schlußendlich die Geburtsstunde zur Planung und Durchführung eines „kartographischen Arbeitskurses". Zeitgemäß war indes eine andere, später dann einfacher zu bewältigende Aufgabe zu lösen: Wo können für einen bundesweit ausgeschriebenen Kurs die Teilnehmer zusammen untergebracht werden? Dazu fand *Siegfried Pahlke* einen geeigneten Tagungsort: das Erholungsheim der Deutschen Bundesbahn in Niederdollendorf am Rhein.

Bei *Kurt Mair,* dem damaligen Präsidenten der Deutschen Gesellschaft für Kartographie, fand der Gedanke, ein Forum für den vor Ort praktisch tätigen Kartographen zu schaffen, sofort freudige Unterstützung.

2. Die Arbeitskurse

Das Generalthema für diesen „Ersten Arbeitskurs" war dann auch rasch gefunden: „Zeichentusche und Zeichenträger". Die vordringliche Sorge aller Kartenschaffenden war in dieser Zeit: Wie komme ich sicher und schnell für meine Karten zu reproduktionsfähigen Kartenoriginalen? Kartenkupferstich als auch Kartolithographie waren für die anstehenden kartographischen Aufgaben nicht mehr einzusetzen. Hatten doch schon die im Württembergischen Topographischen Büro in Stuttgart praktizierte Kartenherstellung seit 1922 für den Maßstab 1:25 000 und seit 1925 für den Maßstab 1:50 000 als auch die im Frühjahr 1935 erschienene Publikation „Neue Wege der Kartenherstellung" im Reichsamt für Landesaufnahme (2. völlig umgearbeitete Auflage 1936) für die Ablösung der überkommenen Techniken Kupferstich und Kartolithographie durch Kartenzeichnen Maßstäbe gesetzt. Dieser Kurs, vom 5. bis 12. Mai 1957, geleitet von *Heinz Bosse,* mitgetragen von den Mitgliedern des Arbeitskreises, im Erholungsheim der Deutschen Bundesbahn in

Niederdollendorf am Rhein, mit 13 Referaten und 59 Kursteilnehmern, steht für den „Ersten Niederdollendorfer Arbeitskurs".

Der 2. Niederdollendorfer Arbeitskurs, vom 4. bis 11. Mai 1958, mit dem Thema „Geländedarstellung", geleitet unter praktisch orientierter Anwendung von *Fritz Hölzel,* mitgetragen von den Mitgliedern des Arbeitskreises, wurde von 8 Referenten bestritten; 60 Kollegen nahmen an diesem Kurs teil.

Die Ergebnisse der beiden Kurse sind unter der redaktionellen Leitung von *Werner Bormann* und *Oskar Stollt* im Verlag Velhagen & Klasing, Bielefeld, im Rahmen der Kartographischen Nachrichten im 6. Jahrgang 1957, Heft 3/4, mit 81 Seiten und 11 Abbildungen/Bildern bzw. im 8. Jahrgang 1958, Heft 3/4, mit 61 Seiten und 5 Abbildungen, publiziert.

Der 3. Niederdollendorfer Arbeitskurs, vom 1. bis 8. Mai 1960, geleitet von *Heinz Bosse,* mitgetragen von den Mitgliedern des Arbeitskreises, mit dem Thema „Kartenvervielfältigungsverfahren" stand ganz im Zeichen der Reproduktionstechnik. In 20 Referaten, von 59 Teilnehmern belegt, wurden die Verfahren und Techniken vorgetragen und demonstriert, die über zwei Jahrzehnte Grundlage auch der graphischen Industrie waren und zum Teil heute noch sind. Die Ergebnisse des 3. Kurses sind unter der redaktionellen Leitung von *Werner Bormann, Oskar Stollt* und *Walter Leibbrand* im Eigenverlag des Arbeitskreises, mit 168 Seiten und 7 Farbbeilagen, erschienen. Anstelle des üblichen Schwarzdrucks der Schrift ist diese Veröffentlichung in grüner Schrift gedruckt worden.

Beim 4. Niederdollendorfer Arbeitskurs, vom 8. bis 15. April 1962, geleitet von *Heinz Bosse,* mitgetragen von den Mitgliedern des Arbeitskreises, mit dem Thema „Kartengestaltung und Kartenentwurf" wurden 12 Referate gehalten, 74 Kollegen nahmen an diesem Kurs teil. Die Ergebnisse dieses Kurses sind unter der redaktionellen Leitung von *Werner Bormann* und *Oskar Stollt* im Bibliographischen Institut, Mannheim, mit 223 Seiten, 1 Farbtafel im Druck erschienen.

Der 5. Niederdollendorfer Arbeitskurs, vom 8. bis 15. März 1964, geleitet von *Heinz Bosse,* mitgetragen von den Mitgliedern des Arbeitskreises, mit dem Thema „Schichtgravur" wurde von 14 Referenten gestaltet, 62 Kollegen nahmen an diesem Kurs teil. In diesem Kurs wurden wiederum von der Praxis für die Praxis Gravurverfahren erprobt und vor Ort gehandhabt. Hier haben besonders die Kollegen *L.C.Moore,* USA, *Karl Lengfeld,* Dresden, *Peter Bühler,* Bern, *Jean Ritter,* Zürich, *Ingo Folkers,* Frankfurt am Main, und *Willi Stahl,* Stuttgart, Verfahren demonstriert, die weit in die Zukunft der Kartentechnik gewirkt haben. Die Ergebnisse dieses Kurses sind unter der redaktionellen Leitung von *Werner Bormann* und *Oskar Stollt* im Bibliographischen Institut, Mannheim, mit 199 Seiten, 62 Abbildungen im Text und 15 besonderen Beilagen im Druck erschienen.

Als das Erholungsheim der Bundesbahn in Niederdollendorf vom Arbeitskreis für seine Kurse nicht mehr belegt werden konnte - die Kartographen waren ja beim besten Willen nicht zur Erholung in diesem Heim -, sorgte wiederum *Siegfried Pahlke,* unterstützt von *Botho Lorke,* seinerzeit Referatsleiter in der Hauptverwaltung der Deutschen Bundesbahn in Frankfurt am Main, für das „Ausweichquartier" Viktorshöhe in Bad Godesberg. Diese Liegenschaft der Bundesbahn, vorher das Domizil des Bundespräsidenten *Theodor Heuß,* bot uns Kartographen einen anderen Rahmen für unsere Kurse. War das Erholungsheim in Niederdollendorf betont betulich, geprägt von der Heimleiterin Frau *Beese,* so war die Viktorshöhe, wie sich bald herausstellte, ein sachlich nüchtern wirkendes Haus. Auch die Nachsitzungen in der „Alten Mühle" oder im „Kuhstall", mit denen so manch feuchtfröhliche Nächte verbunden waren, wurden Geschichte.

In Anbetracht der Gründung der Arbeitskurse im Mai 1957 in Niederdollendorf am Rhein wurde der Name „Niederdollendorfer Arbeitskurse" nicht geändert. Auch später nicht, als die Viktorshöhe nicht mehr von uns Kartographen belegt werden konnte; dort entstand nach 1970 die Residenz des russischen Botschafters.

Beim 6. Niederdollendorfer Arbeitskurs, vom 6. bis 12 November 1966, geleitet von *Heinz Bosse,* mitgetragen von den Mitgliedern des Arbeitskreises, mit dem Thema „Kartographische Generalisierung" wurden 14 Referate gehalten, 76 Kollegen nahmen an diesem Kurs teil. Die Ergebnisse dieses Kurses sind unter der redaktionellen Leitung von *Werner Bormann* und *Oskar Stollt* im Bibliographischen Institut, Mannheim, in 2 Bänden, einem Textband mit 301 Seiten und einem Beilagenband mit 166 Generalisierungsbeispielen, im Druck erschienen.

Der 1952 gegründete Arbeitskreis Praktische Kartographie, geleitet von *Heinz Bosse,* wurde 1967 von *Walter Leibbrand* übernommen. Damit gingen auch Gestaltung und Vorbereitung der Niederdollendorfer Arbeitskurse an *Walter Leibbrand* über.

Der 7. Niederdollendorfer Arbeitskurs, vom 20. bis 26. Oktober 1968, geleitet von *Heinz Bosse,* mitgetragen von den Mitgliedern des Arbeitskreises, mit dem Thema „Thematische Kartographie - Gestaltung, Reproduktion" wurde von 15 Referenten gestaltet, 87 Kollegen nahmen an diesem Kurs teil. Die Ergebnisse dieses Kurses sind unter der redaktionellen Leitung von *Oskar Stollt* im Bibliographischen Institut, Mannheim, in 2 Bänden, einem Textband mit 302 Seiten und einem Beilagenband mit 100 Seiten Kartenabbildungen, im Druck erschienen.

Beim 8. Niederdollendorfer Arbeitskurs, vom 12. bis 17. Oktober 1970, geleitet von *Heinz Bosse,* mitgetragen von den Mitgliedern des Arbeitskreises, mit dem Thema „Kartographische Originalherstellung" wurden 18 Referate gehalten, 85 Kollegen nahmen an diesem Kurs teil. Die

Ergebnisse dieses Kurses sind unter der redaktionellen Leitung von *Oskar Stollt*, mit 328 Seiten und 98 Abbildungen, im Eigenverlag des Arbeitskreises bei *Henning Wocke*, Karlsruhe, im Druck erschienen.

In der weiteren Geschichte des Arbeitskreises Praktische Kartographie mußte die Wirkungstätte der nunmehr legendär gewordenen „Niederdollendorfer Arbeitskurse" in die Sportschule des Badischen Fußballbundes, nahe der ehemaligen Residenz der Markgrafen von Baden, nach Karlsruhe-Durlach auf den Turmberg verlegt werden. Dieser Ort ist durch seine geographische Lage und sein Ambiente für uns Kartographen im Laufe der Zeit - wir haben in all den Jahren die zahlreichen Baumaßnahmen mitgetragen - zu einem idealen Kurs-Tagungsort geworden.

Am 9. Niederdollendorfer Arbeitskurs, vom 30. Oktober bis 4. November 1972, geleitet von *Heinz Bosse,* mitgetragen von den Mitgliedern des Arbeitskreises, mit dem Thema „Stadtkartographie" wurden 15 Referate gehalten, 90 Kollegen nahmen an diesem Kurs teil. Die Ergebnisse dieses Kurses sind unter der redaktionellen Leitung von *Walter Leibbrand,* mit 189 Seiten, 29 Karten, 38 Abbildungen und 12 Farbskalen, im Eigenverlag des Arbeitskreises bei *Henning Wocke*, Karlsruhe, im Druck erschienen.

Der 10. Niederdollendorfer Arbeitskurs, vom 23. bis 28. September 1974, mit dem Thema „Ausbildungswege in der Kartographie" wurde von 40 Referenten bestritten. 64 Kollegen waren ständig, 20 Kollegen nur zeitweise anwesend. Dieser Kurs war ein Novum in der Reihe der Arbeitskurse. Erstmalig stellte ein anderer Arbeitskreis, der Arbeitskreis „Gesamtausbildung Kartographie" das Kursthema und die Referenten. Es ist das Verdienst von *Karl-Heinz Meine,* hier im Verbund mit dem Arbeitskreis Praktische Kartographie, zur Arbeitskreis überschreitenden Zusammenarbeit beigetragen zu haben. Die Ergebnisse dieses Kurses sind, unter der redaktionellen Leitung von *Karl-Heinz Meine,* in einem Textband mit 369 Seiten, 121 losen Tafeln in einem besonderen Band, als Bibliotheca Cartographica Nova, beim Kirschbaum Verlag, Bonn-Bad Godesberg, im Druck erschienen.

Den 11. Niederdollendorfer Arbeitskurs, vom 4. bis 9. Oktober 1976, geleitet von *Heinz Bosse,* mitgetragen von den Mitgliedern des Arbeitskreises, mit dem Thema „Probleme der Geländedarstellung" haben 20 Referenten gestaltet, 71 Kollegen nahmen an diesem Kurs teil. Die Ergebnisse dieses Kurses sind unter der redaktionellen Leitung von *Walter Leibbrand* mit 401 Seiten, 110 Abbildungen und 34 Kartenbeilagen, eingebunden, im Eigenverlag des Arbeitskreises bei *Henning Wocke*, Karlsruhe, im Druck erschienen.

Am 12. Niederdollendorfer Arbeitskurs, vom 16. bis 21. Oktober 1978, geleitet von *Heinz Bosse,* mitgetragen von den Mitgliedern des Arbeitskreises, mit dem Thema „Kartographische Aspekte der Zukunft" wurden

17 Referate gehalten, 80 Kollegen nahmen an diesem Kurs teil. Die Ergebnisse dieses Kurses sind unter der redaktionellen Leitung von *Walter Leibbrand* mit 368 Seiten im Eigenverlag des Arbeitskreises bei *Henning Wocke*, Karlsruhe, im Druck erschienen.

Beim 13. Niederdollendorfer Arbeitskurs, vom 22. bis 26. September 1980, mit dem Thema „Planung - Steuerung und Kontrolle in der Kartographie", geleitet von *Walter Leibbrand,* mitgetragen von den Mitgliedern des Arbeitskreises, wurden 15 Referate gehalten, 97 Kollegen nahmen an diesem Kurs teil. Die Ergebnisse dieses Kurses sind unter der redaktionellen Leitung von *Walter Leibbrand* und *Helmuth Kärcher* mit 272 Seiten und 109 Abbildungen im Eigenverlag des Arbeitskreises bei *Henning Wocke*, Karlsruhe, im Druck erschienen.

Der 14. Niederdollendorfer Arbeitskurs, vom 12. bis 16. September 1983, geleitet von *Walter Leibbrand,* mitgetragen von den Mitgliedern des Arbeitskreises, widmete sich dem Thema „Kartenoriginalherstellung '83". Dazu wurden 16 Referate gehalten, 85 Kollegen nahmen an diesem Kurs teil. Die Ergebnisse dieses Kurses sind unter der redaktionellen Leitung von *Walter Leibbrand, Helmuth Kärcher* und *Heinrich Schmidt* mit 229 Seiten, 99 Abbildungen im Eigenverlag des Arbeitskreises bei *Henning Wocke*, Karlsruhe, im Druck erschienen.

Am 15. Niederdollendorfer Arbeitskurs, vom 13. bis 17. Mai 1985, geleitet von *Walter Leibbrand,* mitgetragen von den Mitgliedern des Arbeitskreises, mit dem Thema „Kartentechnik und Reproduktionstechnik" wurden 19 Referate gehalten; 100 Kollegen nahmen an diesem Kurs teil. Die Ergebnisse dieses Kurses sind unter der redaktionellen Leitung von *Werner Bormann* und *Walter Leibbrand* mit 216 Seiten, 130 Abbildungen im Text und 4 mehrfarbigen Abbildungen, eingebunden, im Eigenverlag des Arbeitskreises bei *Henning Wocke*, Karlsruhe, im Druck erschienen.

Zum 16. Niederdollendorfer Arbeitskurs, vom 6. bis 10. Oktober 1986, geleitet von *Walter Leibbrand,* mitgetragen von den Mitgliedern des Arbeitskreises, mit dem Thema „Kartengestaltung und Kartenentwurf" wurden 18 Referate gehalten, 94 Kollegen nahmen an diesem Kurs teil. Die Ergebnisse dieses Kurses sind unter der redaktionellen Leitung von *Werner Bormann* und *Walter Leibbrand* mit 210 Seiten, 60 Abbildungen und 47 mehrfarbigen Karten in einem besonderen Beilagenband beim Kirschbaum Verlag in Bonn-Bad Godesberg im Druck erschienen.

Der 17. Niederdollendorfer Arbeitskurs, vom 19. bis 23. September 1988, geleitet von *Walter Leibbrand,* mitgetragen von den Mitgliedern des Arbeitskreises, mit dem Thema „Planungskartographie und rechnergestützte Kartographie" wurde von 11 Referenten gestaltet, 69 Kollegen nahmen an diesem Kurs teil. Die Ergebnisse dieses Kurses sind unter der redaktionellen Leitung von *Werner Bormann* und *Walter Leibbrand* mit 270 Seiten, 73 Abbildungen und 11 mehrfarbigen Karten, eingebunden, beim Kirschbaum Verlag in Bonn-Bad Godesberg im Druck erschienen.

Zum 18. Niederdollendorfer Arbeitskurs, vom 24. bis 28. September 1990, geleitet von *Walter Leibbrand,* mitgetragen von den Mitgliedern des Arbeitskreises, mit dem Thema „Moderne Techniken der Kartenherstellung" wurden 21 Referate gehalten, 105 Kollegen nahmen an diesem Kurs teil. Die Ergebnisse dieses Kurses sind unter der redaktionellen Leitung von *Werner Bormann* und *Walter Leibbrand* mit 235 Seiten, 90 Abbildungen im laufenden Text und 66 mehrfarbigen Karten in einem besonderen Beilagenband beim Kirschbaum Verlag in Bonn-Bad Godesberg im Druck erschienen.

Der 19. Niederdollendorfer Arbeitskurs, vom 21. bis 25. September 1992, geplant von Walter *Leibbrand* und den Arbeitskreismitgliedern, wurde mit dem Thema „Digitale Techniken in der Kartographie" abgehalten. Für den im Krankenhaus liegenden *Walter Leibbrand* führte die Sitzungen *Frieder Gebhardt* durch. Es wurden 15 Referate gehalten, 72 Kollegen nahmen an diesem Kurs teil. Das Ergebnis dieses Kurses konnte bisher nicht veröffentlicht werden.

Der 20. Niederdollendorfer Arbeitskurs ist vom 26. bis 29. September 1994 geplant; Kursthema „Rechnergestützte Kartenherstellung". Referate über die kartographische Datenerfassung, die Kartenfortführung, die aktuellen Softwarepakete, die für die Kartentechnik relevant sind, über die Hardware - digital proof Systeme, sowie die Hardware - Kopierer und die Seitenmontage mit Druckplattendirektbelichtung werden die Themen sein.

3. Die Tätigkeit des Arbeitskreises mit seinen Niederdollendorfer Arbeitskursen in der Zusammenfassung

3.1 Wirkungsbereich der Arbeitskurse
Im Rückblick auf die über 40-jährige Tätigkeit des Arbeitskreises Praktische Kartographie kann zusammenfassend festgestellt werden, daß allein die Niederdollendorfer Arbeitskurse in 295 Referaten 1491 Kollegen, darunter 143 Kollegen aus den benachbarten Ländern der Bundesrepublik, zeitgemäße Kenntnisse vermittelt haben. Die Ergebnisse dieser Kurse haben ihren Niederschlag in den entsprechenden Veröffentlichungen, mit zusammen 4.426 Textseiten und 1.572 Abbildungen, schwarzweiß im laufenden Text oder mehrfarbig als besondere Beilagen, gefunden. Arbeitskurse dieser besonderen Art abzuhalten, bieten ideale Möglichkeiten, Form und Gestaltung für kartographische Erzeugnisse zu postulieren. Ein nicht zu unterschätzender Gewinn ist der bei den Arbeitskursen gepflegte persönliche Kontakt, die „Klausur" in diesen Tagen. Die gemeinsame Unterkunft während der Kurstage, ob in Niederdollendorf, auf der Viktorshöhe oder auf dem Karlsruher Turmberg, fördert den Erfolg der Niederdollendorfer Arbeitskurse erwiesermaßen nachhaltig.

Fachspezifische Auflistung der 20 Arbeitskurse, gegliedert nach Referatsthemen

Gesplittete Referatsthemen - / - Arbeitskurs	1/57	2/58	3/60	4/62	5/64	6/66	7/68	8/70	9/72
Kartographie, allgemeine Betrachtungen	1	1	1	1 1/2		1 1/2	5	1 1/2	1
Kartentechnik - Überblick				1	1/2			1/2	
Kartentechnik - Zeichnen, Gravieren, Montieren	2 1/2				9 5/6		7		
Reproduktion - Diazo, Folienkopie, Silberfilm	2 1/2	1/2	1 1 1/2		1/3	1/2	2	1 1/2	2 5/6
Bedruckstoff - Papier, auch Folien			3 1/2		1/3		1		
Kartendruck - Offset- auch Siebdruck			3				1/3		1 1/3
Schrift - Art, Gestaltung	1					1/2	1		
Farbe - Farbgebung	1/2	2		1/2			1/3		
Geländedarstellung	1 1/2	4 1/2						1	
Topographie, Geländeaufnahme		1 1/2							
Photogrammetrie		1/2						1/2	
Satelliten, Fernerkundung									
Kartenentwurf - Kartengestaltung				3 1/2	1/2				
Kartenbenutzer - Wünsche, Vorstellungen				2					
Generalisierung						7 1/2			
Katasterkartographie						1			
Topographische Kartographie		1		1	1 1/2	2		2	
Stadtkartographie								1/2	4 5/6
Planungskartographie									
Thematische Kartographie, auch geogr. Kartographie				2 1/2		3	5 5/6		
Arbeitsdisposition - Kalkulation								1	
Ausbildung, alle Stufen							1		
Elektrophotographie									
Scanner, PC, Mac (DTM), Workstations								1	
Einsatz von Großrechnern									
Elektronische Reproduktionstechnik									
Kartenbearbeitung, Software									
Elektronische Kartenvervielfältigung									
Summe der Referate im einzelnen Arbeitskurs	9	9	21	12	14	15	15	18	10

§) Summe der Referate im Arbeitskurs

*) Kurzreferate, die die Gesamtproblematik der Ausbildung in allen Ebenen berühren. Diese Referate werden nur als Gesamtsumme dargestellt

10/74	11/76	12/78	13/80	14/83	15/85	16/86	17/88	18/90	19/92	20/94	§)
	2	10 1/2	1/2	3	5/6	1/2	1 1/3	1			33 1/6
			1/2	1/2							3
		1 1/2	1	3 1/3	1/3	1/2				1/2	26 1/2
	2 1/3		2 5/6	2 1/2	8 5/6		1/2	1/3		1	40
				2 1/2	2						9 1/3
	1/2		1 1/3		3						9 1/2
				1	1			1/2			5
	1/3			1/2						1	4 2/3
	11 5/6										19 1/3
				1/3							1 1/2
	1			1/3							2 1/3
	1/2	1									1 5/6
						7					11
						1					3
											7 1/2
				1		1/2					1 1/2
		1/2		1/2		1	1/2	5/6			11 1/3
				1/2			1/2				6 1/3
		1/2		1/2			5 1/6				6 1/6
	1/2	2				2 1/2	2/3				17 1/2
			8 5/6						2		12 5/6
52 *)	1										1
					1						1
		1/2			1	1	1/2	6 1/3		1	11 1/3
						1 5/6	8 2/3		5 1/2	3 1/2	19 1/2
									4 1/2	5	9 1/2
								2 1/3	4	11	17 1/3
										2	2
52 *)	20	17	15	16	18	14	11	20	16	25	295

20. Arbeitskurs Niederdollendorf '94

3.2 Bemerkungen zur fachspezifischen Auflistung
Die vorstehende fachspezifische Auflistung der 20 Arbeitskurse ist nach
Referatsthemen gegliedert. Diese Auflistung unterliegt nicht einer
systematischen Gliederung der kartographischen Teilbereiche. Sie soll in
erster Linie die einzelnen Referatsthemen bestimmten Bereichen der
praktischen Kartographie zuordnen, um damit die Arbeit, die in den 20
Arbeitskursen geleistet worden ist, zu dokumentieren. In einzelnen
Fällen können Überschneidungen mit benachbarten Teilgebieten auftreten.

Anschrift des Verfassers:
Dipl.-Ing. Walter Leibbrand
Römmelesweg 22
71394 Kernen-Stetten im Remstal